闽西九洲人的社会与文化

The Society and Culture of
Jiuzhou People in Western Fujian

杨洁琼 ——著

厦门大学出版社
XIAMEN UNIVERSITY PRESS

国家一级出版社
全国百佳图书出版单位

图书在版编目（CIP）数据

闽西九洲人的社会与文化 / 杨洁琼著. -- 厦门：
厦门大学出版社，2024.6
　ISBN 978-7-5615-9324-0

　Ⅰ.①闽… Ⅱ.①杨… Ⅲ.①乡村-概况-上杭县
Ⅳ.①K925.75

中国国家版本馆CIP数据核字(2024)第046378号

责任编辑　章木良
美术编辑　蒋卓群
技术编辑　朱　楷

出版发行　厦门大学出版社
社　　址　厦门市软件园二期望海路39号
邮政编码　361008
总　　机　0592-2181111　0592-2181406(传真)
营销中心　0592-2184458　0592-2181365
网　　址　http://www.xmupress.com
邮　　箱　xmup@xmupress.com
印　　刷　厦门市明亮彩印有限公司

开本　720 mm×1 000 mm　1/16
印张　23
插页　2
字数　332 千字
版次　2024 年 6 月第 1 版
印次　2024 年 6 月第 1 次印刷
定价　98.00 元

厦门大学出版社
微信二维码

厦门大学出版社
微博二维码

序

　　洁琼的《闽西九洲人的社会与文化》即将出版,要我写一篇序,忝为她的指导教授,这是不能拒绝的任务。但自从退休后我多年不再读、写,文思已经枯竭,坐在电脑前久久无法成篇。想想我应该是洁琼选择九洲作为田野调查点的"媒人"之一,所以就略述她与九洲结缘的经过勉强应命。

　　我退休前最后几年是在厦门大学度过的,主要的任务是在人类学系教授"人类学的田野工作",并在暑假带领学生在福建的农村做田野调查实习,也将学生的调查报告整理结集出版。至2014年最后一次带领学生在蔡坂做调查前,已经有《闽西庵坝人的社会与文化》《闽南绵治人的社会与文化》《闽南陈坑人的社会与文化》等五六本田野调查报告面世。当年暑假的某日,我在蔡坂时突接老友厦门大学庄景辉教授的电话,他在上杭做考古研究时结识时任九洲村委某干部,言谈间提到希望庄教授能介绍厦大的师生也为九洲的社会与文化撰写一本书,并承诺会提供研究及出版经费。庄教授知道我每年都要找一个福建的农村带学生做田野调查实习,九洲应该是一个理想的研究点。不巧的是他告知我此事前几日,我正好和人类学系谈好蔡坂是我带领的最后一个田野调查实习点,不可能再变卦。当时我也即将离开厦大,不会再指导新的博士生,原有的博士生都已经各就各位,在各自的研究点调查研究,无人可到九洲,因此我打算暑假后返校询问其他同事指导的博士生,是否愿意担此重任。

　　接到庄教授电话的翌日,我便接到第二个电话,是刚开始为她的博士学位论文在西藏做田野调查的洁琼打来的。她沮丧地告诉我,由于严重的高原反应,她必须停止刚起头的调查工作,并离开田野调查点,这对她撰写论文,取得博士学位的计划无疑是个沉重的打击。田野调查工作是传统人类学博士生训练的重要过程,进入田野调查点之前必须做数年的准备,除收集及阅读调查点相关的文献以及与研究主题有关的学术理论著作外,还要设法学习当地的语言等等,这些都是相当消耗时间、精力的。因身体无法适应西藏的高原环境,多年的苦心筹划瞬间化为乌有,洁琼当时的心境可想而知。

虽然我很遗憾她无法按计划在做过多年准备的田野调查点继续做研究,但也必须彻底改变她的整个研究及修业路径,庆幸的是我手边正巧有一个替代方案。当下我迅速和庄教授联系,表示可能已找到人选,稍待几日再给他确定的消息。当我建议洁琼转换到九洲做博士学位论文研究,并搜集资料撰写一本关于九洲的民族志报告时,她是有些犹豫的,文献阅读等的田野调查前的准备工作不足是原因之一,至于独力完成二三十万字的民族志也恐怕力有未逮。

我认为洁琼做九洲的研究虽然未及做西藏的准备充分,却也非全然是无可奈何的选择。因为之前她曾在闽南的东山及华安做过田野实习,关于华安的研究成果也撰成《绵治邹氏宗族研究》一文,被收入《闽南绵治人的社会与文化》一书中,另一年人类学系学生在诏安田野实习,她曾担任助教,因此转到九洲做研究绝非无备即来。至于没有把握独力做调查并完成一本书的顾虑也是有解的,她硕士班的师妹汪琪正在福建寻找田野调查点,如果愿意到九洲助阵就是两全其美的安排。杨、汪两人达成一致后,我立即回复庄教授,他也与九洲村委会联系,确认她们将获得研究经费及其他的帮助,暑假过后洁琼及汪琪陆续进驻九洲村进行田野调查。

洁琼住到九洲后,村人立即获知她是要为九洲写一本书的研究生,因此很快取得大多数村人的信赖及合作,研究工作进行得相当顺利。但是她到达九洲尚未"满月"时,原本答应提供研究经费的村干部竟去职并离开九洲,幸好洁琼及汪琪双方的父母立刻表示全力支持她们的田野调查开销,免除她们研究经费无着的烦恼,让她们安心地继续田野调查工作。

在九洲做完一年的调查研究后,洁琼在 2017 年顺利完成论文,并取得博士学位。毕业后获得厦门市鼓浪屿世界文化遗产监测中心馆员的职位,开始朝九晚五的忙碌生活,立业后也很快成家,完成终身大事。之后,我曾想询问她关于九洲的社会与文化一书的进度,但虑及她初入职场又初为人妇,想必要耗费许多时间、精力适应新生活,同时她僻居鼓浪屿,不易接近写作所需的参考资料,多问未免增加她的心理负担,几度想问都未真正开口。想不到今年夏初,获知她不忘当年对九洲人的承诺,这几年她利用公余之暇已将书稿准备停当,可以付梓了。

《闽西九洲人的社会与文化》是洁琼 2014 年 8 月至 2015 年 7 月(加上其后数次、合计约两个月的补充调查)在闽西农村的研究成果,在一年余的时间中,她每日亲身参与九洲村人的生产劳动、社会活动、生命仪礼、宗教仪式等,以获得第一手的材料,本书就是最终的结晶。在现代化巨轮的碾压之下,传统的中国农村文化很难逃过消亡的命运,在这关键的时刻,洁琼这本书为闽西农村的社会与文化留下一个翔实生动的记录,也是她送给九洲人的一份珍贵的礼物。我很荣幸能参与此事,兹聊赘数语于卷首以为序。

余光弘

2023 年 9 月于台北

目　录

导　言

中国是一个农业大国，传统农业村落是中华优秀传统文化孕育和生长的重要载体。在全面建设社会主义现代化国家的宏伟蓝图中，延续乡村优秀传统文化、推进乡村文化振兴是需要举全党全社会之力的重要工作。福建农村的特点独具一格，在农事节气、天人合一的生态伦理，自强不息、耕读传家的家风家训，以及邻里和睦、守望相助的淳朴民风中都展示着鲜明的文化标识和不息的生命密码，对闽地乡村开展全面深入的文化调查也是"在全党大兴调查研究"的题中之义。从人类学视野与方法调查研究农业传统聚落的社会与文化，对传承保护农业文明与农村文化遗产具有重要意义。

一、九洲村概况

九洲村是福建省龙岩市上杭县临城镇所辖的一个行政村，位于上杭县城西北方的汀江与旧县河交汇处，曾是汀江流域水路交通要冲与闽西政治、经济重镇。其社会经济文化的发展在很大程度上受地理条件和交通情况的制约。随着陆路交通之开辟与发展，九洲水上交通的重要地位逐渐被取代，邻近渡口、码头和沿江发展的商户次第减少，昔日的繁华逐渐褪去，商贸繁荣不再。九洲村农业聚落特质进一步显现，其经济基础以农业生产为主，水稻和蜜雪梨是主要农作物和经济作物。九洲行政村总人口 2724 人[①]，分布在粮丰、东头、九洲、湖坊 4 个自然村。各自然村姓氏构成不同，各姓宗族间联系互动紧密，他们在信仰实践方面内容多元、形式丰富，并通过一系列趋吉避凶的仪式度过岁时节庆与生命仪礼。

---

① 2014 年统计数据，第四章详述。

(一)九洲的生态环境

九洲村地处闽西上杭腹地,地理坐标为东经 116°23′,北纬 25°05′,海拔约 180 米,由武夷山脉南段的大片丘陵山地以及旧县河与汀江谷地沿岸小块冲积平原组成,呈现山岭叠嶂、低丘起伏、山间盆地与河谷平原错综其间的低丘河谷地貌,地势自东北向西南倾斜。丘陵山地自然土壤多为残积母质,耕地土壤则以坡积、洪质和冲击母质为主,土壤类型为潴育型水稻土和渗育型水稻土。潴育型水稻土常见于地形平缓开阔处,地下水位较高,成土过程受地表水和地下水双重影响,排灌条件好;渗育型水稻土则多见于丘陵岗地上部,地下水位较深,靠季节性降水渗透土壤,土壤受长期渗水漂洗,易养分淋失和贫瘠化(上杭县地方志编纂委员会,1993:80-106)。

历史上九洲村所在地区的原生植被曾遭到严重破坏,次生植被稀少,覆盖率较低,水土流失较为严重。距村民聚居点较近的山坡土壤裸露,过去村民获取柴草燃料须到较远的山地,随着能源燃料多元开发,人们对柴草的需求才逐渐减少,植被有所恢复。近年来,人们在山地种植果树,多数丘陵缓坡又重新披上绿衣。该地区林木多为次生马尾松林和杉木林,其枝干和针叶是村民重要的土壤肥料和生活燃料来源。杉木有旺盛的生命力,且枝叶繁茂簇生,在九洲人的生产生活中有其特殊意涵,成为九洲社会的重要文化意象。

九洲村位于汀江与其支流旧县河的交汇处。汀江自西向东,旧县河由北而南,交汇于九洲聚落西南角。汀江是福建省四大河流之一,在上杭县境内河段长 112 公里,流域面积达 2700 余平方公里(含旧县河支流)。汀江航道曾是上杭联通闽粤赣的交通大动脉,但由于 1968 年上杭县回龙水轮泵站船闸设计失误而无法开闸过船,并导致泥沙淤塞严重,上杭与上游船只再无法通航。旧县河是上杭县境内汀江第一大支流,发源于龙岩市连城县,上杭县境内河长 45.9 公里,流域面积约 716 平方公里(上杭县地方志编纂委员会,1993:98-99)。旧县河航道曾系连城至上杭的重要运输通道,其航运作用亦随公路运输的兴起而渐渐衰退。

长汀县

连城县

N

长汀县

才溪镇

旧县镇

古田镇

武平县

旧县河

龙岩市

九洲村

湖洋镇

溪口镇

上杭县

庐丰乡

下都镇

图 0-1　九洲村区位示意图

　　九洲四季夏长冬短、温热湿润,这里降水集中,干湿季分明,为亚热带季风气候。该地区全年平均温度19.9℃,其中1月[①]平均气温10℃,4月平均气温20.4℃,7月平均气温27.9℃,10月平均气温21.5℃,极端最低气温为－4.8℃,全年无霜期长达301天(上杭县地方志编纂委员会,1993:93-95)。年温差相对较小而日温差大,在春秋两季季节交替之时昼夜温差尤大,"燥湿杂揉在一,岁恒燠鲜寒,在一日朝夕凉昼燠,或一日之间暄凉硕别,二八月为甚"(顾人骥,1864:2)。平均年降水

────────────

　　① 本书所示月份、日期如无特别标示,均为公历。

量 1520～2130 毫米,上半年较多,5—6 月为全年最多,10 月起锐减,11—12 月全年最少(上杭县地方志编纂委员会,1993:95)。

九洲气象灾害多为洪涝、干旱,还有冰雹和霜雪。各版县志记录当地灾害条目皆占大量篇幅,仅 1949 年以后至 20 世纪 90 年代的 40 余年间,全县有 9 次洪涝、21 次干旱、7 次冰雹、6 次霜雪灾害(上杭县地方志编纂委员会,1993:110-115)。自然灾害对九洲农业生活生产影响巨大。至今仍被村人时常提及的 1973 年 6 月 1 日大洪水是如今聚落布局形成的原因之一,村人因此放弃原先建造在河岸的旧宅,迁往距河流水源稍远的较高坡地上生活。另有"三寒"即倒春寒、五月寒和秋寒①,贯穿于水稻的育苗期与抽穗期,也是影响九洲农业生产的重要因素。

(二)九洲的历史沿革

考古资料和文献史料证明,九洲是闽西历史上较早有人类活动的区域,根据考古调查该地已发现新石器时代琢制石斧遗存(庄景辉,2014:1)。2013 年厦门大学历史系考古团队在九洲村发现"大坪遗址",出土了数件半圆形白陶筒瓦(长 34 厘米、宽 15.2 厘米、厚 1.8 厘米,榫头长 5 厘米、外径 11～11.8 厘米),若干长方形灰陶板瓦残件(残长 24.7～28.5 厘米、宽 19.5～24.5 厘米、厚 1.7～2 厘米)等建筑构件。考古人员认为这些出土遗物尺寸宽大,有明显的唐代工艺特征,非普通民居所常用,应为官署一类的建筑遗物。通过进一步查考《通典》《元和郡县图志》《旧唐书》《唐会要》《太平寰宇记》《新唐书》《元丰九域志》《舆地纪胜》《方舆揽胜》《临汀志》等文献史料,专家学者推断了汀州的建制时间、地点与变迁,指出:九洲村所在地曾为晋代新罗县地,唐开元年间为汀州故治,宋代以来是重要的交通码头(庄景辉,2014:7-

---

① "三寒"对农作物尤其水稻生长发育不利。倒春寒指每年农历二至三月气温前期高后期低,且后期气温明显低于正常年份的现象,易造成秧苗弱小、烂秧等不良影响;五月寒即受梅雨时节的冷空气影响,阴雨和日照不足的天气易导致早稻在孕穗扬花期空壳率增加,影响水稻产量。秋寒指早秋寒露前后的降温,影响晚稻抽穗、扬花与灌浆。

27;55-61)。

关于"汀州故治"一说,九洲人早有自己深信不疑的"定论",通过民间流传已久的"称沙定州治"故事,可窥探九洲人对九洲地位旁落的无奈:很早以前,长汀人与九洲人为哪里是汀州故治争执不休,都认为自己所处才是原州治所在,各执一词。于是,有人提出较古老的地方沙土分量较重,汀州故治一定是沙土分量更重的地方,不如两地各取一捧沙土来称量孰重孰轻,重者得古州治之名。提议得到双方认可,九洲人满怀信心参加比试,却未预料长汀人做假在沙土中掺入铁砂,结果古州治之名便被长汀夺去。[①] 即使不甘,九洲人如今仅能以"旧县不是县,九洲不是州"调侃此事。

不论历史的真相究竟如何,历经地方权力更迭、经济兴衰、人群迁流,九洲从来都不是一个籍籍无名的农村,它频繁出现在历代方志的记载中。如:

宋《临汀志》载:"长汀村,今号旧州,在县北十五里。"(胡太初,1259:3)清乾隆《上杭县志》载:"在城里,十三图(宋来苏里,明编户为图者十三,今仍之),附城为村者五十有七,村之为集场者二……旧州、东头冈……湖坊。"[②](赵宁静,1753:2)又"新田溪(溪出钟寮场,西与南宝溪合,经灵蛇山会语口溪,又自此至矾溪,俱与连城小溪合,至九州同趋大溪)"(赵宁静,1753:9),村名"旧州"与地名"九州"同时出现。同治年间重修《上杭县志》中新出现"九洲"一词与"九州"混用:"九曲溪(在县东北,源出新坊口,九折至语口会小溪,自新田溪至此,俱与连城小溪合,至九洲同入大溪)",又"……至九州河口,汀连两水既会,而溪遂汪洋,稍下逾渡处岸南有亭名九州,昔云旧州者是"(顾人骥,1864:34),明确指出"九州"即昔日的"旧州",并载有村名"九州河口""杨公岭下"[③]"东头岗""胡坊"(顾人骥,1864:37),"九州河口"代替乾隆《上杭县志》

---

① 此故事根据九洲多位报道人讲述整理。长汀人对此事应也有其说法,但笔者未能前往长汀对故事进一步求证,只好照录于此。

② "旧州""东头冈""湖坊"音同今日九洲行政村下辖自然村名。

③ "杨公岭下"即今粮丰自然村。

中村名"旧州"。而民国《上杭县志》载:"左岸下畔有角坑小水来入,再下为玉女乡[①],五里至旧州河口。"(丘复,1938:105)可见河口"九州""九洲""旧州"此时仍有混用,并于"在城里"下分别罗列"杨公岭下""东头冈""九州河口""湖坊"四村之名,且记"诸滩之下,左岸为胡坊、为九州,右岸为玉女乡……达河口而合汀江(旧设盐卡于此,曰九州关[②])"(丘复,1938:106)。

可见由"长汀村"演变来的"旧州",与"九州""九洲""九州河口"等名称在方志中常常混用。"胡坊"与"湖坊"应是同音汉字的混用替换,"东头冈"即今之东头自然村,"杨公岭下"即为粮丰自然村,九洲人现在仍以"东头冈"与"杨公岭下"分别称呼二村。

进入近代后,中华民族深陷"三千年未有之大变局"的历史漩涡,巨大的变革和革命浪潮席卷整个社会。闽西成为中国革命史永远绕不过去的一个关键词,是中国革命力量重要的孕育地、最初的落脚点和出发点之一。这其中就包括九洲村。据多位报道人回忆,1929年红军攻打上杭城时曾从本村东头榕树码头经过,九洲村在闽西苏维埃政权时期(1929—1935)始终处于红色革命游击区。中央红军长征后不久,国民党政府重新统治上杭县,但闽西苏区仍在共产党的领导下坚持斗争,九洲仍在这一格局当中。1936年国民党上杭县政府改设四大区,其中第四区下设九州乡,驻地在九州,下辖乡村包括九州、东头冈、湖坊、玉女坑、新兴坝、猫子塘、角坑、伯公滩(上杭县地方志编纂委员会,1993:67)。"九州"从一村之名扩展为一乡之名,另有村名"九州"仍与"东头冈"与"湖坊"并列。

1949年9月,上杭人民民主政府成立,下辖13区126个行政村,其中第一区"附城区"含"九洲"[③](中共上杭县委组织部等,1989:258),其余3个自然村未见列名,可以认为自此九洲与杨公岭下、东头冈、湖坊

---

① 今上杭县临城镇玉女村。

② 尚未见"九州关"盐卡其他相关史料。

③ 1993年上杭县地方志编纂委员会编《上杭县志》记"九州"属旧县区(第70页),或有误。

合四为一,统称"九洲"。1958年体制变更,建立政社合一的人民公社,全县划分为15个人民公社;1959年各人民公社组成管理委员会,全县合并为12个人民公社。1961年根据《农村人民公社工作条例(草案)》核算单位下放,成立46个小公社,至1965年开展社会主义教育运动调整公社体制,全县46个公社合并为20个人民公社,413个生产大队,此时的"九洲生产大队"隶属城郊公社(中共上杭县委组织部等,1989:260),下辖11个生产队,其中湖坊4个,九洲3个,东头2个,良丰2个。

1980年《上杭县地名录》载九洲大队下辖九洲、湖坊、东头和粮丰4个自然村(福建省上杭县地名办公室,1980:28)。1984年后实行政社分开,改社为乡(镇),改大队为村。城郊公社改为城郊乡,1986年城郊乡改为临城乡,1993年改临城镇,下辖23个村(居)民委员会,其中包括九洲村(居)民委员会。九洲村委会负责管辖21个村民小组,其中人口最多的湖坊自然村9个小组,其余九洲、东头、粮丰3个自然村各有4个小组。尽管此时多数资料、档案已将"九州"写为"九洲",但有一些仍沿用"九州"写法,如1993年出版的《上杭县志》,直到近年这种"洲"与"州"混用的情况仍时有出现。

综上所述,该村之名从昔日的长汀村、旧州变化至今日的九州或九洲,所指区域也历经变化。现今的九洲行政村包括粮丰、东头、九洲、湖坊4个自然村。九洲自然村之下又以姓氏划分为3个更小的聚居群体,分别居住在被称为九洲、湖头和岗下的小地域。"九洲"一名,已见于该村三级不同的行政社会单元。为行文方便,本书统一以2014—2017年调查期间官方使用的"九洲村"为其行政村名,分别将第二级与第三级"九洲"写为"九洲自然村"与"九州"。

图 0-2　九洲村落草图

二、田野调查概述

　　2014 年夏季,时任九洲村"两委"为深入贯彻落实 2013 年中央农村工作会议精神,传承乡村传统文化,进一步宣传九洲村考古新发现,决定为本村编志著书。他们联系到为九洲考古调研的厦门大学历史系庄景辉教授,以期获得专业力量支持。当时厦门大学人类学系在业师余光弘教授的指导下已出版若干关于福建农村的田野调查报告,7月下旬庄教授找到他商议此事。

笔者是余光弘教授指导的最后一位博士研究生,已于7月初前往原定田野调查点,他在接到庄教授关于九洲村著书的邀请后,陷入无人可派的为难境地。恰在那时,我因高原反应来势凶猛无奈退回内地休养,家中父母担忧我的身体健康,要求我另寻一处"不缺氧"的地点开展研究,对我而言这下便茫无目标了。我向光弘师发讯息求助,他立即问我是否愿意前往九洲完成任务,于是一拍即合,次日便与庄教授敲定时间。我在身体稍稍恢复后于8月随庄教授前往该村。就当时的情形而言,我与九洲之间可谓天时、地利、人和的缘分。

由于这凑巧的机缘,我对九洲的田野调查可以说毫无准备,一方面我对这个闽西村落知之甚少,另一方面我在理论上几乎没有充分的准备与想法。而这恰恰为我带来无价的"天真",让我能够以天然"无知"的状态在这个陌生的空间和文化中观察、学习和成长。在田野初期,我的策略是不聚焦特殊的文化现象或过程,而是将自己切换为"九洲人",沉浸在其日常生活中,在九洲这个具体的时空中感知九洲人的社会与文化。这一思路使我前几个月的田野工作显得并不是十分有章法,每日在村中随机游荡,对九洲人的日常生活过程进行事无巨细的记录,正是这些记录帮助我逐渐勾勒出九洲村的文化轮廓,积累起对九洲社会的认识。

人类学调查的主要方法是参与观察法。当我们在课堂上学习时,教材与课程并未区分研究者个体差异在田野中的研究策略与技巧。然而不得不承认的是,社会科学研究者不可能与自然科学研究人员一样,完全排除研究者的个人特质而取得研究结果的客观中立。事实上在许多社会文化中,研究者的个人特质对研究方法、策略及结果影响极大。我是一名女性研究者,一进入田野便尽量参与到客家妇女的田间劳作与日常生活中,从主位的角度认识九洲妇女在当地社会中的角色。九洲村普遍存在男尊女卑观念,尽管"厦门大学博士研究生"的身份一定程度上帮助我在调查开展中获得乡亲们的特别对待,但女性角色令我在日常生活中受到许多实际行为和参与活动的限制。报道人会主动为我在参与的事件中选择"合适"的位置,并指挥我采取他们认为"合适"

的行为,如为男性端茶送菜,与妇女共坐一席。村民往往关注我的私人生活信息(如多大年纪、是否结婚生子等)胜于我所开展的研究工作,常对许多提问草草回答后便开始聊些家常琐事。还有受访者对我视而不见,听而不闻,仿若我不在现场一般,甚至有人不怀好意地散布流言。这些都给我的调查研究和生活带来困扰。

但是我很快发现,尽管在一些研究与生活界限不清的事件中很难做到"去性别化",仅仅以女性角色参与其中细心观察和体会,也能够获得大量丰富的资料。例如在艰难打开局面的调查初期,女性研究者的身份以其单纯、没有威胁的特质更易于让村人接纳,在许多事件中虽未获得更多帮助,但不被排斥地默默参加观察①也能让我获益良多。利用女性的角色便利参与到九洲妇女的生计活动中,能与男性研究者观察到不同的社会面向。该村水稻生产的劳动多由女性承担,酿造米酒、制作食物是妇女的主业,因此对这些事项的参与观察并未受限,反倒因性别优势而能够取得更多经验性资料。与鬼神打交道的各类事务在九洲亦多由妇女负责,因此对宗教仪礼等资料的观察与访问亦未受限。即便是由男性的道士或地理先生负责的祭祀活动,我亦能够参加其中进行观察。

访谈法是田野调查中的另一种主要方法。纵观九洲村社会文化的各种关系和情境,即使有些不能完全参与,获得身临其境的体会,还可以通过访谈法有计划地获得报道人的知识与经验,取得相对充足的资料。例如酒宴聚会中男性、女性分席而坐,未婚女性若参与男性席间的划拳斗酒在九洲人看来是十分不合宜的行为,因此这一部分的资料来自对数场酒宴的观察,以及对饮酒当事人的大量访谈。调查也使用了结构性访谈,通过设计问卷和家户调查表获得九洲村人口构成与九洲人对食物的认知和分类等资料。使用光弘师之系谱速成法(余光弘,1992:130-136),在语言不熟悉的情况下仅学会几个关键句子完成了九

---

① 参与观察是人类学研究的主要方法,但亲临观察却不一定都有"参与"成分,当研究者只进入情境却未有参与之实时,则不能称为参与观察,仅能勉强称作参加观察(余光弘,1996:59-72)。

洲王姓与陈姓宗族系谱(见附录三),厘清社区成员关系,促进田野工作进入状态。

随着调研的深入,我渐渐对文化细节的观察与领悟,以及对文化要素间关系的判断与联结感到吃力。我与村民的关系愈来愈好,我深度参与的活动愈来愈多,田野笔记越写越厚,但在复盘笔记时却苦恼于大量细节和经验的缺失、断裂,还时常遇到看似矛盾的现象或解释。这些问题有的在后续的田野调查中经过同类活动的反复参与得到解决,而有的则在我田野结束后一直悬置,尽管后期多次回访,许多细节与经验仍难以补齐。

我在九洲的田野调查时间为 2014 年 8 月 9 日至 2015 年 7 月 5日,又于 2015 年 11 月 3 日至 12 月 9 日、2016 年 1 月 1 日至 3 日,2016年 12 月 17 日至 19 日,2017 年 9 月 25 日至 10 月 5 日四度回访做补充调查。2014 年 8 月庄景辉教授带我到达九洲,受到时任村"两委"热情接待,并将我安置在九州王振荣先生家。王振荣、陈菊兰夫妇对我关照备至,不仅照料我的饮食,还教我简单的客家语言,解答我初入田野时各种可笑的疑惑,带我参加家族聚会、岁时活动和农务,他们是我田野调查期间重要的报道人。

我的师妹汪琪于 2014 年 10 月筹划田野调查,光弘师建议她来九洲完成硕士学位论文,同时帮我分担本书的部分章节。她于 2015 年 1月 20 日进入田野,至 4 月 30 日离开,并于 2015 年 6 月、11 月与 2016年 1 月、4 月回访四次。九洲村于 2014 年冬到 2015 年春遭遇多年未见的干旱天气,不少农户为饮水及其他生活用水匮乏而困扰,我的房东未成例外。考虑到王家五口人的用水负担,为了不再增添麻烦,2015 年 1月汪琪到达九洲加入田野调查时,我们便改住东头自然村用水相对充足的陈耀胜先生家。

随后半年田野调查多亏了陈耀胜、王天秀全家才得以顺利完成。耀胜叔与天秀阿姨都是村中出名的老实人,朴实无华、勤劳本分,通过做工务农的点滴收入营造了一个小康之家,教育出两个孝顺的儿子。那时陈家长子陈铭在福清工作,长媳肖黎明留在家中照料出生不久的小孩;次子陈平新婚不久,与次媳赖珍玲都在家中,一家老小热闹融洽。我和汪琪与肖、赖二人年纪相仿,有不少共同语言,搬至陈家后平淡的田野多了不少生活乐趣。陈家为我们提供田野资料线索,帮我们解答方言含义,带我们参与观察东头陈氏家族活动和其他重要民俗活动,我们一起制作当地小吃、一道走访亲友。此外,他们还要担忧我们的安全,当我们需要参加夜间的活动时,天秀阿姨一定亲自或安排儿子陈平陪伴我们往返;还会认真在我们身上塞一片红纸以抵御"邪秽"入侵。凡此种种,点点滴滴,至今想起仍感到十分亲切、温暖与感动。

基于两任房东提供的生活便利,我和汪琪才能在田野中专心收集资料。虽然九洲于我是全新的田野调查点,但是考虑到个人兴趣以及为上一个田野调查点进行的前期准备,我博士学位论文的选题仍在饮食人类学议题之中。初到九洲村的第一个月,九洲人饮用糯米酒的习惯令人印象深刻。我在王家就对九洲社会文化,尤其是米酒文化有了初步认识。当时房东的儿媳已有孕数月,房东太太着手为满月酒准备酿造米酒,我有幸观看了酿造米酒的全部过程,大略了解了九洲制酒技术。我与导师商量后确定以米酒作为我博士学位论文的切入点,探讨米酒在九洲社会文化中的多重意义。基于此,很自然地我将九洲人的生计、饮食、人口、宗族、婚姻、生养育、丧葬等内容作为资料收集的主要方向。汪琪的硕士学位论文选题确定在民间信仰方面,她着力收集整理了本书家庭宗教、聚落宗教章节的主要资料,以及婚姻、生养育习俗等章节的部分资料。在此要特别感谢我的师妹汪琪慷慨分享田野所获,并允许我使用她的资料完成本书。

三、本书内容介绍

为九洲人完成一本属于他们的书,起初是我接到的一项"硬"任务,当时委托此事的九洲村"两委"也早已换届,随着与九洲父老乡亲相处生活,这项任务逐渐变成了我对他们的一个承诺,成为一件多年未了的心事。承诺未达总令人耿耿于怀,在光弘师的帮助下,本书几经修改补充,勉强相对完整地呈现了 2014—2017 年田野调查时的九洲人文风土,尽管存在大量不足,将要付梓仍令人兴奋不已。

本书以九洲人为研究对象,关注其生计、生活与生命,从物质、制度、精神三个层次描述日常中的九洲社会与文化。除导言和结语外,共分十章。

第一章通过对九洲农业生产要素,尤其是土地资源的梳理,介绍九洲人利用自然环境开展生产生活以满足基本需求的经济活动形式。第二章通过饮食与服饰、建筑、交通等展现九洲人的日常生活。第三章专门介绍米酒在九洲村的制作与社会互动。这三章描述九洲社会的经济基础和物质文化要项。

第四至五章呈现九洲村人口、家庭以及宗族组织等社会与制度形态。第四章详述九洲人口结构以及家庭结构、规模与分家赡养原则。第五章以九洲人口最多的陈氏宗族为主,结合九洲其他各姓宗族活动介绍九洲人的宗族组织及相关民俗仪式。

第六至十章通过宗教信仰以及包括婚丧、生养育的生命仪礼和习俗等内容展示九洲人的精神世界。第六章聚落宗教与第七章家庭宗教分别从不同空间尺度观察九洲人为实现世俗诉求的宗教实践。第八章婚姻、第九章生养育及第十章丧葬则聚焦在九洲人生命历程重要节点之文化习俗。

当前中国农村的社会经济及文化生活正在经历快速发展和巨大变革,传统农业社会文化正在以加速度淡出现代生活,九洲村也不例外。我们来到九洲村进行田野调查除了应邀为该村编志著书,也是在"抢救民族志",希望能在闽西九洲传统文化即将消弭之际,为这个古老的村子、这些可爱的村民留下一些记忆。

第一章
九洲人的生产要素与生计方式

生计方式即特定群体有效利用各种生产要素开展生产活动,以满足生存需求的经济活动形式。生计方式虽然很大程度上依赖自然生态环境,而作为文化要素更受该族群历史社会背景影响,是该族群基于所处自然环境产生的文化选择,反映特定文化中的人地关系。九洲人的传统生计方式多样,以稻作农业为主,辅以渔猎、禽畜饲养与瓜果蔬菜栽培等,这是他们养成重视自然之道、讲究四时有序、尊重农事节律的生态理念、时间观念与作息习惯的物质与实践基础。伴随改革开放后市场经济兴起与农业税减免对小农生计束缚的松绑,九洲人的生计方式亦悄然发生调整和变迁,他们更乐于通过回报更丰厚的经济作物种植,与投入回报周期更短的务工以及工商经营等活动保障基本生存和生活。

一、传统农业生产要素

农业生产是九洲人延续至今的主要生计方式。农业生产活动是农业劳动者与农业生产资料紧密结合的生产实践,其中农业生产资料主要包括土地、水源与生产工具等。此外,农业生产还受相关农业政策制度因素的影响。

(一)土地

土地是农业聚落最为重要的生产资料与文化空间。九洲地处山区,传统农地资源相对匮乏。由于土地的使用权及收益分配在近代以来发生翻天覆地之变革,有必要针对农地政策变迁略做说明。

1.土地资源概述

多数报道人对 1949 年以前的生产生活并无记忆。从地方志来看,九洲所在的上杭地区自古山多地贫,崎岖的山地及零碎的耕地令农事活动倍加辛苦,清《上杭县志》记载:"杭固山国,耕垦维难,明季赋税频加,细民舍本竟末旅食他乡者所在多有……土田各有界限坐落,县自丈量以来,凡为田地山塘宜一一条分缕析,然境内山谷多险,初非阡陌相连,其坵角之大者为寻为丈,小者止数尺许,所谓形如叠碗、如鱼鳞、如上梯者,分散奇零,载不胜载。"(顾人骥,1864:39)

除了耕地分散、农事艰辛,这一地区在历史上自然灾害多接连发生,田园庐舍常遭毁坏,在相当程度上制约着当地的农业生产生活。地方志记载:"万历六年(1578)六月大旱,知县杨万春斋宿神祠,素服率邑士庶步拜,越宿,夜雷雨大作,三日乃止,岁仍熟;十四年(1586)大水,坏田塘庐舍不可胜计,平地水深一二尺,舟行于市;二十八年(1600)八月二十三日戌刻地大震;三十四年(1606)秋大旱;四十四年(1616)淫雨,大水,民多溺死;四十八年(1620)旱,山田皆无收……天启元年(1621)四月大水入城,平地五六尺,冲坏城西南民居百余间,乡民多漂溺者,经三日始退;二年(1622)十一月,大风扬沙;六年(1626)春大雪积二尺余,夏霖雨田禾多淹没……崇祯元年(1628)四月大水,坏兴文门城二十余丈;七年(1634)秋七月大旱,知县卢跃龙斋宿虔祷,大雨数日,苗半槁者乃结穗;九年(1636)三月霖雨大水;十二年(1639)五月初旬地震,有声自南而北;十六年(1643)十二月大雪;十七年(1644)六月十六夜,胜运里雷电震闪,无雨,水突从石山发出,溪流横溢,顷刻平地丈余,到处皆有火光,男妇溺死者五六千人,漂荡庐舍、冲破田塘具以千计。顺治四年(1647)四月大雨雹,秋大旱;五年(1648)戊子大荒,斗米银一两二钱。乾隆五年(1740)闰六月,庐丰等处水灾,冲倒居民房屋四百余,知县史圉,详宪勘明,请赈,又捐给口粮;秋旱;七年(1742)春旱,知县史圉虔祷,立夏后四日始雨,米价渐昂,史急出贷,遴邑人往江广籴贩米谷至县平粜,岁虽薄收,民不为病;十一年(1746)九月彗星见,连三夜;十三年(1748)春旱,夏末又旱,秋歉收;十五年(1750)七月地震;十六年(1751)荒,斗米二百四十文;十七年(1752)荒,夏间斗米几三百文;秋大熟,价减过半。"(顾人骥,1864:3-4)

可见历史上九洲地区土地贫瘠、天灾频仍,产出有限,九洲人的农业生产深受地理条件和自然环境制约,要"靠天吃饭"。

九洲村山多地少,全村现有土地总面积近 13000 亩①,其中耕地面积近 2000 亩,以 2014 年的人口统计数据全村 2724 人来看,人均耕地不足 1 亩;山地面积 8000 余亩,全村林地覆盖率约 54.3%;生活用地约 3000 亩,用于建造房屋与生活基础设施。耕地分为水田与旱田,大部分水田面积较小,散布在丘陵间小盆地;也有一部分水田面积相对较大,地势开阔便于规模化耕作。旱田主要分布于旧县河与汀江沿岸的小块冲积平原。水田、旱田之外,九洲人亦通过开垦山地来拓展农业生产资源和生活空间。

2.农地政策沿革

农业社会的生产活动除深受自然条件制约外,主要还受农地政策的影响。中华民族以农业立国,土地政策是中国历史上各个时期事关全局的根本性经济政策。本节基于有限的田野资料,结合相关史料,将九洲社会生产的农地政策,放入近代以来闽西区域中说明。

近代中国农村,各方势力轮番盘踞,农业生产和社会生活基本秩序持续遭到严重破坏,甚至出现系统性危机。闽西偏处内陆、山多地少,人地关系十分紧张且错综复杂。相关调查史料指出,在中国共产党开展土地革命以前,上杭地区地权高度集中,"田地平均百分之八十五在收租阶级手里,农民所有田地平均不过百分之十五"(中共龙岩地委党史资料征集领导小组等,1982:141),而上杭的收租土地中,城市商业资本所占比重极大,达"百分之二十五"(中共龙岩地委党史资料征集领导小组等,1982:142)。此外,整个闽西宗族公田的比重也很大,约占全部土地"百分之二十五"(苏俊才,2019),这些土地"历来归豪绅地主管理,农民得不到一点好处。所以这种赏田②,名为公有实则豪绅地主之私有也"(中央档案馆等,1985:60)。总之近代土地革命前夕,包括九洲在

---

① 1 亩约等于 666.67 平方米。

② 赏田即宗族公田。

内的闽西地权错综复杂,农民失地日益严重,深受封建地主、地方豪强等势力盘剥,围绕土地的斗争形势日趋激烈。

1928年3月,龙岩后田暴动揭开了中国共产党领导的闽西土地革命序幕。1929年6月以后,闽西革命根据地逐步扩展。7月下旬中共闽西一大总结土改经验,提出:没收一切收租的田地山林,并随即分配给贫农;田地以乡为单位,按男女老幼依原耕形式,抽多补少平均分配;等等(中共龙岩地委党史资料征集领导小组等,1982:149)。上杭县于1929年8—10月陆续实现了土改分田。

1934年10月,中央红军主力被迫离开闽西开始长征战略大转移。地方实力派和国民党势力在闽西卷土重来,国民党政府颁布《收复区土地处理条例》,规定原来已经没收分给农民的地主土地一律收回,发还原主并确定其所有权(张雪英等,2016)。闽西的土地革命进程虽经历较大曲折,但由于共产党的土地革命方案已产生实效,获得广大农民的支持,加上留驻闽西的红军游击队的领导斗争和广大农民的积极参与,该地区不可逆转地成为中国近代土地革命的策源地,其成功经验影响到后来的土地改革运动,"在新中国成立后为开展土地改革运动所制定的《中华人民共和国土地改革法》中,也吸收了包括闽西土地革命所创造的有益经验"(苏俊才,2019)。

1949年中华人民共和国成立,中国共产党在新的历史条件下继续探索农村的土地政策改革,经历了新的曲折发展过程。

(1)九洲人集体记忆中的集体化时期

从1949年到1978年党的十一届三中全会召开是第一个重要时期,主要经历了20世纪50年代初期完全实现农民土地所有制的转变(即"农民个体所有,家庭自主经营")、50年代中期的初级农业合作社,以及50年代中后期至70年代末的高级农业合作社和人民公社制度。改革开放前的这三次农村土地政策大变革,特别是50年代中后期开始推行的"劳动群众集体所有,集体统一经营",产生了深刻的历史影响,既积累了重要的成功经验,也造成了深刻惨痛的教训,从正反两方面教育了党和人民要在更加深刻的实践中发展前进。这一重要时期,正是九洲人概念中的集体化时期。①

据报道人讲述,集体化的三十余年中,九洲村和中国大部分农村一样经历土地改革、合作化运动、人民公社化运动等一系列频繁而漫长的农地政策探索与变革过程。在他们的集体记忆中,集体化时期大致又分为"变革中的集体化时期(1949 年至 1960 年)"和"相对稳定的集体化时期(1961 年至 20 世纪 80 年代初)"。

一是变革中的集体化时期,即从土地改革到人民公社运动期间(1949 年至 1960 年)。据报道人回忆,20 世纪 50 年代初九洲施行互助组政策,耕地由各户拥有,农民享有自行决定在自家农地上种植任何作物的权利。互助组内村民协同耕作、互助抢收,收获后各户农地上产出之粮不论多寡归其主所有。互助组实施不久,农地所有权政策即由私有转向公有,1954—1955 年九洲村响应国家政策开始推广初级农业社。报道人回忆,当时九洲东头自然村共有 47 户人家,其中 16 户参加合作社,名为"永丰合作社",与互助组在本质上并无差异,16 户村民依然各司其田,各享其获。1955 年下半年在党中央和各级政府推动下,各地农村纷纷从初级合作社向高级合作社快速过渡。高级合作社实行土地集体所有,耕畜与农机具也作价归公,收入实行按劳分配的政策。至 1956 年底全国几乎所有农户均加入高级合作社,九洲同样组建高级合作社,全村各户同劳动共收获,粮食统一储存,按劳动工分分配粮食。报道人称:当时劳力不足不能按规定完成工分的家户被称为"欠粮户",该户每人每年可分得 500 斤稻谷;家有青壮劳力可挣得较规定更多工分的家户为"余粮户",户中每人每年可分获稻谷 538 斤;约略计算即使是"余粮户"每人每日也不足 1.5 斤稻谷,对承受重体力劳动之村民而言难以提供足够能量;由于分配不论成人还是孩童皆以人口计算,户中

---

① 九洲人笼统地以 20 世纪 80 年代地方推行家庭联产承包责任制为界,将此前时段称为集体化时期。尽管中华人民共和国初期的农地政策并非完全意义上之集体化,由于其时间短、变化快且为由私有制向公有制的过渡阶段,报道人大都将其视为集体化时期的一部分。20 世纪 70 年代末包括九洲村在内的全国各地农村开始过渡性变革,国家农地政策在 20 世纪 80 年代实行转变,九洲在 1982 年才推行"分田到户",因此该时段仍置于本时期讨论。

孩童较多者粮食反而相对充足。

在 1958 年成都会议和"大跃进"运动的推动下,农业生产合作社开始小社并大社、大办人民公社,全国掀起人民公社化高潮。此后国家开始征纳粮税,村人称之为"公粮",由农民义务上缴,不给予报酬,按亩征收,不论收成皆按固定数目征粮。在九洲人记忆中"公粮"名目繁多,如"公家粮"(供给军队),"事业粮"(供给公务员及企事业单位等),"教育粮"(供给学校)、"水利粮"(供给灌溉工程)等。这一时期由于各种因素制约,粮食产量极低,报道人称一亩最高产出约 400 斤,与今日亩产千余斤不可同日而语。即使风调雨顺,九洲人尚难填饱肚子,更勿论稍有荒歉之年份。此时九洲已经出现粮食不足状况,据说 1958 年某次开会时有一九洲中学教师提意见说"粮食吃不饱",却被扣上"乱提意见"的帽子。此后 3 年粮食不足的情况更加严重,一位九洲老人回忆那时每日炒不足半斤黄豆,就着开水食用几粒便打发一餐。1959 年集体食堂仅在九洲出现短短数月,随后便无法正常运作。1960 年后出台统购粮政策征收余粮,村民称之为"交粮",不同于"公粮"可以获得报酬,"交粮"名义上虽是自愿,却多为应尽义务,且当时各地虚报亩产风气盛行,报道人称"哪有什么余粮,都是'放卫星'放出去的",在"公粮"之外增加"交粮"对九洲农人生活无疑是雪上加霜。稻米不够吃,农户只得在旱地种植其他粮食作物以填饱口腹,如"谷麦(大麦)""狗尾粟(小米)""高粱粟""糯米高粱粟""鸡爪粟""拳头粟"等,将其磨粉和水捏成小团或小片蒸或煮熟充饥。

二是相对稳定的集体化时期(1961 年至 20 世纪 80 年代)。1960 年底中共中央调整政策建立"三级所有"公社体制,即生产资料分别属于人民公社、生产大队和生产队所有,生产队是基础,允许社员经营少量自留地和小规模家庭副业。1961 年 3 月中共中央《农村人民公社工作条例(草案)》规定:"社员可以经营自留地,分配给社员的自留地,一般占当地耕地面积的百分之五,长期归社员使用。"1962 年中共八届十中全会正式通过的《农村人民公社工作条例(修正草案)》,将之改为:"人民公社社员可以……耕种由集体分配的自留地。自留地一般占生产队耕地面积的百分之五到七,归社员家庭使用,长期不变。在有柴山和荒坡的地方,还可以根据群众需要和原有习惯,分配给社员适当数量的自留山,由社员经营。自留山划定以后,也长期不变。……社员的自留地和开荒地生产的农产品……国家不征收农业税,不计统购。"自留地政策的实施和保障为村民生活提供了额外希望,使集体化得以基本稳定到1978年。

在这一时期,九洲人日常生活所需粮食仍然按照劳动工分分配,各生产队设有队长、副队长、政治队长(党员)、会计、出纳、保管和妇女队长(女性)7位干部,管理全队三四十户人家的生产生活。"文化大革命"前,各队还有一名社教工作组干部驻村,推动自上而下的各项运动,指导运动在村中的展开,并监督生产队干部避免贪污腐败、粮食分配不均等问题;他们大多住在贫下中农家中,与其同吃、同住、同劳动,付农户伙食费,因此有村干部入住的农家生活相对较好。每年春季由干部开会议定每个劳动力每日所得工分值,进行累加计算后公示全队评议。工分每人每日最高为10分,由工作量确定,通常男高女低,妇女若能挣得8.5分已是相当出色的表现,只有极少数妇女可获得9.5分。劳动力为年龄16~60岁男性与16~55岁女性,小于16岁以及60岁(55岁)以上者留家负责家务。上工时间分"早(清晨)工""上昼(上午)工""下昼(下午)工"。早工是天亮至早饭时间,上昼工是8点到12点,下昼工是14点30分至暮色降临,迟到早退皆扣分,不参加劳动即无分值。九洲每个生产队在粮食分配形式上有所不同,有的每天分,有的按季度分,有的全年一次性分。尽管各队皆遵循平均分配原则,亦根据各户实际情况进行调整,口粮用罄之户可向生产队预支或预借,由会计记账"某某家支/借多少斤"。除每人每年300~500斤基本粮,还可以按当年累积工分余额兑换余粮或现金:假设某人全年挣得100工分,以80分兑换基本粮后,可将剩余20分兑现。而倘若劳动得100工分,却兑换120分粮食,则要交钱补齐差额。但是报道人又补充道,各生产队员皆为同宗同姓兄弟,在实际操作中大多顾念人情并不严格计较。

1973年前后九洲人开始享受返销粮政策,即在一年中青黄不接时节,政府不定量从统购粮中取出部分发还农户,每人每月5~12斤不等。返销粮由生产队按户按需统计上报乡镇政府。村民凭借发放的"购粮证"自行进城购买。同时,需要上交的"公粮"配额相较政策初期更为合理,改为根据实际产值按比例上交。一些生产队在缴纳公粮与统购粮后,仍可存留 2000～3000 斤储备粮以供不时之需。人口流动政策管制在此时亦渐松,一些胆大的九洲人开始出门寻找机会。例如某位报道人听说旧县人不常吃白糖,该地区白糖销路不佳后,前往旧县以低价收购白糖贩运至上杭县城以翻倍价格售出获利;但并非每次转售皆顺利,一次他从旧县收购黄豆贩往上杭途中被"市管会"[①]发现,黄豆全部被没收,而他却庆幸:"再早些时候会被挂上牌子,敲着锣去游乡,那倒买倒卖的罪名是'投机倒把',要被戴高帽,被人批斗呢!"

1978 年底安徽省凤阳县小岗村 18 户农民的"包干"探索,正式拉开以家庭联产承包责任制为主的农村经营体制改革的序幕。党的十一届三中全会以来,逐渐推行家庭联产承包责任制,实行"劳动群众集体所有,家庭承包经营"的农地政策。同时九洲村各生产队的生产活动也发生许多变化,一些转变思路的生产队派人去外地打工挣钱,赚得收入归全队所有,被派遣外出者家中的口粮自然由生产队供应;另一些生产队在粮食生产外组织种植经济作物,例如甘蔗,集体采收后转售水西渡的蔗糖厂换取现金,按工分兑发给各户。

(2)九洲人集体记忆中的单干时期

1980 年中共中央向全国印发《关于进一步加强和完善农业生产责任制的几个问题》,又于 1982 年、1983 年、1984 年相继发出三个中央一号文件,对家庭联产承包经营责任制进行不断肯定与推行。

九洲村从 1982 年陆续开始推行家庭联产承包责任制,村民朴素地将其称为"分田单干"。分田单干的首要问题即如何分田,九洲人根据土地的水源、肥力以及路途远近等差异,将所有农田划分为小块,以相

---

① "市管会"全称为市场管理委员会,1950 年上杭县各主要集镇设该机构,1966 年设上杭县市场管理委员会,行使工商行政管理职权,打击投机倒把,维护市场秩序。1972 年成立工商行政管理局,延续职能(上杭县地方志编纂委员会,1993:439-440)。书中描述应为报道人不了解工商管理机构沿革,以早期称谓指代。

对公平的组合方式分配给各组各户。单干后,农人生产积极性普遍提高,不再"磨洋工"而是精心垦殖自己的农田,随着农作物种植技术改进,亩产量也相应提高,可供每户支配的粮食陡然增加,不仅能满足一日三餐,还可以在缴纳粮税后留有结余。

尽管土地的经营权下放给农民支配,但是他们对土地的调度使用渐渐出现问题。小片土地分散经营限制了九洲农业向现代集约化的发展;土地承包分配30年不变,亦造成土地分配不合理状况,有的村民家中人口渐多而土地面积并不相应增加,有的则相反,土地分配与家户人口的比例失衡,出现大量纠纷。与此同时,农业转非农业户籍制度正式与土地挂钩。若家庭联产承包经营责任制实行之前"农转非"政策让许多农民倾向将户籍由农业户口转为非农业户口,以享受国家商品粮分配,那么之后农业户口持有者更乐于保留其户籍,以保证家庭分到更多土地。20世纪80年代农民诉求得到短期满足后,上述问题在90年代后更为凸显。为解决农地政策实施过程中遇到的问题和纠纷,2003年颁布实施《中华人民共和国农村土地承包法》、2005年最高人民法院实施《关于审理涉及农村土地承包纠纷案件适用法律问题的解释》,这些法规虽然一定程度扩大农民土地处分权,但基层土地分配已问题丛生,难以从根本上解决。

农村税费改革从2000年起在江西试点到2003年在全国铺开,取消乡统筹、农村教育集资,取消屠宰税,取消统一规定的劳动义务工,调整农业税和农业特产税政策。2004年进一步取消牧业税和除烟叶外的农业特产税,实行取消农业税试点并逐步扩大试点范围,对种粮农户直接补贴。当年包括福建在内的8个省份全免或部分免征农业税,河北等11个粮食主产省区降低农业税税率3个百分点,其他地方降低农业税税率1个百分点。经历2005年的逐步推进,2006年元旦我国全面废止1958年颁布的《农业税条例》,农民自此不必再缴交农业税。自2004年起九洲村已免交农业税,村民享受到巨大的实惠,负担大大减轻,但也从此逐渐解开对土地的牵绊。农人在土地上辛勤劳作一年的经济收入与外出打工的劳动所获差距日益拉大,越来越多九洲人不愿依赖土地生存,不少昔日辛苦开拓的山地农田也被荒弃。报道人指出,昔日若外姓侵占土地必然拳脚相向,近年来观念转变不再重视土地,前几年村内两姓间曾有一次土地纠纷,最终竟不了了之。取消农业税后10余年间,伴随农民与土地关系的松绑、村民市场经济意识的提升、政府政策的助力,九洲人的生计方式逐渐发生变化。

2012年党的十八大以来,我国的土地制度改革也进入攻坚期和深水区。为了进一步解放农村生产力和提高农民财产性收入,2013年农地政策由"两权分离"向"三权分置"转变,赋予了农民土地权能,切实提高农民的财产性收入(罗冬霞,2022)。2014年在各级政府部门的推动下,九洲村"两委"向农民征地,建立大棚蔬菜基地,大量流转出土地的农民进入取得土地的大型农业集团公司工作,依旧与土地打交道,但身份却由农民暂时变成合同制工人。各自然村在非农忙时节外出务工的人数庞大,尤其是"80后"及以后的群体,他们似乎与土地不再有太多羁绊,似乎不需要为生计下地打理农活,不需要过多依赖以农业生产为主的土地。

(二)水源

水是生命之源,九洲人的生计生活离不开水源。就地理位置来看,九洲位于两江交汇处,沿江地表水源并不匮乏。而由于地下水位低,九洲人近几十年才开始使用井水,历史上曾为上杭县著名的四大旱区之一[1],其远离河道的广大农田与山地灌溉基本依赖自然降水,季节性缺水深深影响着九洲人的农事活动。

1.河水

汀江与旧县河水是九洲人自古赖以生存的基本水源。九洲人在河流沿岸聚族而居,利用河水进行农业灌溉和满足生活所需。报道人说,东头自然村曾有上、下两个生活码头,分别呈倒"L"与倒"八"状延伸进河道。生活码头不同于九洲渡口码头,系供农田灌溉与日常生活取水所设的基础设施。九洲人喜在天色微亮时即前去挑汲饮用水,认为此时河水最为洁净未受污染,饮用水储存在上覆两块木板的大水缸中。在报道

---

[1]　上杭县四大旱区包括城郊、官庄、庐丰、旧县,九洲隶属于城郊区。

人记忆中,当干旱少水的时节来临,他们也走入河道取水,该段汀江河道平整,沙下风化页岩呈淡紫色,较浅的水域也是孩童嬉戏纳凉的好去处。

利用河水灌溉最常见的方式是筑造沟渠,利用地势使水定向流动。修水利为地方扶振农业的必要手段,1956年左右举全村之力于九洲北部地势较高处兴修莲塘水库,占地面积约36亩,开掘水路或架设漕渠自上而下贯通4个自然村的水田,一直延伸至粮丰以东七峰山脚下,覆盖九洲大量农田。水库的水源据说最初引自古石背[①],20世纪70年代旧县河雁子滩水电站通过筑坝抬高水位后,造水轮泵站、架筑漕渠从该处引水入库以供灌溉。在集体化时期,水库及水渠等水利设施由专人看管、维护、定期开闸放水,而单干之后逐渐疏于管理,闸口及水渠淤塞,至今已不能使用。随着河流上游矿业发展造成的有害物泄漏污染、多个梯度水电站过度开发放水量少,以及近年沿河沙场建设挖河床、沿河农田滥用农药化肥等原因造成的生态破坏,九洲人如今已极少使用河水饮用与灌溉。2015年因遭逢大旱,一度被迫再次抽取河水灌溉农田。

图 1-1　雁子滩水电站

---

① 古石背,村名,与九洲北部丘陵相邻。

2.降水

自然降水也是九洲人灌溉的重要水源。九洲村位于亚热带季风气候区,通常立春后多雨水,夏季降雨不稳定,时多时少,其余二季雨量较少。春雨对春耕意义重大,降雨过后土地湿润,水田储水充足,便可畎田插秧。此时若雨量不足,稻田缺水,则不能够满足春耕所需。2014—2015年田野调查期间,九洲人经历数年不遇的秋冬大旱,其影响一直延续到次年春季。自2014年9月起九洲已鲜有降雨,11月我生活的王振荣先生家为孙子举办满月宴,准备酒席需大量用水,家中井水竟被抽干,多亏亲友出手相助方才圆满办完酒宴。此后王先生家中的日常生活用水便受到限制,一切生活起居用水皆厉行节约,全家人的心情与天气阴晴变化相连,天气越晴朗则越焦虑,有时王先生需要驱车进山盛装数桶泉水以保障全家之用。偶有少量降雨就能让全家欢欣雀跃,意味着有水可以洗澡浣衣。一位80余岁的报道人称,这次干旱系他所经历的第三次,上一次还是20世纪50年代(大约1956年前后,报道人并不十分确定),也就是说这样的大旱已约半个世纪未曾发生。待到2015年初春水稻插秧时节,降雨和寻找水源已成为村人社交最重要的话题,农人望着干涸的稻田无奈地摇头,祈盼春雨降临。

在九洲,农人依赖天时并形成若干有关降雨的农谚,例如:"过春落雨到清明"意为立春当日,尤其在交春之时降雨,则早春雨水充沛,清明前常有连日降雨,报道人称此谚相当精准,几乎一日阴雨一日晴天交替至清明节;"芒种下雨,连下十八日"意为芒种日下雨,则随后常见多日连续降雨;"前半月看初三,后半月看十六"意为若每个农历月这两日没有下雨,则随后半个月难有雨水。此外还流传事关降水的传说民俗,每年夏至后的第一个辰日被九洲人称为"分龙日",当日若迎得龙母,则下半年风调雨顺,若只迎得龙公,则下半年将面临大旱,因此九洲人在当日严守祖训,不洗衣、不碰触污秽,以求龙母降临保佑。

九洲人对降雨持辩证态度,并不一味求多雨。不同土质的农田对水量需求各异,山地面阳的稻田常经受太阳曝晒,需要更多雨水滋润,而背阴的水田较为阴冷亦不受日晒干涸,反而无需太多雨水。在农田功能上,种植不同作物的农田需水量不同,水稻是水生作物,育种和生长皆须水源养护,必须有足够灌溉水量,而蔬菜、根茎作物则需要水量适宜,过旱不能良好生长,过涝则容易沤烂。在季节时令上,九洲人喜冬春下雨,冬季气温较低且虫害少,如下雨则不必人工挑水灌溉,可享受难得闲暇;初春是重要的插秧时节,如果雨水不足则影响一年农作,若整个春季持续不降雨,水稻在生长过程中将面临被"烧"(干)死或结谷不饱满等问题;而在水稻开花、稻谷收割、晾晒的时节,降雨则不受农人欢迎。

九洲农田分散,远离河道的农田仅依靠自然降雨不能满足农耕需求,因此挖掘池塘积蓄雨水是九洲人在低山区域和山间盆地广泛应用的方式。据官方统计,全村共有大小池塘约 35 亩,主要功能除了农业灌溉外,还支持养鱼、养鸭等产业。池塘中的水通过沟渠流入水田,每块水田修筑田埂,调节储蓄田内的水量,上游的地块水量充足后才流入下游地块。在缺水时节,料理下游地块的农人常因不能获得足够水源更加忧愁,有一些人将邻地的田埂挖开放水以满足自家农田需求,被发现后不仅水口会被及时堵上,还往往引起对方的咒骂与双方的纠纷。

3.井水与泉水

九洲人在历史上并不使用井水。根据报道人回忆,直至 1979 年国家地质勘探"844"队①驻村时才开始凿井取水,他们最初驻在粮丰,后迁驻东头山冈上,修建两个巨大水池储存从汀江抽取的水源,后来凿井抽取井水储存。附近的九洲人从部队水池挑水使用,一段时间后才自行尝试开凿深度在 6 米左右的水井。报道人认为,近年来沙场挖低河道,亦导致九洲地下水位下降,许多新凿水井须达 10 余米才能触及水源。在 2014 年的秋冬大旱中,普通井水位更低甚至干涸,为解决缺水困境,九洲人或自行凿深井或集资引山泉,传言湖坊一处新井凿至 100 余米方才见水,而粮丰早已聚族修建三口大井,汇集山泉,由水泵抽取引入各户。由于九洲地质岩石坚硬,且地下水位低,九洲人并不使用井

---

① 尚未查到该队隶属的相关资料。

水灌溉,主要用于满足日常生活需要。

20世纪80年代华南地质勘探局"295"大队在村境内探矿时发现天然泉水,检测出其矿化度、游离二氧化碳、锂、锶、偏硅酸的含量达到矿泉水界限指标值,并含有其他10多种有益人体健康的微量元素,鉴定其为"珍贵的优质饮用天然矿泉水"(上杭县地方志编纂委员会,1993:102)。在2014年大旱时,许多九洲家庭的水井水源不足,就需要前往山中接取或购买天然泉水满足基本需求。

(三)生产工具

生产工具包括传统农具以及现代农机。九洲村最常见的农具有锄头、耙、扁担、畚箕、水桶、水瓢,大多通过购买获得,几乎是每个农家天天都会使用的工具,用于畈垦、整理、运输、浇灌等活动。

图1-2 犁田拖拉机

农业机械主要有拖拉机、打谷机、扬谷风车及碾米机。许多农户自购犁田拖拉机,价格根据自动化程度4000~5000余元不等,除自家使用,还可以帮人代犁水田,赚取每亩40元劳务费。小型柴油打谷机几乎家家都有,稻谷收获时在田间将谷粒打下装袋,方便运输。还有若干农家保留传统的木制扬谷风车,有些人家购买电动风车,还有一些人家本着勤俭原则将立式电风扇与不完整的木制风车构件组合,也可以达到同样的效果。碾米机并非每家拥有,村内碾米每担约可碾出 60 公斤稻米,收费 2 元。

图 1-3　柴油打谷机

图 1-4　木制扬谷风车

（四）劳动力

受制于土地，九洲人以家庭为单位展开劳动密集型的小农经营，盈利性差，人多地少的现实产生大量剩余劳动力，九洲农民不得不外出务工。

这一状况实际上自古已有，单凭星点农田不足以支撑生活，男子弃农学艺、经商者颇多，这使得女性成为当地农业生产的主力："邑俗妇人操作勤苦……一切井臼耕织樵苏畜牧灌种缝纫，姑与妇均劳……君子称其贤，而杭之妇人则视若固然，且耕耘收获之时通力合作，隐然如井田时代有相友相助之义，无事则比邻散居，有事则陇亩合食"（丘复，1938：572）。九洲妇女至今仍是当地农业生产的主力。村中某男子曾被数落不知自家田地位于何处，也有传言非农忙时节不少男性即便在外无工可做，宁可躺在家中看电视或聚友打牌消磨时间，也不愿和妻子一起下田劳作；亦听闻有男子以"晕田"为借口逃避劳动。九洲曾盛行养女之风，因女子乃是家中田头各类事项的重要劳动力，可为养母分担辛劳。九洲农妇每日均下田劳作，通常于晨光熹微之时便往田间除草、浇水打理田园，至五六点采摘足够一日食用之蔬菜后便返家做饭。早饭后继续前往田间劳作，午后小憩，下午三四点复往农田劳动，至天色模糊方才还家。每日劳作时间根据从事项目、季节变化等差异而长短不一。男性日常外出谋生，除农忙时节外，即使得闲在家亦少参与农事。

就传统农业而言，由于自然和山地条件所限，九洲的农业生产技术较难得到大幅提升，因此土地对劳动力的需求总量不高，这一方面体现在性别分工上，另一方面也体现在季节分配上，九洲农民一年中有大量不必劳作生产的农闲时间。然而农忙时节每个家庭的劳动力又不足，需要全家上阵劳作数日，在外求学或打工的年轻人亦应回家帮忙。若家中劳动力难以满足需求，则请一二帮手，一般为本村或邻村的熟人，以每日 80～120 元工钱作为报酬；若彼此换工相助，则不必付费，仅在劳动之后招待晚餐即可。

近年来，九洲人认为种植蔬菜能够在市场上获利更多，不少妇女投入大量时间精力照料菜园;2015年前后建筑行业因政策影响受挫,村中男性在外务工机会越来越少,不少人回归农业生产维持生计,在此之前九洲村"两委"已推广鼓励种植蜜雪梨树等经济作物多年,一些敢为人先者亦取得不错的收益,刺激了不少九洲男性也加入农业活动,专门负责开辟山地、栽培果树及照料果园。经济农业的劳动力投入打破了传统的农事节奏,亦改变了九洲传统季节性劳动力分配的特点(表1-1),将九洲农人整年时间填满,当然也带来相对丰厚的经济回报。

表1-1　九洲人主要农业活动月历安排

作物	1月	2月	3月	4月	5月	6月	7月	8月	9月	10月	11月	12月
水稻	农闲		上季稻种植、田间管理		收获、晾晒		下季稻种植、田间管理			收获、晾晒		农闲
蔬菜	一年四季轮值时令蔬菜,每日浇水、施肥											
蜜雪梨	定植新苗、清洁田园	施促花肥、剪除病虫枝	施肥促花保果、拉枝整形、叶枝留强去弱、防病虫害		疏病果、小果、畸形果、过密果,套袋,防病虫害		收获采摘	采果后施肥、扩穴改土、改善土壤、及时灌水,预防早秋落叶造成10月"小阳春"			根外施肥、深翻改土	

耕牛也是九洲昔日农耕中重要的劳动力,牛在耕垦田地、载运物资及转磨等农业生产中发挥重要功能。九洲人以其为家畜之首,豢养的牛有水牛和黄牛,旧俗以水牛为耕牛,黄牛则用于其他农事和运输。牛的劳动时间和节奏与农人一致,每日夜间休息,清晨开始劳作,日暮结束一日工作。一年中春耕、夏耕时节最为辛苦,尤其是夏季天气炎热,农人常常为了给耕牛增强体力,在饲料中加拌酒糟。牛不仅是九洲的重要劳动力,也为农人提供其他经济价值,牛粪为昔日九洲的主要农肥之一。据报道人回忆,捡牛粪是九洲孩童与老人的工作,将积攒的牛粪堆放,撒上草木灰,定时翻拌,待发酵后转入竹篮,一坨一坨塞入秧苗旁的淤泥中,以免浮在水田表面导致肥料流失浪费。

二、水稻种植

九洲粮食作物以水稻为主,村人将其分为三类:不粘者曰秥,次粘者曰粳，最粘者曰糯。九洲人多种秥米为日常食用，一年种植春、夏两季，俗称为"上季"和"下季"，或"上春"与"下春"。粳米在九洲主要是被称为"禾米"的品种，近年种植不多，米色白中透黄，以其蒸熟捣烂做饵，谓"禾米粿"。糯米产量相对较低，多用于酿酒制粄，一年亦可种两季，然因上季糯米小而硬，村人种植意愿不高；下季糯米质软，利于制作佳酿，种植者较多。不同的水稻品种对九洲人而言用途意义不同，秥米是果腹的食粮，而禾米与糯米则为制作点心、酒水的原料。

筛选稻种对水稻收成具有决定性意义。昔日九洲人在上一年收割前，将相对饱满、大小匀称的稻谷取下，晒干保存做种；若自家水稻当年品质不佳，亦可与拥有好品质稻谷的邻里等量或等价交换，将换得的稻谷妥善保存待来年播种。如今，九洲人多从农技站购买稻种，品种多样，均为杂交水稻。报道人指出，"上季"稻的品种有"全优2689""T78优2155"等，亩产1100～1200斤，产出的稻米口感较硬。"下季"稻品种有"特优671""中浙优10号""广两优676""宜香2292"，亩产均在1300斤以上，口感皆较"上季"稻米香软，九洲人大多选择产量最高的"特优671"。

九洲人几乎不卖稻米，因此种多种少、种一季还是种两季皆根据家庭需求而定。由于水稻产量较昔日翻倍，早稻品种不及晚稻产量高且口感差，又"上季"耕作与收获皆较"下季"辛苦，不少九洲人选择仅种植"下季"稻，既能够满足一家人来年的口粮，也可以在"上季"时留闲外出务工；而人口众多的大家庭，仍需要两季耕作，方能保证全家一年口粮消耗。除了人的口粮，家中鸡鸭等饲养亦要消耗一定量的稻米。如一个养有家禽的三口之家，一日消耗即可达4斤大米。每个九洲人都对自家口粮消耗与稻田产出心中有数，若产出刚好足够一年所需，九洲人通常不会超量耕种。他们认为"粮食不抵钱"，一日木工即可获得240～260元报酬，而这相当于上述家庭2个月所耗粮食之价格，过多劳力投入在水稻种植中并不"划算"，即使只种一季水稻，仍有不少水稻田地荒废。

水稻种植讲求农时。"上季"稻的生长期为3—6月，"下季"稻则在

7—11月。若上半年气候干旱,可一年种植一季,称"中稻",稻种与"下季"稻相同,生长期在5—9月。根据九洲村民的农事经验,上季于惊蛰(3月5—6日)时节播种育秧,有农谚云:"朦朦胧胧,惊蛰好落种",由于此时气温尚低,播种育秧前须先将谷种以水浸泡,再用稻草包裹,以令其尽快发芽,随后均匀播种于翻整后的田中;也有人将谷种放入有半圆形凹槽的塑料模板中,填入泥巴刮平,平铺于田中。许多人还以细竹条两端插于地面,形成半弧形支架,再以白色塑料膜覆盖其上,仔细用田边土壤将膜压好,形成小小温室保证秧苗生长速度,同时防止鸡、鸭、野鸟偷吃稻种与幼秧。"下季"稻则是"芒种夏至,多半拗",即于芒种(6月5—7日)过后,快到夏至(6月21—22日)时播种。此时气温逐渐升高,降水充足,县志记载:"芒种蒙头落,夏至水推秧"(沈成国,1760:2),适宜播种育秧。

图1-5 育秧

通常秧苗生长20日左右即可插秧,生长超过45天的秧苗则不可再用。因此播种育秧后,"上季"稻应在春分(3月19—22日)和谷雨(4月19—21日)间插秧,"下季"稻则在小暑(7月6—8日)至立秋(8月7—8日)间插秧。插秧之前首先要犁田,利用耕牛或农机反复犁耙、整理稻田,一块稻田须反复翻耙至少三次,直至田内土壤松软稀烂。上春因土地经历一冬风吹日晒更加干硬,耕种前要花费大量时间精力,因此九洲农人更期待降水,土地经过雨水滋润浸泡后能节省犁田劳力;而下春水稻秧苗在上春收割后立即栽种,土壤湿润松软,犁田相对省力。

图 1-6 春耕

插秧被九洲人称为"莳田"。插秧前先将培育好的秧苗连根带泥取出,以畚箕挑至水田边方便取用。农人赤脚进入水田,弯腰将秧苗依照间隔 15 厘米左右的距离压入泥土,娴熟者躬身一次即可插完面前及左右手臂可及之地,快速将秧苗一行行整齐排列。若田中水多、泥土松软且秧苗较小,也有人选择使用抛秧的方式,即身体直立在水田中,稍稍前倾,手捏秧苗根部将其一株株抛下,使秧苗根部重重砸入土中即可。有的人并不喜抛秧,认为抛秧未将秧苗根部压入泥土,容易浮起导致秧苗发育不良。插秧与抛秧动作看似简单重复,然而要快速完成并使秧苗排列整齐也并非易事,在参与九洲插秧与抛秧活动时,笔者行动既慢,且成果歪七扭八、疏密不一,还踩坏了别家的田埂。

做好水稻田间管理,才能实现增产丰收。九洲人在这段时间每日都要前往稻田打理,保证水源、除草施肥、喷洒农药。调节稻田水量是九

图 1-7　插秧

洲人重点关注的事项。水是水稻生产的重要保障,然而除了孕穗期①和扬花期②需要维持土壤湿润外,其余阶段不宜长期大水漫灌,土壤长期浸水不利于水稻根系发育,最后的黄熟期③尤其要注意排水晒田。在水稻生长的重要时期,还需要及时供给肥料以促进稻谷产量,昔日九洲人以人畜粪便为主要肥料,不足时可进城挨家挨户收取;现在多购买化肥,主要为氮肥、磷肥和钾肥,针对不同稻种的化肥施用比例不同。禾苗返青分蘖④时就需要开始除草,农人赤脚入田将杂草踩进泥中,另有一种与禾苗极为相似的稗草⑤一经发现应及时拔除,如此有利于禾苗生发,此后定期除草。同时亦要定期向叶面喷洒稀释后的农药,预防虫害、病害。报道人认为,秧苗移栽后即须喷农药一次,此后依自家时

---

①　孕穗期即水稻抽穗前的生长阶段,应注意水分、肥力与病虫害。

②　扬花期即水稻抽穗后开花授粉的阶段,是水稻成熟的重要阶段,应注意保持田间浅水,施肥、防病害,天气以晴朗为宜。

③　黄熟期即水稻成熟的最后阶段,谷壳变黄,稻谷变硬,是最佳收获时段。

④　秧苗移栽后一般先由绿转黄,再由黄变绿,称为返青期;此时禾苗也开始从根部生发新分枝,即分蘖。分蘖越早,生长期越长,越容易结穗。返青分蘖期应做好除草施肥,促进禾苗生长。

⑤　稗草外形与水稻秧苗极为相似,但叶片相对毛涩,颜色较浅。稗草生长在稻田、沟渠等处,通常长势较禾苗更好,可作为禽畜饲料。

间宽紧大约每 20 日喷洒一次，收割前仍须一次。农药自农技站购得，药价依药品功效 20~50 元不等，综合售者推荐与自己需求酌情购买若干种。喷洒时将若干药品按经验比例混合于专用农药喷雾器中，喷雾器通常为购买的塑料制扁形水桶。尽管农药气味刺鼻，农人并不做过多防护，药品包装随手弃置田埂。混合稀释完毕后农人背起喷雾器，一手持喷头，一手按压开关，穿行在稻田中左右喷洒。

收获之前的天气十分关键。扬花期阴雨不利收成，授粉结粒之后过于干燥谷粒又不饱满。收获期间天气以晴朗干燥最为理想，县志有载："六月六日宜晴不宜雨，逢雨禾多生虫、稻不熟"（沈成国，1760：2），即农历六月初（大暑入伏时节，约 7 月中旬）若雨水过多，则影响水稻成熟，禾苗易生虫、腐烂或发芽。又载："九月九日内：一日风雨，主正月米贵；二日至九日仿此。"（沈成国，1760：2），即农历九月初期（寒露至霜降之间，约 10 月中旬），若有风雨则秋季水稻多半歉收，影响供需。

不论是上季 7 月抢收，还是下季 10 月从容收割，皆在高温炎热的天气中集中进行，劳动强度极大，即使是常年务农者亦觉吃不消，认为这是水稻种植中最为辛苦的一环。为了避免收割结束后被晒伤以及全身瘙痒，大多数九洲妇女均全副武装，戴斗笠、袖套与手套，却也因此加倍流汗。收割与插秧一样，都是要弓腰进行的劳动，农人一手抓稻秆，另一手持小镰刀从稻秆根部处将稻子割下，并依托臂力将割下的水稻转移至腋下，以腾出手抓下一把稻秆，如此循环，直至臂间稻子达到一定数量，取其中一束将其扎好，堆放在地面上。熟练的农人刀速与手速皆快，还可以环抱大捆稻秆减少起身堆放的时间。霜降前后收割还要特别小心缠在水稻上晒太阳的青竹蛇，谨防误抓被咬伤。收稻时依赖天气状况，为尽快收割完成运送回家，全家人皆要出力抢收。除了割稻，还要另一人就地用打谷机将谷粒打下装袋，每袋稻谷约 80 斤，完成若干袋后即有专人用摩托车运载返家。传统上亦用手摔打谷，即手持稻秆从背后甩至身前"斗皇"（即较大的斗，又称打谷桶）中，将谷粒抖落。待斗皇装满后以簸箕盛出装袋。这一过程通常需要数人配合完成。

图 1-8　收割水稻

图 1-9　田间打谷

　　稻谷运回家中后,还要立即分批在屋前大坪、房顶天台上反复晾晒数日。若天气晴朗,则不必担心;若天边出现乌云,则须用经验判断是否将有大雨。九洲人认为受周边山势影响,若乌云从西面来,则一定降雨,应早将晾晒的稻谷收入屋中,以免受潮;若乌云从东而来,则无须收稻谷,继续晾晒无妨。若不幸被雨水打湿应及时收回,在室内通风处及时摊开风干,避免发霉、发芽。

图 1-10　晾晒稻谷

稻谷晒干后,选择晴朗天气,将其填入风车(吹谷机)上方锥形漏斗,鼓风者应一边掌控下谷闸口大小,一边把控摇风的力道。经过鼓风后,实心稻谷自然落入米桶或米袋,而空心谷壳及其余较轻的杂质则被分离吹出。距离出风口较近者一般会再被吹筛一遍,或另外装袋作为家禽饲料。

晒干装好的稻谷存入谷仓。九洲各家皆有谷仓,较传统的有砖砌的或木制的方形谷仓,亦有人家购买圆形合金材质谷仓。谷仓皆较地面抬高至少 30 厘米以支架悬空,有仓门,防潮、防鼠。待食用时才将稻谷带去专门碾米的作坊碾成大米,稻谷转大米率约六成,即一袋 80 斤稻谷可碾米约 50 斤。

稻秆则留在田中,一堆一堆扎好竖立晒干。稻草在九洲有许多用处,可以做燃料、为家禽做窝保暖,亦可扎捆蔬菜,还出现在丧葬仪礼中[1]。

---

① 第十章详述。

图 1-11　谷仓

三、经济作物蜜雪梨种植

　　九洲蜜雪梨是由我国台湾地区横山梨与日本新世纪梨杂交育成的早熟梨品种(邱建钧,2010:18),果实近圆球形,果皮呈黄绿色,果肉白色,肉质细嫩,汁多味甜。成熟期在每年 7 月中下旬,上市时节为盛夏。由于成熟较早,丰产质优,市场价格也一直看好。自 2001 年由福建省三明市清流县引入九洲村,至田野调查期间,九洲全村栽培面积已达3000 余亩,2015 年产量 5000 余吨,年产值达 800 余万元。据闻在引进栽种蜜雪梨前,九洲地区山地水土流失严重,经济作物蜜雪梨的成功引进与广泛栽种亦为九洲山地生态改善找到出路。①

　　九洲蜜雪梨主要种植在该村北部大片丘陵上,初建果园时须依山势开挖梯台,并于果园内修筑储水池塘,方便排灌。这一品种梨树枝梢

---

　　①　该村实施了"国家水土保持重点建设工程——九州小流域水土流失综合治理"工程,对 2162.5 公顷山地采取水土保持与产业发展相结合的治理模式。通过大力发展蜜雪梨产业、种植油茶,辅以护岸、排水沟、坡改梯等水保措施,实现生态效益、经济效益和社会效益统一。

图 1-12　九洲山地梨园

姿态旺盛，尤其结果后较为开张，植株间距多在 5 米左右。由于果园距离九洲聚落较远、果园建设耗费体力、果园占地面积广大，九洲多以男性为主管理蜜雪梨树。九洲蜜雪梨种植后约 3 年开始结果投产。种植时间一般应在每年冬季 1 月前后，要选择粗壮没有病害的树苗，植树坑穴深度约 1 米，种植前应施基肥，种植后浇透水。

对土壤适时适量施肥是梨树生长的关键。一年施肥 3 次，第一次为"花前肥"，顾名思义在开花前施入，在 1—2 月进行，农户多购买养鸡场的有机粪肥搭配化学肥料，施肥时环绕树根约 1 米处以锄头挖出宽约 20 厘米、深约 10 厘米的土沟，将混合肥料均匀撒入后回填土壤，再以干稻草覆盖地面；第二次为"膨胀果肥"，一般在 3—4 月，此时果实已有核桃大小，可根据叶面色泽提早或推后施肥时间，若叶面暗淡无光说明肥力不足，须及时下肥，若叶面光泽油亮，则延迟时日施肥亦无妨；第三次为"断奶肥"，在 8—9 月梨子采摘结束后下肥，保证果树生长必要的养分，减少"小阳春"开花造成来年产量的降低。

蜜雪梨树需水量大、不耐旱，亦怕涝，及时灌溉排水也是果园管理要务。山地用水依赖天气，为保证水源，九洲人多在果园中挖掘池塘或

图 1-13　施肥后的梨树

修筑储水、灌溉设施。同时为保持水土,果园内除了梨树下,一般允许其余位置的杂草自然生长,如杂草影响梨树生长则应拔除。

为了实现丰产,须对蜜雪梨树进行整形与修剪。通常的整形方法是将新抽生的枝条以细绳向下牵拉,与地面几乎水平,待其成熟后可解开绳子,树枝自然回弹一定角度。上层枝丫以同样方法牵拉整形,方向、角度应与下层错开。若是新种植的梨树,允许树枝自然生长,减少人为梳理;成熟的果树树枝则应去弱留强、疏密留稀。

九洲人认为其自然环境相较清流县更适于蜜雪梨生长,授粉率与结果率更高。梨树开花授粉乃一年收成之关键,如 2015 年春季大旱,晴朗天气利于梨花授粉,到 7 月结果累累,产量极丰;而 2016 年花期持续大雨,授粉受到影响,因而产出较少。九洲人认为梨树有"公""母"之分,可从枝干与树叶上的细微差别区辨,母树上须嫁接公梨树枝,或将开花的公梨树枝插于塑料水瓶内挂在母树上,保证每棵树均能授粉。也有一些农户借来蜂箱,利用蜜蜂增强授粉。

九洲蜜雪梨常见的病虫害有黑星病、梨锈病、蚜虫病等。每年 3 月梨树花落后,农技站就会在公示栏提醒农户,及时喷洒农药防治。除了施用农药,亦可通过冬季提前做好清理,烧毁病枝,增加施肥提升梨树抗病能力,砍除一些病害中间宿主,如梨锈病常寄宿的柏树等植物,并对果实及时套袋预防。

果实生长到一定大小要疏果,一般在采收前至少疏果两次,村人总结的要义十分简单:将"坏的"和"丑的"果实都去掉,留下健康与丰满圆润的果实,在树枝上约每 15 厘米留下 2~3 颗,若希望果实长得更大,则每簇只留下 1 颗即可。坏的果实大多遭遇如橡皮虫咬噬或者感染黑星病,丑的即形状不规则、歪向一边的歪嘴梨。疏果事关重大且要求细致、没有时限,种植者大多不请工人帮忙,全靠一人之力慢慢完成,因此每年 4—7 月果农几乎日日在果园之中劳作。

成熟的蜜雪梨果形扁圆近似苹果,底部有圆滑小坑,表皮光泽越亮、小点越细越密者口感越好,肉质越细嫩。未完全熟透的果实则外形较长,底端还留有"花蒂",口感自然较差。由于蜜雪梨皮薄肉嫩,为了避免运输途中的损伤,九洲人通常选择七八成熟的果实采摘出售,摘下后的果实在运输中自然成熟,口味转佳。

图 1-14　成熟的九洲蜜雪梨

随着种植蜜雪梨的九洲人越来越多,2007 年 10 个种梨大户成立九洲蜜雪梨合作社,注册资金 10 万元。至 2013 年合作社成员已有 120 名,注册资金增至 1100 万元。此外,九洲与福建农林大学合作,建立校外实践基地,促进蜜雪梨种植研究,提升栽培技术,提高经济收益。"九洲蜜雪梨"渐渐受到县、镇各级政府的重视,成为九洲村的一项品牌,并经过检测贴上"绿色食品"标签。2011 年九洲村"两委"曾为促进营销,举办蜜雪梨采摘节,吸引周边居民前来体验采梨,九洲蜜雪梨品牌优势突出,销路相当不错。田野调查前后两年,村委换届停办采摘节,同一地区邻近村落也陆续种植蜜雪梨,不少九洲果农开始担忧蜜雪梨销路。2017 年 7 月农业部公布第七批全国"一村一品"示范村镇,九洲村蜜雪梨荣列其中,虽然面临不少竞争及挑战,蜜雪梨种植已成为九洲村种梨大户的主要经济来源。

四、其他传统作物与蔬菜种植

九洲人除了水稻,还栽培其他传统粮食作物,例如块根作物与豆类。此外蔬菜种植也是九洲村相当普遍的生产活动,家宅边空地大多辟为菜园,通常蔬菜的种植只为保证一日三餐的自给自足。

块根作物与豆类皆耐旱,产量较稳定,是代替稻米的重要粮食作物,至今仍被村民普遍种植。番薯(又称红薯、地瓜)是九洲村种植最多的块根作物,有红心与白心之分,块根肥大、营养丰富,是饭桌上常见的主食,常与稻米混合熬成粥饭。番薯适应性强,种植简便,剪蔓扦插即可,性能抗旱,易于保收,产量高,且加工方式多元,除做主粮亦可生产淀粉和酿酒。此外番薯茎叶是优质的饲料,利用率高。黄豆、黑豆等豆类为九洲人提供优质植物蛋白,干燥的豆荚和豆秆是极好的燃料。

九洲人种的蔬菜类型多元,叶菜类有小青菜、菠菜、芹菜、蕹菜(空心菜)、苋菜、小白菜、大白菜、甘蓝、芥菜等;果菜类有黄瓜、冬瓜、南瓜、茄子、西红柿等;花菜类主要是花椰菜、西兰花;根茎类以白萝卜、芋、土豆、生姜、菜头等为主。然而以自给自足为目标的村民每个季节种植的蔬菜品种和数量有限,仍要在市场上购买以补充不足。当某类蔬菜大量出产时，亲友间也互赠有无。

种菜是九洲人生产生活的日常内容，通常由妇女完成。菜田要经过多次翻整，用铁锹或锄头将结块的土壤打碎敲松，必要时撒下若干如草木灰、鸡鸭粪便等有机肥，或化肥作为基肥。菜田整理完毕后，浇透水分保证土壤湿润，用锄头将土壤表面轻轻推平待用。有些蔬菜如小白菜、生菜等，须先在土壤表面垦出细细的畦沟，间距据不同品种蔬菜而定，将这些蔬菜种子均匀撒入沟中后，覆盖薄土一层（约1厘米）；有些蔬菜如大白菜、黄瓜等则需要以较大的间距挖出小坑，将种子分别放入后覆盖土壤；还有些蔬菜如各种较小的叶菜，可以直接将种子均匀播撒在整理好的菜地上。

图1-15　九州菜田

蔬菜出苗后，要观察菜田是否过密，及时将长势不佳的小苗拔除，保证菜苗间距，促进蔬菜通风与吸收阳光。有时还要在菜间用锄头轻轻垦锄松土，不仅可以清除杂草，也可以增加土壤透气性，对蔬菜根部发育有益。如种植小葱，出苗时还要在土壤上铺一层稻秆，九洲人解释说如此可以降温、保湿，也可令葱白更长。

九洲农妇每日清晨或傍晚打理菜田，浇水是其中最重要的工作。

浇水的工具一般为一根扁担和两只水桶、一个水瓢。一桶水约60斤，一担则有120余斤重。农人在菜田附近的池塘取水，将水桶挑运至自家菜田浇灌，若菜田较广，则须往返多次，相当消耗体力。若遇自然降雨，便可轻松一日。不同的蔬菜对水分要求不同，比如大部分叶菜，根系较浅，直接将水洒向地表即可，浇水不必太多，当土壤表面显干时浇水即可；如果是根茎类蔬菜，则在初期控水，后期经常浇水；葱蒜类蔬菜相对耐旱，对水分要求不高，浇水任务相对轻松。

施肥遵循少量多次原则，通常将化肥直接撒入土壤表面后浇水，亦有人将化肥撒入水桶内，于浇水时一并施下。施肥时间根据蔬菜长势而定，若出现叶子发黄等症状，就要及时施肥，补充蔬菜生长所需养分。蔬菜常见的病虫害很多，对蔬菜品质和产量影响极大，因此使用农药驱除病害是管理蔬菜的必要手段。在九洲，若蔬菜为自家食用，则农药使用相对较少，尤其在采收前数日就不再使用农药。若是要上市出售的蔬菜，为了迎合市场对蔬菜品相的要求，不少九洲人会适当增加用药，以保证蔬菜卖相"漂亮"。

九洲自然村不同于其他三村，沿汀江与旧县河河岸拥有大片冲积土地，含沙量较高，适宜种植蔬菜，因此村民蔬菜种植规模较他村为大，不仅自用，所获亦多外送贩售。村中妇女每日起早贪黑照料蔬菜，在家人睡梦酣畅时即起床采收蔬菜，天亮前启程往上杭县城的市场卖菜，待家人吃早饭时大多已结束贩售返家，每日所获即可补贴家用。年前是九洲人集中卖菜的时机，要全家上阵，将成熟蔬菜全部采收、洗净、捆扎后，运往上杭县才溪镇的年圩①交易。才溪年圩于每年腊月二十八日开市，因此又被称为"二十八圩"，乃年前九洲附近最大的蔬菜交易盛会。九洲村人大多提前一夜驱车前往预占摊位，次日下午圩散方归。菜

---

① 圩市，又称圩日或圩天，即民间约定俗成的集市交易日。一般而言，相邻的乡镇时间错开，能让买卖双方拥有更多交易机会。九洲村周边较大的圩市有才溪、寨背、庐丰、旧县等处，其中才溪圩为农历每月逢三、八日，寨背与庐丰皆为每月逢四、九日，旧县据闻为每月逢五、十日。年圩即春节前最后的集市交易日，是周边地区人们集中采购的盛会，热闹非凡。

农指望圩日能将所有蔬菜出清,多赚钱过年。才溪位于九洲村以北,冬季更寒冷,报道人透露,该地通常年前蔬菜尚未成熟,须大量采购外地蔬菜过年,圩市热闹,蔬菜销路较好;然而若立春日在年前,日照、温度已产生变化,当地蔬菜迅速成长,便无须向外地购买,则二十八圩蔬菜市场惨淡。

图 1-16　在才溪二十八圩售菜的九洲人

五、养殖业及渔业

九洲几乎家家户户饲养鸡、鸭等家禽,用于节庆以及重要场合自家消费。不论鸡、鸭,皆用玉米以及剩饭厨余喂食,除专职以池塘养殖草鸭的少数农户外,其余九洲农家自养的鸡、鸭从不圈养,白日四处觅食,夜间自行归家群聚休息。

鸡在九洲被分为鸡公(较老的公鸡)、雄鸡(较嫩的公鸡)、羯鸡(又称阉鸡,鸡冠缩小)、骚鸡仔(羯而未落,鸡冠仍凸)、鸡母(母鸡)和鸡娈子(小母鸡)。鸡公、雄鸡和骚鸡仔骨巨肉粗,除了在一些宗教仪式[①]中使用,极少有人食用;饲养母鸡主要为了生蛋,煲汤多用小母鸡;作为肉鸡食用的乃肉质肥厚的阉鸡。一般九洲农家饲养的鸡群中,阉鸡占绝大多数,其余为母鸡;公鸡仅有一两只,村人言养公鸡做种,但公鸡之间

---

① 详见聚落宗教、家庭宗教、丧葬等章节。

好争斗，不宜同时饲养太多。阉鸡在较小时阉割成活率较高，昔日常有阉鸡手艺人走村串巷上门服务，今日已极少见，大多农户都直接购买阉割后的雏鸡饲养。村人认为食肉的阉鸡越老越好，饲养时间短则半年，长则一载有余。

鸭子在九洲村人眼中比鸡更为重要，是重要节庆里一定要出现的佳肴。草鸭和番鸭是九洲常见的两个品种。草鸭体型较小，毛白、喜水，村人养其生蛋供自家食用或售卖。草鸭若不圈养在池塘内，常随性乱窜入水田、沟渠中，也常将蛋随意生在田间地头，让饲主不易找寻。九洲几乎家家饲养的番鸭体格较大，乃食用的肉鸭，其羽色以墨绿为主，可在旱地养殖，生长周期在 8 个月以上；成熟的公鸭较母鸭更为壮硕，嗓音也较母鸭粗粝。

九洲人大多购买小鸡、小鸭饲养，亦有自家母鸡下蛋孵化的小鸡。小鸡、小鸭相对脆弱，多圈养在鸡舍、鸭舍内。九洲各家院落中皆搭有鸡鸭舍，有的兼做柴房，通常以砖砌墙，上盖坡形屋顶可遮阳避雨，设门窗保证通风。小鸡小鸭有专用的饲料器，中有一高圆筒内置饲料，四周浅槽，浅槽内饲料吃完后，圆筒内的会自动漏出，既不会饿到小鸡小鸭，

图 1-17　小鸡小鸭饲料器

亦为农人带来方便。饮水器内要少放水,防止其嬉水打湿绒毛,受凉染病。报道人称雏鸡雏鸭成活率不高,有时十余只雏鸡雏鸭只能存活个位数;也有人购买胎毛已落,长出羽毛的小鸡,以保证成活。羽毛丰满后的鸡鸭可在白天放出散养。鸡鸭的饲料除剩饭、玉米粒外,还有麸皮、菜叶等。在外游走的鸡鸭亦自行寻找野草和昆虫进食。夜间这些家禽自行归舍,有的鸡也在鸡舍附近的树上休息。

家畜如猪、牛、兔子仅有少数人家豢养。猪、兔用于出售;养牛昔日用作劳动力,今日九洲养牛户已不多见,大多由老农零星饲养。根据九洲村委提供的 2015 年第二季度统计资料,猪累计出栏 1906 头,期末存栏 2100 头;家兔累计出栏 1259 只,存栏 1198 只。全村除了散养家户外,有养猪专业户 5 户,肉铺 2 间。尽管鸡、鸭在九洲村民的食谱中极为重要,但猪肉才是村民日常消费的主要肉类食品,每日清晨本村及外村屠户骑摩托车载运当日凌晨宰杀的猪肉,挨家挨户叫卖,村人在家门口便可购得新鲜猪肉。

九洲村依山傍水,汀江水域的水产资源丰富,河鱼品种多样。常见的有草鱼、青鱼(俗称"乌溜")、白鲢、鲫鱼、鲤鱼、鲮鱼(俗称"雷王")、赤眼鳟(俗称"赤眼")、罗非鱼以及河虾等,昔日不少村人曾以捕鱼贩卖为生。2014 年,不少先前已放弃渔业的村人因外部就业环境不佳,返回九洲制作渔船重操旧业。传统渔船以松木制成,船长约 8 米,底宽约80 厘米,上部宽约 120 厘米,左右船板高约 40 厘米。擅长制船的师傅指出,船体较长则行舟时较直、较稳,较短则撑船时船头容易左右摆动,若用于小溪中行驶的船则短至 2 米亦可;如今的渔船为了结实耐用,大多以钢板焊接而成。渔船不用时便停靠在江边某处,将其发动机拆卸带走,渔具寻附近隐蔽处收藏。

捕鱼的方式有许多种,有的清晨在江边岩石下安置鱼筌,次日收取困于其中的鱼虾。鱼筌有方有圆,侧面开口,呈喇叭形,内小外大,鱼虾易进难出。有的则是沿江顺流撒网,将渔网上浮标依次抛下,随后以竹竿猛击水面,令受惊的鱼儿慌不择路撞上渔网,约二十分钟便可再从上游依序捞起浮标收网。

图 1-18　新造渔船

图 1-19　收鱼筌

　　村人也在水库、池塘中饲养草鱼。鱼塘大多是由个体承包的公共财产,因此须投标取得承包权,中标后按约定年限承包管理,并于年终按人口分给共同享有鱼塘的房族①鱼肉。鱼塘中的鱼要定期喂草,有的人先将鱼草倒入池塘,再下水将草打湿,一丛一丛推向池塘中心;有的鱼塘较大,不方便下水,仅将草撒向水面即可。

图 1-20　鱼塘中的鱼草

---

① 　九洲人依据血缘亲疏组成村民小组划分土地(包括池塘),同一生产队的成员大多是关系较近的房亲,因此村民小组的共有土地实际上可以算作房族的共有财产。池塘竞标流程将于第五章详述。

第二章
九洲人的饮食与日常生活

食、衣、住、行是日常生活的重要事项，也是群体文化的反复呈现。尽管九洲人在特定自然生态与历史人文环境中形成的生活方式简朴而实用，本书仍需要分两章介绍其最基本的生活事项。由于田野调查所获饮食资料较丰富，故做详细介绍，随后衣、住、行合为一节概述。而作为九洲物质文化要项的米酒，包括米酒酿造以及与其相关的社会文化互动留待下章详述。

一、九洲人的饮食

食物是所有人类社会的基本关照，人类饮食并非纯粹的生物性行为，食物与人类生存、生计、生活的关系直接明了。张光直在其《中国文化中的饮食》导言中指出"对食物的相关研究使我确信饮食研究是直击文化核心的最佳方式之一"（Chang，1977：4）。不仅人类学者对食物投入大量精力进行研究，社会学、历史学、哲学、营养学、医学等诸多领域的学者也将食物作为研究对象，探讨食物与人的关系。九洲人的饮食颇具山地聚落特色，取材天然，物尽其用。烹饪手法崇尚简单自然，口味质朴，推崇咸、鲜。饮食人类学对饮食习惯的讨论多集中在餐食结构、饮食搭配、餐食周期以及特色饮食等方面（Messer，1984：225-229），本节即依此四项分叙，最后简略介绍九洲人的饮茶习惯。

（一）餐食结构

在种稻吃米的九洲人的观念中，"一餐"指由主食大米饭和配菜或配汤构成的饮食内容。主食一定是由粒状的大米煮成，可以是干湿适当的米饭，或为水分较多的大米粥；由大米磨粉后制作的食品，如粉干、米粄等则被当作点心或配菜,而非主食。九洲人餐食中的面条仅为一道"菜",与米饭相配而食,一般认为"吃面条很快肚饥,吃[米]饭就不会"。不论日常三餐还是重大聚会,主人常常强调主食米饭的重要性,主动为客人盛饭,或不断地招呼客人添饭吃饭。即便满满一桌美味亦无法掩盖米饭之主体地位,村人不论已经享用多少大鱼大肉,大多在离开餐桌前吃完至少一碗米饭。

　　以村中两个普通农户冬季15天一日三餐共45餐的记录统计结果(见表2-1)为例[1],样本家户几乎每餐均食大米,其中农户甲在早餐食用干饭的比例也极高。中国许多地区都将吃干饭和吃稀饭作为衡量一个家庭生活水平的标准,尽管近年来养生观念很大程度上改变了对吃稀饭的偏见,但在九洲村能常常吃干饭仍然代表着家底殷实,招待宾客时吃干饭表示对客人的尊重。从实用性角度来讲,村中体力消耗较大的劳动者更倾向于早饭时也食用干饭,以保证一上午的劳动体力。以经营农业为主的村民常常在破晓时分便下田干活,清晨归来时享用早餐,之后仍要继续返回田间劳作,凌晨出门前利用电饭煲煮干饭要比归来后耗时耗力煮稀饭[2]更加便捷省事。根据记录,农户甲以稀饭为早餐的4天恰巧是阴雨天,凌晨无法外出干活而有时间煮稀饭。而外出打工的村民(如农户乙)早上起床至离家上工间的时间相对宽裕,因此吃稀饭的比例较高。

---

　　① 一家的膳食内容通常较为私密,加上人力有限,因此我们仅取得两个家户的同意,对两户九洲家庭各做十五日逐日、逐餐的内容记录。农户甲为一个核心家庭,家中成员有男主人、女主人和女儿共三人,男女主人均从事农业生产活动,其女儿为学生。农户乙为一个联合家庭,成员有户长、户长之妻、户长之母、长媳、长孙、次子、次媳共七人,男女主人及次子均以打工为生,其余成员料理家务,没有收入来源。希望通过统计对比这两家结构不同、生计方式不同的农户的饮食行为,管窥九洲村居民饮食习惯的概貌。

　　② 农户使用的电饭煲功能较简单,煮稀饭时需要有人在一旁及时搅拌,因此比做干饭要更麻烦。

表 2-1　一日三餐米食统计表

家户	稀饭餐数/餐	稀饭餐数占早餐比例/%	干饭餐数/餐	干饭餐数占三餐比例/%	其他/餐	米食占三餐比例/%
农户甲	4	26.7	40	88.9	泡面1	97.8
农户乙	13	86.7	31	68.9	粉干1	97.8

不论是稀饭还是干饭,仅有主食并非九洲人认定的一餐,主食外最简单也要配上小菜(不论是即食的腌菜还是需要烹饪加工的蔬菜)。汤类在九洲人的饮食中是重要的项目,除早餐以外,午餐与晚餐大多需要配汤,有时还不止一种汤。以甲乙农户为例说明(表 2-2),早餐基本由主食和配菜组成,而午餐和晚餐则相对丰盛,主要由主食、配菜和汤品组成,至少也由主食和配菜组成,仅有主食与汤的情况在两户午餐与晚餐中均未出现。

表 2-2　一日三餐组成统计表

餐次	组成	农户甲		农户乙	
		餐数/餐	比例/%	餐数/餐	比例/%
早餐	主食＋菜	10	66.7	14	93.3
	主食＋汤	1	6.7	0	0
	主食＋菜＋汤	4	26.7	1	6.7
午餐	主食＋菜	2	13.3	6	40
	主食＋汤	0	0	0	0
	主食＋菜＋汤	13	86.7	9	60
晚餐	主食＋菜	3	20	2	13.3
	主食＋汤	0	0	0	0
	主食＋菜＋汤	12	80	13	86.7

尽管午餐与晚餐搭配相近,但九洲村民大多视晚餐为一天中最重要的一餐,其丰盛程度远高于午餐。家庭成员每人工作不同、作息有异,早餐多按照各自方便的时间分开食用,午饭亦常常不能一起享用,因此一天中全家共享的便是晚餐。晚餐时光是一日劳碌结束后一家人从各自工作学习场所回来团聚在桌边的享受时刻,因此菜品与汤的数量、种类均达一日之最。由于农户乙人口更多,且有些成员整日外出打

工谋生,对晚餐投入重于早餐与午餐的情况更为明显,相较于其他两餐,两户人家每日准备晚餐用的原料更多,烹饪的菜品也更多。(见表2-3)

表 2-3　一日三餐汤菜数量与原料种类统计表

餐次	农户甲		农户乙	
	汤菜数量/个	原料种类/种	汤菜数量/个	原料种类/种
早餐	2	3	3	3
午餐	2	4	3	5
晚餐	3	6	5	7

注:平均值四舍五入保留整数。

综上所述,九洲人的日常饮食以大米为主食,餐食结构由主食、菜与汤组成,其中主食是每顿饭的核心,菜与汤视情况搭配。一日三餐中,早餐最为简单,晚餐最为丰盛。

(二)饮食搭配

九洲人各餐与主食搭配的食物主要有两点考量:其一为荤素搭配,其二是冷热均衡。

1.荤素搭配

九洲人的餐食内容以蔬菜类及禽畜肉类、蛋类为主,其中菜干、萝卜干或酸菜等腌制品是餐桌上的常客,各家各户常年储备。九洲人多自种自食,但限于自种蔬菜品类单一,村人也常去城镇集市购买不同品种的蔬菜。九洲人春夏季种植和食用较多的是苋菜、空心菜、黄瓜、冬瓜、茄子及各种豆角等;而冬季则是白萝卜、芥菜、冬笋、包菜、大白菜、芹菜等品种。村人常去集市补充购买的大多是西红柿、茭白、莲藕、木耳等非自产的品种。此外还有黑豆、黄豆、绿豆、大扁豆等干豆和各种豆制食品,如白豆腐、豆干、炸豆腐、炸豆泡等,上杭县以旧县镇豆腐最为出名,旧县距九洲村仅20分钟车程,每日上午皆有旧县人载豆腐进村兜售。

荤食来源有猪、狗、兔、牛、羊等畜肉,及鸡、鸭等禽肉,此外还有鱼、虾等水产。畜肉类以猪肉为主,普通人家中每日皆多少买一点肉骨头炖汤,平日炒菜也使用猪油,或搭配猪肉炒菜。九洲村中有4个专业屠夫,每天清晨6点多即有村内外肉贩骑摩托车载着新鲜宰杀的猪肉挨家挨户叫卖；村中也有一个固定猪肉零售摊位，如果错过清晨走街串巷叫卖的肉贩，还可以去定点肉摊购买。九洲人好食狗肉，尤其喜食刚满月的小狗，九洲人不饲养食用狗，需要购买获得；狗肉多出现在重要场合，在婚宴、升迁酒等重要酒宴上被使用，较富裕的人家也会选择购买羊肉代替狗肉；兔肉，尤其未足月的小兔因其性凉，常用来炖汤给孩童和孕妇食用，食用的兔肉通常通过购买获得，也有若干家户饲养小兔子售卖。鸡、鸭每家每户皆有饲养，通常饲养之时即已设定每只鸡或鸭未来在某一节日或因某一事件宰杀，平常不会随意消费。禽蛋类中鸭蛋较鸡蛋常食，九洲人认为鸡蛋极"补"，许多人仍舍不得常吃。九洲村在汀江河畔，不少农家以捕鱼为生，鱼肉除自家食用外，也能在村中叫卖，不捕鱼的家庭也可经常"食有鱼"。

一日三餐中，早餐若食米粥，菜干、酸菜或咸菜是其佐菜，家中若有番薯或冷糖枣①，上锅蒸熟配粥也极受欢迎。猪油炒的青菜色泽鲜绿、口感清脆下饭，是午餐和晚餐的重要搭配，但凉了以后便不再好吃。在九洲人的食谱中，猪脚炖花生、菜干蒸扣肉、炸豆腐炖猪肉、酸菜炒大肠、香菇配薯粉、鸡杂或鸭杂炒粉干、小肠猪肝肉片汤、麻笋猪肚汤、猪肉兜汤②都算是传统的经典搭配，亲朋好友欢聚一堂时，常常可以见到这样的搭配。而在日常的饮食中，猪肉搭配各类蔬菜最为常见。九洲人的餐食荤素搭配较为全面，蔬菜的品种多于肉类，素菜类较荤菜类的比例高。（见表2-4、表2-5）

表 2-4　平均每日蔬菜与肉蛋种类统计表

家户	蔬菜种类/种	肉蛋种类/种
农户甲	5	3
农户乙	8	3

注：本统计表将猪肉的不同部位各计为一种，如一天当中既有猪五花肉也有猪里脊肉，则计为2种；同样食材的不同加工方式产生的成品亦计不同品种，如鱼肉与鱼丸算作2种。平均值四舍五入保留整数。

---

① 糖枣，上杭地区一种地方特色小吃，下文详述。
② 兜汤，上杭地区制作肉汤的一种方式，通常以番薯粉抓拌薄牛肉或猪肉片煮成，肉片滑嫩，汤汁浓稠鲜美。

表 2-5　平均每日荤菜数量与素菜数量比

家户	荤菜/种	素菜/种	荤素菜比例
农户甲	2	3	2∶3
农户乙	3	4	3∶4

注:本表中荤菜指含有肉类和蛋类的菜;素菜指蔬菜和豆类制成的菜肴。剩菜不计,汤类不计。平均值四舍五入保留整数。

2.冷热均衡

九洲人十分注重食物的冷热性质搭配,对食材的搭配讲究冷热均衡。他们认为人体属性有冷、热之分,每种食物也一样具有特别的属性,除了冷、热之外还有凉性,不同属性的食物摄入体内后,在不同机体中产生不同影响。

九洲人判断食物热或冷的经验多来自具体的身体反应。例如热性食物大多造成出眼屎、嘴角起泡、咽喉疼痛、消化不良、小便不畅、便秘等症状,九洲人将这些身体感受称为"出火";冷性食物则引起皮肤病、关节疼痛、抽筋、肠胃不适、腹泻等问题(表 2-6);凉性食物大多使九洲人身体感觉良好。其中有一些认知源自报道人的亲身感受,也有不少来

表 2-6　九洲人身体表现与食物冷热举例

身体表现	摄入食物举例	食物属性
出眼屎	荔枝、韭菜	热
嘴角起泡	杨梅	
咽喉疼痛	西瓜	
消化不良	板栗	
小便不畅	南瓜	
便秘	芭乐	
皮肤病	公鸡	冷
关节疼痛	啤酒、冬笋、脚板薯	
抽筋	白菜	
肠胃不适、腹泻	香蕉、芋头	

自村民之间的经验交流。从实际的观察发现,除了部分食物的冷热属性较有共识之外,不同的人有时也对同一食材属性具有不同的认识,他们根据自身对食物的反应判断其冷热属性。例如有的人认为禾米下肚引起肠胃不适,因此它属冷性,而有的人吃过禾米后感到喉咙疼痛,这是食用热性食物引起的后果,便判断禾米性热;又如苋菜,有的人食用后生皮肤病,认为苋菜性冷,而有的人吃它后小便疼痛,认定它性热;老年人身体疼痛较多,因此认定性冷的食物也较青壮年人更多。

为了保证身体的和谐,当烹食热性食物时,九洲人往往配以性凉或冷的食物,使得一道菜冷热均衡、和谐统一。例如在九洲人眼中野味性热,使用意外捕获的野生鸽子煲汤时,一般都要配上凉性的西洋参,以达到冷热中和。

各种食物与季节节气搭配的观念也在九洲人心中根深蒂固。例如"芒种夏至狗,吃了漫天走",指狗肉温补,芒种、夏至时节雨水较多,此时多食狗肉对人体有益。有些食物性质的变化与冷热无关,如九洲人认为茄子过秋后有"毒",因而立秋后便不再食茄。

九洲人认为身体健康的表现在于能吃。能吃除了表示吃得多,还表示什么都可以吃,没有忌口。他们在田间闲聊时常常出现如下对话:"你怎么干活都不累,这么能干?""我除了棉被、石头不能吃,什么都能吃。"而引起身体不适的原因也往往在于吃了身体不允许吃的食物,有的人可以承受属性较热的食物,怕吃冷的食物,而有的人正好相反;无论怕冷还是怕热,在他们看来皆不如什么都可以吃的体格令人羡慕。不同身体状况的人亦应搭配不同的食物,如老人大多虚弱体寒,过冷的食物如麻笋就应当少吃,以防腰膝疼痛;产妇坐月子时奶水过凉将不利婴儿发育,故忌吃水果和青菜,但空心菜例外。村人也根据身体的反应判断食物的属性,若吃了某物后引起腰背疼痛,则将其列入冷性,并广为传播,有相似病患经历的亲友便将该物列为禁忌。几乎每一个九洲人,在不同的场合、不同的情况下都能迅速对食物的属性做出反应,如某种食物能吃还是不能吃,如何搭配着吃,已经形成了九洲人特有的一套知识体系。

食物的属性除了冷、热、凉，还有一个明显的特性——补。九洲人认为补是功能性的，有补齐不足之意，将补的食物吃进身体，能达到他们所追求的内在和谐。补的食材有的同时兼具凉、热的属性（表2-7），有的食物一年四季所有人皆可进补，而有的在进补时须考量摄入者当前的身体状况或进补季节。依照季节时序饮食求得体内和谐的观念也在九洲人心中根深蒂固，九洲人认为春鸡、夏狗、秋鸭、冬羊是四季中最宜进补的食材。

表 2-7　九洲具有"补"性食物举例

属性	食物举例
补	大米、糯米、黑豆、阉鸡肉、小狗肉、米酒、酒娘
凉补	山药、猪肉、猪小肠、兔子肉、老母鸡肉、蛇肉、鱼肉、白糖
热补	板栗、老狗肉、牛肉、鸡蛋、野味、胡椒、红曲、红糖

"药食同源"的观念深入九洲人心。身体因饮食不当产生不适的解决方法仍为食补，进补之后身体便会更健康。九洲人在阴冷天气常常根据个人体质搭配中药材配入鸡汤或鸭汤熬制"补药"①，补药的药材现在也可从药店购买现成的药包，亦可自行搭配。九洲人常年离不开草药，以草药搭配肉类或蛋类炖汤，几乎日日出现在九洲人的餐桌上。上火了就配一点白头翁根去火，喉痛配上冬至时砍来的白蓖麻秆，胃部不适配上鱼腥草，等等。只要身体出现不适，老人家总能变戏法似的取出一种晒干的草药来解决问题。夏季时村人常常会配上性凉的草药炖汤来清热解毒，降火去暑。

(三)餐食周期

九洲人日食三餐，早餐时间一般在 7 点至 8 点，午餐一般要 12 点以后，晚餐则在天黑之后，夏季于 19 点至 20 点，冬季较早一些，18 点至 19 点。这些时间点并非完全统一和固定，各家各户因生计方式不同而具有多样的作息习惯。但大体来讲，一个勤快的劳动者在日光熹微

---

① 下文详述。

时先下地干活,天透亮后回家吃早饭,早饭后务农或外出打工,做到一定阶段回家吃午饭并短暂午休,体力劳动过强者也在午休后(15点至16点)加餐,再下地干活,一直做到天色完全暗才返回家中准备晚餐。

菜干、萝卜干、酸菜等腌制蔬菜是九洲常见的食品。冬季蔬菜种类较少,且制作腌菜类的蔬菜大多种植和收获于秋冬,故在冬季几乎每日皆可在餐桌上看到腌菜。以农户甲为例,统计其夏季8月中10天(30餐)与冬季1月中10天(30餐)腌制类食品上桌的次数,8月10次,1月18次,将近翻一倍。尽管如今冬季在市场上仍能买到各种蔬菜,但九洲人一代代传承下来的饮食口味和节约习惯使他们仍然钟情于腌制食品。

重大事件和节庆饮食不同于日常饮食,为较为单调的日常餐食提供适时的调剂。如结婚、生子、迁居、做寿等重大生命仪礼须与全族亲属以及挚友分享,宴请宾客的酒席有异于日常餐食的丰盛美食。重大事件一般宴请两餐,午餐以女性宾客为主,由于下午仍须劳作,因此结束较快;晚餐以男性宾客为主,划拳饮酒,持续较久。在酒宴中,菜品以肉食为主,汤类较多,并以青菜象征着宴席结束可以离席。以一次升迁酒为例,客人到达之前便在桌上摆好四个冷盘,三荤一水果,酒水饮料也一一摆齐。首先是煎饼卷粉干,接下来依次是:龙凤汤(由蛇肉、鸡肉、鸡蛋与草药搭配熬制)、蒸甲鱼、红烧狗肉、菌菇肉片汤、白斩鸡、肉圆[①]、牛腩炖萝卜、猪肚笋片汤、粉丝蒸蟹、蒸鳗鱼、蒸鲍鱼、白果老鸭汤、牛肉炒青椒、芹菜炒夏威夷果、梅菜扣肉、龙眼花生汤、清炒小白菜。各类酒宴的菜品和顺序大抵如此,一些特别的酒宴对菜品有特别的要求与禁忌,例如满月酒一定要有一份用糯米圆和姜酒制作的甜汤,且荤菜不可使用牛肉[②]。除了酒宴,每岁春节、清明、端午、中元、中秋、重阳以及全村迎神打醮的节日也是九洲居民全家团聚一起享用美食的日子,虽然没有酒宴丰盛,但也比平日丰富,杀鸡宰鸭必不可少。有的节

---

① 当地特色小吃,下文详述。

② 九洲人认为耕牛劳碌,满月宴乃新生儿人生的第一次重要聚会,不宜食用牛肉,以免婴儿往后人生艰辛劳碌。

日也有其特有的食物,如清明节前后的苎叶粄、端午节粽子、中秋节华饼,春节如腊肉、扣肉、炸肉、油炸糕、糖枣、炸豆子、糖粿等①,村中外出打工的年轻人认为吃了这些食物才好像回家过了年节,食物中满满是母亲与家乡的味道。

(四)特色饮食

九洲人除了正餐还有一些别具风味的特色美食,这些美食大都是以稻米或家养禽畜肉加工制成,由于其原料取得相对不易、制作工序复杂而受到村人的青睐。在口味上九洲人追求天然本真,强调突出原料自身的味道,在调味上以糖、盐、姜等简单调料为主。

1.糍粑

立秋时节打糍粑是昔日九洲村的传统习俗,既为欢庆丰收,又为强身滋补。有老人言:"猪肉补三天,狗肉补九天,糍粑能补十二天"或"糍粑吃了十二天肚不饥",可见糍粑在九洲人眼中是胜过肉类的补品,是充饥、耐饥的美食。即便如此,今日在九洲村立秋时节已少见家家户户打糍粑的景象,幸运的是2014年我刚到九洲便参加了一次打糍粑。

打糍粑不仅是体力活,也是技术活。新收获的糯米经过清水浸泡由饭甑蒸熟后被倒入石臼之中,先由数个壮汉持"丁"字形粄槌借身体的重量转圈将糯米压实,随后由一男一女协力配合不断舂打。妇女蹲于石臼一侧,旁置一盆清水,以双手快速蘸取清水后翻动臼内滚烫的糯米,立于石臼另一侧的男子则挥动粄槌重重砸下,石臼中腾地白雾四溢。粄槌舂打数次后须以清水擦拂,以减少被糯米粘住的阻力。女子翻动糯米,男子卖力挥槌,一翻一舂配合无间,过快易伤到妇女,过慢则不利男子借势增能,体力消耗更大。四五个精壮男子轮替几番,个个满头大汗,报道人告诉我:打糍粑"十分累人",昔日自己一人打自家糍粑时"打完就不想吃饭了"。除了辛苦,挥槌也颇有技术难度,要"准""稳""狠",如此才能使糯米被均匀敲打,糍粑才会瓷实有韧性。约20分钟后,20斤糯米已被舂打如泥,高挑拉丝不断,糍粑便算打成了。

———————————

① 部分特色小吃,下文详述。

图 2-1　制作糍粑

　　妇女将糍粑从石臼中取出放入大盆中，隐隐仍有热气升腾，被主人邀请来在一旁观摩的亲友也开始躁动，纷纷围拢上来，以丝线或刀将一整坨糍粑分割成数份，放进自家带来的盆子中。有的人则趁热揪起一块放入嘴中，红光满面，一脸满足。九洲人认为此时的糍粑最为好吃，软糯而不粘牙，蘸取白糖后仍有糯米本身的清苦味道，尽管视觉上糯米已被打烂如泥，然而将糍粑放入口中时仍能感受到米的颗粒，口感层次丰富。

　　各家各户将分得的糍粑带回家后要趁热分成形如鸡蛋的小团并在白砂糖上滚一圈，再放入另一个盆中，如此一团一团的糍粑将不再粘连。隔夜的糍粑可以直接食用，口感变得劲道有韧性，多了几分嚼劲，少了刚出锅时的绵软。分到糍粑的家户逢到左邻右舍便会招呼说："家里有糍粑啊，来吃啊，来喝酒啊！"

　　近年来不少传统食物皆可在集市上购得，也有小贩载货进村兜售。除了购来用作佳节喜庆的一道菜品，九洲村民也时常购买糍粑，蘸上花生、芝麻和白糖后，作为零食点心享用。

2.糖枣和油炸糕

糖枣和油炸糕是九洲人年节喜庆的必备点心,大年三十前一两日是九洲村各家各户准备年节食品的时间,家家厨房油香飘溢。过年祭祖和食用的糖枣和油炸糕也在这个时候准备。

糖枣又叫籼子,九洲人认为发音与"惜子"相同,具有特殊的含义。其原料主要是糯米粉、白糖、红糖和水。制作时首先将适量的白糖拌进糯米粉中,另将红糖汇入水中煮沸,接着将滚烫的红糖水倾入糯米粉以筷子快速打圈搅拌,使得糯米粉和红糖水均匀交融渗透。置候片刻,待温度稍降后,以双手揉和粉团,使之变得细腻光滑便可以搓糖枣了。取适量粉团在掌中揉搓成大小均匀、形态饱满的乒乓球状,以一定间隔放在竹筛上。起灶生火,在铁锅内倒入一桶菜油,待油稍热便将小糯米团沿锅边滚入,团子立即沉至锅底,随后油温升高,糯米团渐渐膨胀浮起,用大勺轻轻搅动、浇淋滚油,保证每个糖枣均匀受热上色。待浮在表面的糖枣色泽金黄时,便可以用笊篱捞起出锅,稍沥油汤后倒入另一个笊篱继续沥干,降温后才将其倒入竹筛中摊开置凉。

图 2-2　制作糖枣

油炸糕的原料和口味与糖枣不同,其原料为大米、黄豆、蒜苗及盐,口味咸香。制作程序较糖枣更为复杂。制作时须先将大米浸泡半日,将一半大米煮至米粒松软但仍未"开花"的程度,再将煮熟的大米混入继续浸泡的另一半生大米中,另有提前泡好的黄豆一并汇入,水量不必太多,恰好浸过米豆即可,加入适量食盐。然后将其挑至有磨米机器的人家以5元一桶的价格将生熟大米和黄豆打磨成白色黏稠的米浆,通常打磨两遍方能质地细滑。此前主妇已用食盐揉搓被切成四五厘米长的蒜苗,并静置腌渍,归来正好将其拌入米浆之中。油炸糕有专用的加工铁铲,铲面圆平,铲把的弧度恰到好处,能够使铲面端平。不同于糖枣可以数个一起下锅,油炸糕须一个一个下锅,先舀一勺米浆在圆铲上摊开,浸入热油待成型后,用筷子将米饼与铁铲分离,拖入油中慢慢煎炸,朝下的一面在油中炸至金黄,再将其翻面,小火可炸煮久些,大火则要多加小心,以免炸得过焦。

图 2-3　制作油炸糕

刚出锅的糖枣和油炸糕泛着油光、外酥里嫩,结伴制作的妇女们常常忍不住现吃几个,也常有孩童绕在锅灶边上等着新出锅的美味,若适逢友人串门,主妇也会拿出刚炸好的请客人食用。新出锅的油炸点心在九洲人的观念中性质属热,极易上火,不可多食用。也有人将刚出锅的糖枣在凉水中浸滚一下,称如此食用便不再上火,同时也可保留其酥脆的口感。大多数糖枣和油炸糕皆是置凉储存后食用,冷却后的糖枣和油炸糕若储存得当可保存一个月而不变质。食用时要回笼蒸制,质地由坚硬变得绵软,口感与刚出锅时的酥软完全不同,变得软而劲道。在九洲人看来,经过蒸制的糖枣和油炸糕则不再具有热性,吃多少也不怕上火。九洲人喜爱以米粥搭配此两种点心食用,回笼蒸软的糖枣和油炸糕大多出现在早餐中。

它们亦是九洲联络熟人社会的互惠礼物。九洲村大小喜事酒宴(订婚、结婚、满月、升迁、庙会)接近尾声时,主人会分送糖枣和油炸糕,俗称"等路",作为来宾归程的点心或盘缠。报道人称昔日若要搭船可用"等路"代替钱,或路上遇到匪贼也可以此作为过路钱。"等路"如今多以一个 10 元红包代替,也有人不辞辛苦,炸煮点心分给来宾。除此之外,它们也是供奉给神明和祖先的祭品中不可缺少的食品。

3.糖粿

糖粿同样是传统食品,在九洲人的社会生活中扮演重要角色。糖粿的原料仅为大米,但其加工方法之繁复,相较于油炸糕有过之而无不及。首先主妇要先上山寻找一种被九洲人称作"米粿乔"①的植物,砍其枝干和树叶备用。制作糖粿前须先以大铁锅小火煮水,将开未开时放入洗净的"米粿乔"枝叶,每隔两三分钟翻一下枝条,温水煮五六分钟即可。同时准备适量黄豆藤灰铺洒在竹纸上,放在箩筐内。将此箩筐放在桶形容器上,再将被煮过的"米粿乔"搭于其上,而后将煮好的水慢慢淋下,水经过枝叶、黄豆藤灰、竹纸、箩筐沥下,呈现茶水般褐黄色。将过滤后的水倒入已经浸泡一日的大米中,再浸泡一夜。次日将浸好的米磨成米浆,倒入烧热的铁锅中,铁锅应先以猪油擦拭锅壁。使用锅铲不停搅拌米浆近一个小时,米浆渐渐由稀变稠,变得黏腻厚重,也开

———————

① 九洲人说不清楚"米粿乔"的学名,经过查阅资料和问询比对,一种山茶科红淡比属红淡比种(Cleyera Thunb.)植物之植株外形与之最为相似。

始粘锅，据说粘锅多少是检验一个主妇制作糖粿技术高低的标准，技术精湛者粘锅米浆较薄较少。米浆粘锅后形成的锅巴，是孩童们喜爱的食物。将黏稠的米糊盛入一个不锈钢盆中，小心地刮下粘在锅边的米糊以免浪费。再将锅洗净添水，大火蒸制盆中米糊，约三小时方大功告成。

图 2-4　糖粿

　　刚蒸好的糖粿质地稀软，冷却后变硬，口感较脆。农家自制的糖粿色泽灰亮，不似市场上卖的那么鲜黄，报道人称自己制作的糖粿用的是植物碱，而商品糖粿则加了洋碱，因此颜色不同。虽然它被称作"糖粿"，可其加工过程中却不曾加过一点糖。制作好的糖粿可以根据饮食需求或甜或咸进一步加工成菜肴，例如简单煎制后撒上白糖食用，也可以配上香葱、香菇、虾米、食盐爆炒或煮汤食用，九洲人视其为美味。

　　除了好吃，糖粿在九洲人的社会生活中也十分好用。盛满糖粿的盆子常被九洲人赋以聚宝盆似的象征，不论在分家酒还是升迁酒中都是必不可少的祭献食品。传统上这些仪式的糖粿由女主人的娘家送来，放于香案的正中央，表面覆盖一张红纸，上插杉枝与茶枝，枝干以红纸缠绕，再以红丝线串 19 个红包及数个"金"（即金色的挂饰），装饰后的糖粿被形象地称作"发财树"。酒宴结束时，还须切下一半糖粿由娘家人带回。

4.禾米粿

禾米粿是另一种节庆食品，九洲人在迎神打醮"扛菩萨"时才会制作。它由一种被九洲人称作"禾米"的水稻品种加工而成。禾米也被称作"禾子米""大禾米"，乃一种粳米，九洲人并不清楚其学名为何，据村民描述，这种米较大米细长、较糯米圆且大，色泽透明，白中透着淡黄，生产周期长，产量较低，极少人种，因此该米市价较糯米更贵。禾米蒸煮后很香，黏糯口感介于大米饭和糯米饭之间，被九洲人专门用来做禾米粿，昔日也有人用它来酿酒。禾米粿有鹅黄色泽，因此也被称作"黄米糕"，其黄色同样是通过"米粿乔"制成的碱水浸泡上色。

图 2-5 禾米粿

制作禾米粿与其他食物不同，需要一群人协作配合。村民们聚在一起共同完成也增添了一年一度"扛菩萨"活动的喜庆氛围。其制作方法在所有点心中最为复杂，综合了糖粿、糍粑等多种加工方式。首先将禾米放入清水中浸泡，待其吸水到一定程度后，捞起沥干盛入饭甑蒸煮至米粒膨胀,用手指可以捻烂的程度起锅。饭甑置于支架上,将米粿乔碱水不断均匀地淋入米饭中,碱水从饭甑下端漏出后再次舀起,重复淋浇,直至米饭吸进所有碱水,饭甑底部不再有水析出方可停止。随后将上色后的米饭倾入米筛中摊晾,稍干后再次装入饭甑蒸至大气腾出。也可如同糖粿般先以碱水浸泡禾米上色,则不必蒸制两次。米饭蒸熟后倒入石臼,趁热以"丁"字板棰压平、捶打,打至米粒完全融为一体便大功告成,取出后切成条块放凉备用。今日已有专门的机械设备捶打不必人工费力,只要将蒸好的米倒入机器中,便可直接搅拌抽打出成型的条状米粿,再以菜刀斩成长短适中的粿条,加工起来既省力又快捷。黄米糕被切斩成型后还须以菜油擦拭,避免邻近的粿条再次粘连。稍稍冷却后的黄米糕就可以整齐地排列层层叠加放置在一个箩筐里了。

禾米的质地不软不硬,黏度适中,吸纳碱水后的米粒黏性减少,增添脆弹口感,因此由其制作出的黄米糕与其他粄食口感大为不同,刚加工好时趁热蘸糖食用软而不黏,清爽嫩滑,放凉变硬后再回锅以油煎、炸或煮汤等方式加工后,口感坚韧而脆弹,多食不腻。

5.粄或籼

在九洲,凡用米磨制加工的食品皆可被称作"粄"或"籼",上述五种特色食品实质上都可算作"粄"的一种,除了它们,还有许多在生活中常常制作和食用的"粄",在此一一介绍。

米粄是由纯净米粉制作而成,即在制粄的过程中除了水以外不添加其他原料。米粄根据米粉品种不同又可分为糯米籼和大米粄。

糯米籼除了专门出现在满月酒宴上的糯米汤圆,平日想食用时便可取少量糯米粉调水和匀,待锅中清水烧开,将米粉团一小块一小块地揪起丢入水中即可,不必像汤圆般搓得很圆,待其慢慢浮至水面即可捞起,沥去汤水,盛入碗中,撒下芝麻与白糖,便可食用。满月酒宴上的糯米汤圆除了要揉搓圆润,还须浇上姜酒。另一种糯米粄则不是球状,而是捏成手掌大小的米饼放入油锅中煎至表皮金黄膨胀,再另取适量酒酿加少许水煮开,随后将煎好的糯米饼放入其中煮开食用,这道酒酿糯米粄是九洲人心中的"大补"之物,常常用于给产妇食用下奶。

常见的大米粄有老鼠粄和簸箕粄。老鼠粄因其两端尖细,形似老鼠而得名。制作时将大米粉和水揉成粉团,锅中清水烧开调至文火后,取有许多孔洞的粄擦架于锅上,将粉团压在粄擦上来回揉擦,粉团经过空隙挤压形成四五厘米长的粄条一条一条落入锅中,待其漂浮至水面便可捞起浸泡冷水,冷却后捞出晾干,待食用时进一步加工。食用时可先将猪肉、葱花、香菇等佐料翻炒出香味后加水烧开,再倒入老鼠粄半成品,熬至粄汤浓稠似米糊,加入适量黑胡椒粉和食盐调味便可。老鼠粄几乎每次都出现在九洲各自然村宫庙信众定期聚会的餐桌上,负责做饭的宫庙理事人员从集市上购买老鼠粄半成品在宫庙厨房进一步加工,给前来祭拜并留下吃饭的信众食用。村民时常也会向神明祈愿,当愿望实现时,村民须向宫庙敬送礼物,若祈愿为生子,家中生了男孩则须敬送猪头与粄子,这粄子便是老鼠粄。簸箕粄因用米浆均匀摊在簸箕中蒸熟包肉(菜)馅而得名。大米浸泡后磨成米浆,舀入簸箕内摇匀摊平,入锅猛火蒸熟,几分钟后便成型,将薄薄的米饼揭下,裹入炒熟的馅料,卷成细筒状,淋上香葱油。在九洲村常常有小贩骑摩托车沿街叫卖,村民想吃时只用叫停购买,几乎没有人在家中自己制作簸箕粄了。

　　其他粄除了主料为米粉外,还加入了其他食材,如艾叶粄中加入艾叶,苎叶粄中加入苎叶,芋子粄中加入芋头。艾叶粄和苎叶粄是季节性点心,只能在艾叶和苎叶生发的清明时节制作。这两种粄的制作方法大同小异,采摘新鲜的艾草和苎麻,去梗留叶后用水煮软,捞起以菜刀剁碎,加入糯米粉或 2∶1 的糯米粉和大米粉,和着煮叶的开水揉成粉团,根据个人喜好添加盐或糖揉匀。若加了盐,还要准备馅料,通常为粉干、香菇、笋丝、木耳与猪肉。馅料须在揉和粉团的同时炒好备用,待粉团备妥便将其捏成圆形薄片,加入馅料后对折封住边缘,形似蒸饺。若加了糖则只要将粉团捏成薄厚大小适中的圆形或椭圆形饼状即可,不必再包内馅。做好后放进笼中,待水开后大火蒸 15 分钟即可出锅。艾叶粄颜色墨绿,具有艾草的独特香气,刚蒸好后食用口感柔软,清凉生津。苎叶粄较艾叶粄更为鲜绿,气味中少了艾草的药香,更为人接受。

图 2-6　艾叶粄

　　芋子粄则是以芋头加米粉加工而成。制作时将槟榔芋洗净煮熟，趁热剥皮后再捣烂，加入适量食盐，混入糯米粉、木薯粉或面粉揉成粉团。将面团搓成四五厘米长的短条，拇指在中央按下一个凹陷，丢入开

图 2-7　芋子粄

水中,浮至表面代表煮熟。另起一锅爆炒猪肉、香菇等料,随后将煮好的芋子粄及汤汁汇入其中,烧开后撒上葱花起锅。

麦籼是由大麦粉煎饼卷裹肉末、蔬菜炒制的粉干制成。昔日立夏日村内家家户户摊煎饼,制作麦籼,也煮制面条。现在则极少见到村人自己制作,大多从县城购买。仅宫庙聚会时,理事偶尔购买煎饼皮,自己配料炒粉干,众人一起包制。麦籼是村中大小酒宴上皆会出现的打头点心。

图 2-8　麦籼

6.鱼粄和养蛋

鱼粄又称"肉圆",是九洲地区特有的小吃。虽被称作"粄",却并未加入一点米粉,只是以其性状与粄极为相似得名。鱼粄由鱼肉、肥猪肉、番薯粉或蕉芋粉以 1∶1∶1 配比的被称为"精料",亦可按其他比例配比。取汀江鲜鱼(草鱼最佳)去头尾内脏,剥尽皮骨后的净鱼肉以铁锤捶成肉浆,又选精良肥猪肉,去皮切片,同样捣烂成浆,再汇入过筛后的番薯粉、适量食盐和水,以手臂用力搅拌约半小时,使鱼、肉、粉充分融合,变为白色稀糊状,用手捞起可顺指缝流下。如今这一过程由搅拌机碾碎搅拌,颇省人力。随后将鱼肉糊填入铺有塑料纸的蒸笼,用手抹匀整平,根据其量多寡,大火猛蒸一至两个小时,使肉浆凝结成块,表面油光发亮呈现灰白色,以筷子插入其中再拔出不粘筷为成功标志。上桌时切成小块,须趁热食用,口感质地松软、油而不腻、鲜嫩爽口。

图 2-9　鱼粄

鱼粄是一定会出现在九洲村宴席上的菜肴,常与姜鸡先后上桌。村民们喜爱以鱼粄蘸着姜鸡的汤汁入口,认为如此搭配是为绝妙。酒宴结束后,主人常将剩余的鱼粄分装给亲友带回给家中的老人食用。再次食用时要重新蒸透,或切成薄片煮汤,经过再加工的鱼粄风味不减。

另一种在酒席上偶尔可见的食品被九洲人叫作"养蛋",其质地形状口感皆与肉圆相似,以鸡蛋、肥猪肉、番薯粉、马蹄和小葱为原料,搅拌蒸制,加工方法与肉圆相同。尽管颇获九洲人喜爱,却无法替代肉圆。

7.扣肉和腊肉

扣肉是酒宴上的重头菜,上桌前须鸣放鞭炮,致敬神明。年节时它也是各家各户一定准备的年菜。扣肉须用九洲人眼中的"佳"猪肉制作,所谓"佳"猪肉,即指带膘带瘦的精五花肉。制作时先将整条带皮五花肉煮熟至猪皮可用筷子插透的程度,捞出后沥干置凉,用筷子在猪皮表面戳刺数下后根据每份用料的长度切分,下油锅炸至焦干,表皮油脂在高温中大量溶解,形成金黄色的褶皱,随后放凉备用。制作扣肉还须添加配料,最常见的是梅菜,即以由芥菜经过反复蒸晒制成的菜干,搭配油炸后的切片五花肉上笼蒸制,也有用芋头、笋干配制的。蒸熟后将肉碗倒扣于盘中,"扣"肉便制成上桌。

腊肉同样是九洲人以猪五花肉为原料准备的过年食材。每年腊月,村内随处可见挂在窗口的腊肉,已成一景。制作时将生猪肉以大量食盐揉搓后腌渍七八日,再用开水冲烫漂洗表面的盐渍后以红线将其串起悬挂风干。腊肉在年前制成,过年时可搭配荷兰豆等蔬菜炒熟食用。

不论是扣肉还是腊肉曾经都是九洲村民的心头爱,只是如今肉食日渐丰盛,每日皆可吃到新鲜猪肉,人们对它们的热情也减退,这些传统方式加工而成的肉食常常是被剩下的菜肴。然而即便如此,它们依然是必须出现在酒宴或年菜中的佳品,九洲村民常常向客人夸赞它们,请客人多多食用。

8.姜鸡和白斩鸭

鸡和鸭在九洲人心中绝对是接待贵客的重要食品,也是年节敬神祭祖、酒宴款待来宾的重要菜肴。在九洲村,房前屋后饲养着许多鸡鸭,不做商品销售,而是供自家食用。每个村民对自家鸡鸭的生长投入大量精力,一日两餐以粮食喂之,经过一年的生长,抵抗各类疾病存活下来的鸡鸭就成为村民盘中的美食。每只鸡鸭对应哪个节日,村民皆心中有数,调查中时有报道人指着某只鸡对我说:"五月节(即端午节)它就可以吃了。"又指着某只鸭告诉我:"九月节(即重阳节)它就很好吃了。"因农家鸡鸭饲养时间长达一载或更久,且皆为野外放养,肉质紧实且较硬,商品饲养鸡鸭的散嫩肉质与其不可同日而语。

姜鸡是九洲村大小酒宴以及村民日常生活中食用鸡肉最常见的做法。制作姜鸡的鸡是九洲村最常见的阉鸡,即在小公鸡打鸣前阉割的鸡。这种鸡较其他自然生长的鸡体型更大,皮下脂肪囤积更多,肉质更厚,九洲人将其视为"大补"。姜鸡的制作方法十分简单,且相当程度地保留鸡肉本身的鲜香。将整只宰杀后的阉鸡以开水煮熟后斩块,取老姜碾碎撒上食盐,清炒后拌入鸡块摆盘蒸制,出锅后香气浓郁。也有村民将姜蓉与鸡肉炒炖，或单独炒制姜汁蘸食，免去蒸制程序。

白斩鸭则更为简单，将整鸭煮熟后，趁热内外擦抹食盐，悬空腌渍，食用时切块隔水蒸透即可。除了这种做法，也常见村民以姜蓉配鸭肉蒸制或加入白萝卜焖炖。

9.姜酒

九洲人除了喜食米酒，还喜欢饮用一种由米酒、鸡汤和生姜为主要原料加工而成的饮料，即"姜酒"，或"姜鸡酒"。姜酒酒精含量不高，由蒸姜鸡产生的鸡汤配上老姜一起蒸煮后再兑入家酿米酒煮至沸腾即可，日常饮用时大多还加入红枣、枸杞、当归等药材，若是专门为满月酒制作则常常加入红枣、红糖、冰糖、红曲等配料。姜酒是产妇坐月子期间必备的饮料，也是贯穿整个满月酒请客活动的重要食品。九洲人认为产妇经常食用姜酒可以帮助其祛风化瘀，兼有催奶之功效。办满月酒之前，产妇的婆婆须向产妇娘家、自己娘家"报姜酒"，意为请客，邀请娘家亲友来家做客。她将姜酒挑至须邀请的各家中分给他们食用，并告知举办酒宴的日期。在满月酒宴上，姜酒盛装在锡制酒壶中端上各桌，主人须向客人敬姜酒。而姜酒汤圆则是满月酒独有且必有的一道菜肴。

10.补药

九洲人重视进补并常根据季节进补，由鸡鸭汤搭配中药材炖制的汤水被当地人称为"补药"，昔日浮在表面的油越厚越受到欢迎，如今村人多将表层油脂去掉后再饮用。药材须根据个人体质配制，但如今大多向药铺直接购买配好的药包，一副40余元，也有懂医者自行配制。基本款由"八珍汤"（即当归、川芎、熟地黄、白芍药、人参、炙甘草、茯苓、白术）再搭配黄芪、肉桂构成的"十全大补汤"和红枣、枸杞组成。也有人将熟地黄换为黄精，再加入一味肉苁蓉，配成"大补元精汤"。出锅前应加入适量米酒，好饮酒者可多加，九洲人认为加入米酒可增强补药功效。昔日只有逢年过节才杀鸡宰鸭，因此也只有年节时才有机会炖制补药，饭前一碗、饭后一碗。但由于补药终究是药，过年过节喝药并不吉利，一般来说村民并不将其端上餐桌饮用。如今生活较从前更好，鸡鸭在平日便可以享用，不少较为讲究的老人更加忌讳在年节喝补药，主张平常下雨天制作饮用进补；九洲人认为孕妇应多食补药，药材可仅取"八珍"。补药虽由肉汤熬成，但仍有浓郁的中药味，加之表面漂浮的足有1厘米厚度的油脂，在口感上并不能算作美味，盖以其于身体有利而受到村民的普遍欢迎。

图 2-10　补药

(五)饮品

饮食常有饮与食相搭配，中国人的饮品大抵为酒与茶，九洲人也不例外。许多九洲人爱饮自酿米酒，将日常饮酒作为解乏的必要手段，在一天辛苦的劳作后喝一两碗(一碗约4两)米酒，再倒头酣甜睡一觉，第二天起床又神清气爽地去干活。除了嗜酒者，普通的劳动者早餐并不饮酒，一般根据体力消耗的情况在午餐后或晚餐后适量饮酒，例如农户甲在15天30餐中，午餐饮米酒3次，晚餐饮米酒4次、白酒3次；农户乙午餐饮米酒7次，晚餐14次，几乎每天用餐时都饮。当然亲友欢聚之时，也少不了以酒助兴。九洲米酒的制作与社会文化意义将在下一章详述，本章不再赘言。

九洲不产茶叶，但茶是九洲人重要的日常饮品。铁观音和红茶是最常见的品种，村内外各商铺皆有零售，也有妇女从亲友处贩得茶叶拣去茶梗后售卖补贴家用。有人认为铁观音香气浓郁却性寒，肠胃不好者不宜多饮；而红茶口感醇厚性温，养胃益寿，受到九洲人更多偏爱。饮茶是九洲人基本的待客之道，亲友到访即招呼其在客厅坐下喝茶。有的家庭备有成套功夫茶具，主人先用开水烫洗茶具，再以茶壶泡茶，第一泡茶水烫洗茶杯，第二泡方才分入茶杯；有的家庭则不拘细节，以玻璃酒杯作为茶杯，烫洗后盛装茶汤。斟茶七八分满方显体贴，不得过满，否则烫手令宾客难堪；亦要时不时为客人添加热茶，否则显得不够热情，似有劝客离开之意。递茶先宾后主，以长辈和贵客为先，最后一杯留给自己。主客一边饮茶，一边聊天，增进融洽氛围，即使是初次到访的客人，通过饮茶交流拉近关系，也能很快熟络起来。喝茶要搭配茶点水果，因此有的人家在茶几上常备一些糖果糕饼，若到了花生、板栗、蜜雪梨或柚子成熟的季节，主人还常常热情地取出它们与客人分享。

九洲人回忆昔日在路边常见"茶亭"，即行人途中歇脚、饮茶、遮阳、避雨的亭子。茶亭一般造型简朴，重视实用，大多建在大道枢纽或山冈上，五至十里一亭，有乐善好施者提供茶水给路人解渴。如今已较为少见，田野调查一年中我只在跟随九洲人上山扫墓途中见过一座茶亭，位于山路的转弯处，因年久失修已显破旧，似乎也不见行人饮茶歇息的痕迹。

此外，茶叶、茶枝、茶花在九洲还有特别的象征意义，如多子多福。女子可通过去庙中求得茶花插在家中来求子，孩童臂上别挂的护身符中要包裹茶叶梗，新屋落成须将茶叶掺拌在谷米中抛撒，象征子孙不息，万代接续。

二、九洲人的日常生活

（一）服饰

随着时代变迁，如今九洲人的日常服装与发型已与全国其他乡村相差无几。年轻人崇尚潮流，老年人则相对保守，但皆在市场上购买衣物，色调多元，款式多样。拖鞋因其方便穿脱且价格低廉颇受村人喜爱，不论是在家中玩耍还是下田干活皆穿拖鞋。仅在冬季气温较低时下田穿上橡胶长靴，或外出及出席重要场合时穿布鞋或皮鞋。男子皆为短发，老年妇女多留齐耳短发，不少中年劳动妇女热衷于将发丝修剪得如男子般干练，青年女子则偏爱中长发，并将之简单一股束在脑后。田野调查期间，黄金首饰在当地大为流行，仿若一夜间不少九洲妇女颈间都挂上了金灿灿的项链，彼此炫耀攀比。没有者则十分艳羡，回家对子女旁敲侧击以求之。

由于现在九洲人的服饰大体都是机制成衣，与多数国人衣着无异，下面据有限资料略述九洲人的传统服饰、配饰及发型。

1.传统服饰

九洲人的传统服饰造型简洁大方，色调单一，追求舒适耐用。九洲人将衣服称为"衫裤"，衫为上衣，具体而言即"大面襟衫"；裤与今义无异，但形式有所不同，表现为"大裆裤"。昔日九洲人着衣以素色为主，尤以青、黑最为常见。服装质地多为粗布，1949年后还出现了用"士林洋"（阴丹士林蓝色布料）等细质面料制作的衫裤。

（1）大面襟衫

图 2-11 穿大面襟衫的九洲人

大面襟衫,顾名思义即从颌下至腋下斜开,前部面襟很大的衣衫,以直领、斜襟、布扣、长袖为特点,是当地男女老少昔日最常穿的上衣,有长短之分。九洲村不少年长者皆穿过此样式的衣裳,直到 20 世纪 60 年代时兴对襟衣衫后,大面襟衫才慢慢退出历史舞台。

图 2-12　大面襟衫

大面襟衫与商品成衣不同,需要裁制,拥有大面襟衫的老人告诉我,她在身高不足一米的时候便已开始学习缝纫衣服,不过剪裁面料由专业裁缝师傅完成。九洲人现在已几乎没有人穿大面襟衫,只有一两位老年妇女偶尔将其穿出。但不少老人家中还存有大面襟衫,大多为水蓝色,也有青绿色,开襟由领口斜向右胁,内襟较短,上有一个小口袋。短衫下摆部开小叉,便于劳作,更为常见。而长衫则多见于祠堂祭祀等隆重场合的男子身上。

(2)大裆裤

昔日男女皆穿大裆裤,裤腰、裤腿既宽且大。裤腰侧面开口系带调节尺寸,裤腿直筒,方便卷起,适于弯腰迈腿田间劳作。

图 2-13　大裆裤

2.传统配饰与发型

传统配饰除鞋袜外,仅为女性所有,女性在劳作的同时追求美观,男子则相对简单。

（1）鞋袜

村人回忆昔日贫苦,多打赤脚,鞋袜皆为奢侈配件。然而对于具有"挑担行远路"传统的他们而言,鞋袜又是生活中十分重要的日常衣物。按照九洲习俗,女子订婚后应在闺中为新郎的每一位直系亲属纳鞋底做鞋,待出嫁时随嫁妆一并带往婆家。[①] 据报道人回忆,尽管 20 世纪 60 年代后便已有许多好看的商品鞋可以购买,但直到 70 年代前,本村仍然盛行布制草鞋。即使有鞋穿,村民也大多不习惯穿袜子,直到 80 年代后才有更多人穿袜子。旧时的袜子亦由棉布制作,并不耐磨,容易

_____

　　① 第八章详述。

磨烂,而至七八十年代后,坚韧耐磨的尼龙袜子开始盛行。

（2）围裙

昔日妇女会在大面襟衫外罩上围裙,围裙系带皆以细银链子串起,据各家经济情况五根、七根、九根不等。棉布围裙易坏,而银链持久,常常作为传家宝代代相传。如今大面襟衫已少有人穿,传统围裙也日渐式微,在九洲村田野调查间笔者未曾见过一人身着传统围裙,皆为市场上可以购得的方格或碎花等各色无袖或长袖围裙。

（3）头饰

女性头上常见的配饰有凉笠和挡头帕子。老人回忆 20 世纪 50 年代初期仍流行凉笠。凉笠也叫笠篷,由稻秆或细竹编织成,中间有一圆形孔洞,妇女发髻由此穿过,以发簪固定,四周如斗笠般阔沿,上覆蓝色土布条,由笠沿垂下约 10 厘米,每片布条宽约 20 厘米,其间以红色细布条穿插装饰,回忆者皆称十分美观,至 20 世纪 70 年代渐渐少见。凉笠佩戴者不分年龄,用来遮挡夏日艳阳。

挡头帕子则大多由五十岁以上的妇女佩戴。从字面上理解,挡头帕子就是用来挡头的一块手帕。佩戴时将方形的帕子对折,缝合短边中的一边便形成一个锥形空间,再将未缝合的两个角向外别起,中间缝一条带子用来固定。颜色以素色黑、灰为主。挡头帕子的功能与斗笠相近,可以挡太阳,也可以抵挡寒风用于保暖。老人称早先多在干活时佩戴,后来日常也会佩戴;也有人称仅在冬日戴帕子,因此应写为"冬头帕子",夏日则将手帕卷起由额

图 2-14　挡头帕子

头绕向脑后固定在发髻上。今日村中仍能见到的戴挡头帕子的是一位91岁的老妇人,其他妇人都不再佩戴。

(4)发髻

发髻是昔日分辨女子婚否的标志。传统上女子皆留长发,少女多梳辫子,而结婚后的妇女则将发丝盘起。20世纪50年代40岁以上的妇女仍保有发髻,今日村中已不见盘发的妇女,老人大多将头发剪短齐耳。据老人回忆,盘发的工具和流程十分烦琐,需要卡子、发网、簪子,簪子包括一支头簪、两支尾簪和一支腰簪。流程是先将头发聚拢,用卡子固定,再用黑色的发网兜住头发,将头簪自上向下插入发髻,腰簪自左向右插入,与头簪交叉形成十字,最后用尾簪从左右两侧插入发网固定。

(二)住屋

九洲村民依河流、道路建筑民居,全村聚落呈"L"形条状分布,自村口至村尾绵延十余里,各自然村聚落则呈现小区域集中形态。昔日生活用水以河水为主,且水路交通发达,遗存的各个码头附近古民居较为集中。如今人口增加,各户可凿井取水或接引山泉,村内新建筑的民居则在村境四散分布开来。1973年6月1日的大洪水造成东头、九洲二自然村沿江民居严重灾损,房屋多有坍塌。灾后二村居民将家宅迁移至远离河道的山坡高地,形成今日二村聚落形态。村中发挥重要交通功能的主要干道依山势地形铺修,九洲四个自然村的大多民居建筑沿着主干道在西部自北向南而后转折向东延伸。

九洲现存的历史建筑有围屋及二进庭院,为显示主次,其上下厅堂高低、宽窄相异,前低后高,前窄后阔,恰如"昌"字,寄托昌盛繁荣之愿望。围屋周围的房屋及二进庭院两侧的厢房亦按前低后高的规律布局,设置天井通风排水。有的宗族[1]分支即采用房屋名称,如东头村"楼下哩""新屋""三栋厅"三支皆取自其旧宅名称。现代建筑则形态各异,有些仍设有天井,房屋围绕天井三边布局;有些则正厅与厢房一字

---

① 第五章详述。

对称排列,屋前铺设大坪;也有些新造的家宅采用方形不对称形式布局,与都市之公寓房间布局大同小异。

九洲传统建筑材料多就地取材。外墙以石条奠基,以青砖空斗组砌墙体,空斗中填充卵石。内墙皆以木竹制成,下部以数条木板拼接,上部以纤细竹条编织墙板并抹一层薄薄的白灰,与木板上下合而为一,将房宅内部隔成小房间。有的房间用木板分隔上下两层,以扩展日常生活起居空间。邻近宅门的房间内设土灶、粮仓。粮仓有的以土石筑起,有的则以木板钉制,下以石或木脚做基,略高于地面。昔日家宅内不设厕所,污秽暂存于马桶;屋中也无沐浴洁身之处,男子多于傍晚在天井冲凉,女子则待天色昏暗至屋后隐蔽处清洗。

图 2-15　九洲传统民居(正面)

日常生活所需燃料要上山割草或砍取灌木晒干备用。沿河分布的小丘陵在村人记忆中地表皆裸露光秃,薪柴常要前往更远的山林中方能获得。报道人常追忆往日要早早出门上山割取野草就地晾晒,晒干后收集在一起挑下山,并储存在自家的柴火棚内,每年4—6月雨水较多的季节,更要提前准备好稻草燃料。今日在九洲村除了节庆备菜,已极少使用土灶,各家仍在房宅一侧搭一间小棚,用于储存薪柴。平时可

图 2-16　九洲传统民居(侧面)

图 2-17　青砖空斗组砌墙体

使用煤气或电力进行烹饪,燃料多元化后,当地的山头渐渐变绿,恢复生机。如今村人使用的木柴多收集自屋后种植的杉木、松木枝叶,以及水稻收获后留下的稻草。

　　昔日除了驾舟过河的渡口码头,还有一些濯衣、取水的生活码头。例如东头村人过去在清晨便前往上游"上码头"挑水回家,倒入水缸,储足一日所需用水。下游码头则主要为濯衣、洗澡提供便利。过去汀江河道浅平,是村人戏水、捉鱼的场所。近年上游矿业有害物质泄漏,造成河水污染,且本村数个沙场挖掘河床取沙,河底暗流涌动,村人很少再从河中取水或下河游泳摸鱼。

图 2-18　榕树码头

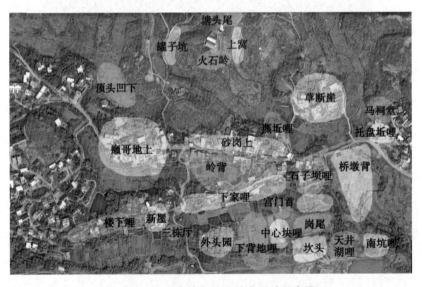

图 2-19　九洲东头部分小地名区域示意图

聚落内小地名及其相关的典故往往承载着住民对地方的记忆,是能够反映地方历史环境文化的暗语。由于调查精力与语言能力有限,仅收集到东头自然村的部分小地名,如南坑哩、天井湖哩、砂岗上、岗尾、坎头、宫门首、中心块哩、下背地哩、外头园、岭背、楼下哩、草断崖、燕坵哩、癞哥地上、三栋厅、新屋、马祠堂、桥墩背等。其中砂岗上、癞哥地上、上窝等处地势较高,相应的顶头凹下、下家哩等处地势较低;此外含有如岗、岭、崖、坵字的片区地势亦较高,而含坑、凹、坎、湖等字的片区地势便偏低;桥墩背得名的原因是北侧有石桥一座。村人称马祠堂可能曾有马姓居民在该处生活,却也仅为猜测。楼下哩、新屋、三栋厅,以及外头园皆是宗族老宅的名称。宫门首即今日东宝宫[①]所在地,其南侧的中心块哩曾经是一片沃土,相传1929年红军由榕树码头渡江时即曾在此庄稼间隐蔽休息,后有人在此建造砖厂,导致土地硬化不可复耕,如今已是一片荒地。尽管地表景观变迁,这些地名却告诉我们在东头自然村曾经有岗、岭、崖、坵、坑、坎、湖这样的地貌,也标示了被风雨侵蚀、洪水冲毁的老宅旧址,以及今日仍存留的宫庙建筑的所在地。

(三)交通

"九洲渡"是上杭县治于宋乾道三年(1167)从平安里钟寮场(今才溪镇荣石村)迁至来苏里郭坊(今上杭县城)后,渐渐兴起并发挥重要作用的对渡口岸(胡太初,1259:3)。汀江流入上杭县后由旧县河与黄潭河两大支流以及26条小溪流汇入,河道宽阔,向南与永定河汇合后流入广东,是昔日的水路交通要道。《临汀志》载"长汀溪入县境与六乡之水会,直至潮州。自汀直潮,凡五百滩,至鱼矶逾岭,乃运潮盐往来路"(胡太初,1259:9)。清道光年间《商贾便览》载"九洲河口,有塘,查税"(吴中孚,1822:卷10)。又在民国县志中见"旧设盐卡于此,曰九州关"(丘复,1938:106)。旧县河是上杭境内最大的一条支流,亦为各乡联络之重要水路。旧县河于九洲汇入汀江,九洲渡恰设于旧县河与汀江交汇之处,其重要的交通地位显而易见。

---

① 东宝宫是东头自然村的村庙,第六章详述。

与九洲渡对江而望有一"九州亭",是通往县城道路上遮风避雨休息的场所,亭内不同时代的碑刻可将其历史追溯至明代,即亭内最早石碑记"天启甲子江氏重修",天启甲子为天启四年(1624),此时已经修葺,说明更早时九州亭就已建成。此后嘉庆癸亥年(1803)重建,民国四年(1915)重修,1992年再次重建。九州亭不断重建重修,一定程度反映九洲渡曾经的辉煌。

图 2-20　九洲渡旧址

据村民们回忆,九洲渡口是他们昔日往来上杭县城以及周边地区办事、赶圩的必经之路,由此渡河再步行至县城方便快捷。但随着上杭汀江段河道功能的丧失,以及20世纪末G205与水西渡大桥①的相继落成,私人交通工具摩托车风行,渡口渐渐衰落,至2004年因往来人货日减而停办。现在九洲村几乎每家拥有至少一辆摩托车,近年不少家庭购置小汽车,出行更加便利。九洲村不仅有国道从村口经过,高速路七峰山服务区亦在村境内,拥有私人交通工具的家庭来往附近县市陆路交通便捷。相对而言,九洲村的公共交通建设迟滞,尚无穿过村境的

---

① 上杭水西渡大桥位于九洲村东侧,是现在九洲人跨越汀江前往上杭县城的必经之路。

公交线路。村人若想搭乘公共交通工具,须步行或请他人载运至村口国道等待途经的车辆。然而九洲村自西北向东延伸近十里,从湖坊民宅步行至粮丰村口路途颇远,需要搭乘公共交通工具的村民大多为没有能力自行驾驶机动车辆的中老年人和儿童。村内老人前往上杭县城卖菜往返皆须家人帮忙载送,若家中无人载其进城,便须寻求他人帮助。在这种情况下,不少村人颇怀念昔日渡口可以通行的年代。报道人介绍,昔日进城办事、买卖全靠脚力,九洲与上杭县城直线距离不足两公里,从九洲渡渡江后徒步行至县城仅需半小时。且九洲渡位于九洲村的中心位置,上游自然村从此处过渡亦相当方便。下游自然村则可选择向上从九洲渡渡江或向下从水西渡过江。

九洲小学与九洲渡先后停办,对村内学龄儿童就学产生较大影响。即便是年龄较大的学童可从村中骑自行车前往县城,因国道机动车辆较多且路途遥远,也让家长极不放心;年幼的学生更不可能自行前往学校。村内陪护学童上下学的多为其祖辈,其亦不擅长驾驶车辆。因此村人大多在县城内租住陪读,每家对子女的教育成本投入无形增加。也有一些村人合雇私家车送子女上学,然而如此学生须起早贪黑,还要在城区的托管处吃午饭,辛苦且成本高。2012年还曾经发生过一起接送上学车辆的交通事故,尽管有惊无险,但孩子父母仍将之视为隐患而时常担心。

九洲渡历史悠久,尽管停用十余年,与其相关的民生问题却一直延续,凸显它昔日在九洲村民生活中的重要意义。

第三章
九洲人的米酒酿造与社会互动

　　米酒是九洲人的一种特殊食物,也是九洲社会文化情境反复出现、被寄予高度情感关注的文化要项。九洲人认为自酿米酒是其饮食文化特色之一。根据家户调查[①]数据统计,抽样的 119 户中有 118 户皆在家中酿造米酒,仅 1 户[②]饮用的酒来自外购,高达 99.16％的农户自酿米酒供日常和节庆饮用。米酒在九洲不仅"好吃"而且"好用",本章不仅介绍九洲人如何酿造米酒,也涉及米酒在社会互动中所扮演的角色。

一、九洲米酒酿造要素

　　九洲人将酿酒称为"蒸酒"而非"做酒","做酒"在九洲专指举办酒宴。米酒酿造的要素包括酿造者、糯米、酒饼、水、火、工具(如灶台、饭甑、酒缸、酒篓)等以及季节气候。九洲米酒主要由各家主妇酿造,糯米、酒饼与大量清水是全部原料;传统土灶与酿造器具皆为九洲人生活中常见的食器,除了酿酒也可用作他途;时令节气则是决定米酒品质的一项关键要素。

(一)酿造者

　　根据家户调查数据统计,在 118 户自酿米酒的九洲人家中,女性酿酒者 116 户,男性酿酒者 2 户[③]。与"男工女农"的社会劳动分工以及"男主外,女主内"的家庭分工模式一致,家庭内酿制米酒是女人的工

---

　　① 家户调查系在田野调查期间开展的结构性问卷访谈,第四章详述。
　　② 该户是一位男性老人的单身户。
　　③ 其中一户的主妇身体不好,无法胜任辛苦的酿酒工作;另一户夫妻交恶多年,妻子拒绝为丈夫酿酒,丈夫嗜酒只得自行酿造。

作。可以说米酒从其原料糯稻的耕种、照料、收获到造酒的过程均由家庭主妇负责。

男性酿酒在九洲是一件并不光彩的事,在夫妻感情和睦的家庭中,除非妻子身体不佳或在外地协助带养孙辈,九洲男子一般不参与酿酒工作,否则易遭四邻耻笑。妇女在成为一家的女主人之前也较少独立酿酒,仅为母亲或婆婆打下手,直到丈夫自立门户后才成为独立的酿造者。正是在反复帮厨打下手的过程中,长辈言传身教使九洲年轻妇女积累经验,将酿酒要点内化,自行酿造时大多一举成功。因此她们对外人描述时并不觉得酿酒过程除了保证"干净"外,还有任何需要注意的细节。

不过在九洲,酿酒的妇女一般并不常饮酒,在改革开放前甚至没有与男性同桌吃饭的权利。尽管喝酒的男子并不酿酒,但九洲村的男性酒友一起饮酒时常常对各家主妇所酿米酒的质量进行品评。妇女酿酒质量的优劣往往被认为与个人品性一致,能够酿出佳酿的妇女大多受到村人尊重。妇女偶尔也通过控制食物表达相对的权利,若夫妻吵架,愤怒的妻子则以不蒸酒威胁丈夫。然而掌握财政大权的丈夫能够通过不提供零花钱制约妻子的行为,轻松迫使妻子妥协。

(二)糯米

九洲村酿酒的主要原料是糯米,村人为了保证有酒可食,极重视糯稻生产。1949 年后,除了三年困难时期的中后期,食物生产不足,短暂中断酿酒,九洲糯米生产和米酒酿造由少到多延续至今。

据村民回忆,推行互助组政策时,各家各户仍拥有自己的田地,也享有决定如何利用土地的权利,除了播种日常所需的粮豆蔬菜外,还种植少量糯稻,以备年节制作糯米酒或糯米粄。集体化时期,九洲人酿酒所需之糯米赖以生产的土地全部充公,由全生产队统一规划使用。一般来说,各队在集体土地中均预留一块专门种植糯稻,并在收获后采纳全队认可的方式分配(人均分配或按户均分),各家自行根据需求酿酒。1959 年由于经营集体食堂吃"大锅饭",包括糯米在内的所有粮食在此期间不分至各家各户,九洲家户便失去自酿米酒的原料。即便如此,九洲人仍未停止酿酒,报道人称在集体食堂初运行的阶段,生产队聘请村内善酿妇女集中为全村酿酒,供众人饮用。集体食堂运营后期,粮食不足状况日益凸显,很快便因难以维系而停办。为了填饱口腹,村民除了种植稻还种植各类粟米,挖掘块茎、块根作物如芋头、红薯等充饥。饮用糯米酒在此时期极为奢侈,一些嗜酒的九洲人偶尔以红薯为原料发酵酿酒解馋。20 世纪 60 年代以后,九洲村各生产队可以根据农户实际需求种植适量糯稻。糯米不必充"公粮"上交,若当年产出盈余,亦可按比例顶替大米上交,或者按统购粮定价上交兑换现金。由于糯米价格高于大米,有些生产队为了兑换更多现金,仅给每家分 20 斤糯米,余量统一上交兑现。

糯稻亩产量不高,一亩约产 300 斤糯谷,又出米率不及大米,在村人心中相对珍贵。而糯米重量较轻,较同等重量大米体积更大。因此不论兑换标准是按体积还是按价值,在村内分配时 100 斤大米与 80 斤糯米等值。爱喝酒者可按需要多换糯米,不喝酒的家庭则愿换更多大米食用。若有当年即将娶亲、生子的家庭,生产队根据情况先多分予其 100～200 斤糯米,此后再均分给各家。生产队一般每年留约 300 斤糯米蒸酒,在开会或接待干部时饮用。

田地承包到各家自行支配后,伴随着生产技术的进步,粮食渐渐充裕,除了满足一日三餐以及缴纳公粮外,村民也对糯稻种植投入更多劳力和时间,糯谷的大量收获刺激了年均酿酒量快速增加。近年来相对于一年收成"靠天吃饭"的农事,村人更乐于走出乡村打工挣钱,入手的工资可以购买日常食用的大米,从事水稻种植自给自足的农户愈来愈少。一位 60 多岁的妇女神态颇为遗憾地告诉我,自她往县城帮助务工的儿子带孙子后便无暇种地,自然也没有糯米用于酿酒。在九洲人心中吃饭的大米可以购买获得,而酿酒的糯米却一定要自种。事实上九洲地区粘稻种植越来越少,糯稻种植却未见减少,还留居村内生活的农家每年下季定会按自家常年所需的糯米量耕种;成熟后也定会精挑细选健康饱满的糯稻谷种,细心收好等待来年播种。

(三)酒饼

酒饼是帮助糯米自然发酵析出酒酿的关键原料,外形为乒乓球大小的灰白色球体或方块,吸水后自然散开,呈棕灰色。大部分九洲妇女无法明确指出酒饼与糯米的配比,不同产地的酒饼成分、大小略有差异。她们在购买酒饼时告知店主计划酿酒的糯米量,由店主为其配比,通常来说 20 斤糯米需酒饼 3～4 两[1],根据大小不同,为 5～10 个;若按每斤 15 元的价格计算,每 20 斤糯米须购 5 元左右酒饼备用。酒饼受潮后易生虫变质,不宜囤积,故每次酿造前按需购买。九洲各自然村内皆有小商铺,村人往往会对比各店铺酒饼的质量,有时不辞路途遥远前往较远的商铺购买被认为酿出的米酒更易保存的酒饼。也有村民认为酒饼可分两种,一种是甜酒饼,一种是苦辣酒饼。甜酒饼酿出的米酒口感较甜,但是易坏;苦辣酒饼则可以使酒保存很长时间,"会吃酒"的人也偏爱后一种味道。

集体化时期酒饼按需少量分配,此外还可在由政府统一派给的购销店购买。据报道人回忆,九洲渡口曾有一家私人经营的购销店,大约1965 年后改为公家供销社的分销处。供销社规定每人只可购买 2 角钱酒饼(每斤酒饼 5～6 角),按比例可以配 20 斤糯米酿酒,如果酒饼不敷使用则须偷偷去"黑市"买高价酒饼。

现在九洲人所用的酒饼大多来自古田五龙、旧县、长汀等处,本村人并不制作酒饼。九洲自然村的王振洲与王振荣曾向我描述他们所知的酒饼制作过程:将米糠与黄柏、五味子等中药材的碎屑混合搓成小丸,一粒粒铺开于阴冷的平面,喷洒"酵母精",待其生菌长毛至 2～3 厘米长后,移至烈日下暴晒,菌丝便又缩回。如此反复数次后晾干即可售卖。"酵母精"可以是酒,也可以是任意水果发酵后的汁液。

九洲人除了用酒饼酿酒,还有人采借他处红曲制酒法酿造少量米酒。红曲酿酒出酒量较酒饼制法更低,仅为酒饼酿酒的三分之二弱,传统制法每 20 斤糯米可出酒 30～40 斤,而红曲酿酒仅出 20 斤左右的米

---

[1]　1 两为 50 克。

酒。对村人而言,红曲米酒较传统米酒更易入口,苦涩味与酒精的冲味较少,饮下唇齿留米香;色泽偏红,却也泛黄色透亮光。然而红曲对九洲人更具意义的是用在制作产妇坐月子时的食物[1],而非作为酿酒的引子。

(四)水

米酒度数低,酒中水分所占比例很大,酿造米酒的水质好坏直接影响酒的风味。尽管九洲村纵横有两条河流经过,却因污染严重不可再使用;其地下水资源贫乏,汲取费力。对九洲人而言,有水可饮已经不易,对酿酒水质除了洁净之外并不十分挑剔。酿酒时浸米、淋饭、洗缸、放水等环节均须大量用水,昔日用河水时要挑运数倍于日常生活的水量备用,颇劳身耗力,酿酒在村人心中成为与挑担、行远路、酿豆腐并列的四大辛苦差事之一。今日每家皆有水井与抽水机,取水用水方便不少;放弃河水使用井水,也令妇女挑水的工作大幅减少。也有村人认为,今日井水所酿米酒不及昔日河水所酿,但大部分人认为差别不大。不论用水为何,均须先盛装数担清水静置沉淀后使用。

(五)其他酿造工具

九洲人的主要酿酒工具有浸米缸、蒸米桶、发酵缸或瓮,以及过滤、榨酒、炖酒等各环节用具。

浸米缸是一种敞口小底的陶制容器,较盆更深,九洲人将水缸称为"大缸",相对较小较低的缸称为"半缸",用来浸米、发酵。现各类塑料水桶越来越多,便宜轻便,浸米时的容器由陶缸变为塑料水桶。出娘发酵和出酒发酵合为一体,皆在酒瓮内进行。九洲村广泛流传酒缸或酒瓮中住着"小鬼"的传说,酿酒的酒缸或酒瓮[2]不可随意接受他人馈赠,要在酒缸内烧 3 张草纸[3]等显示酒缸是购买而来。即使母亲要将自用

---

① 第九章详述。

② 九洲人认为同样不能随意接受的还有各种刀具、索(绳子)、锄头等,称这些东西会"杀人",接受时也要象征性地有所表示,不可白拿。遗弃在路边的绳子、农具亦不可随意捡回家中。

③ 草纸是一种金银纸,长约 40 厘米,宽约 30 厘米,以竹子为原材料加工制成,质地与竹纸类似,颜色偏土黄色。草纸可用于酬神、祭祖和驱鬼等。

的酒缸赠送给女儿，也要化纸一张，并默默祷念："你现在换新的主人了，要在他们家好好酿酒啊。"同时女儿还须付给母亲1～2元钱表示并非无偿接受，以免被认为是偷窃或骗来的，导致家中未来发生不吉之事。

图3-1　大缸(左)与半缸(右)

酿造米酒时必须先将糯米蒸熟成饭，用于蒸饭的木桶被称为"饭甑"。饭甑由杉木制成，一般家庭使用的容量从18升至24升不等；杉木甑底盘镂空便于沥水，可拆卸方便清洗，底盘架空在木桶底沿向上约6厘米高处，放在有少量水的锅内时，底盘不会浸入水中。杉木饭甑不用时干燥收缩，使用前应浸泡数小时令其充分吃水膨胀，以免蒸米过程中消耗水分和时间。

糯米蒸熟后须置于酒瓮中糖化。九洲村的酒瓮多为乌釉陶瓮，小口大腹小底，大小不一，容量自20斤至50斤不等。有的农户为了节约开支，也将过去腌制咸菜的菜坛充分洗净后用于酿酒。

过滤技术是酿酒术发展到一定程度后产生的。九洲村有用竹条编制的滤酒器"酒篓"，出娘放水后插入酒瓮中央即可阻隔米粒，形成一个只有酒没有酒糟的空间，从中汲出不带酒糟的清酒。

图 3-2　饭甑

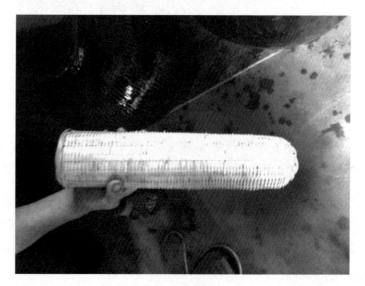

图 3-3　酒篓

(六)时令气候

　　了解和掌握时令气候对九洲人酿出好酒至关重要。九洲人偏爱在秋冬季节酿酒,此时天气清朗,多东北风,干燥凉爽,米酒发酵速度不至于过快,发酵时间相对较长,不易变质。秋冬酿酒又强调冬至前放水,冬至日过后气温与水温骤降,对于酿酒而言太冷,不利发酵出酒。冬至日前在酒酿中放水,更出得酒,且温度随后下降,米酒发酵过程缓慢,至过年食用时酿造时间较长,酿出的米酒较"老",老酒味道醇厚,是九洲米酒中的佳品。此外,老酒经年累月不易变质,可长期储存饮用。

春夏两季多"南风天",闷热潮湿,酒酿与水酒发酵速度快,稍有不慎便会因发酵过度而变味,亦难储存,不宜酿酒。若为准备酒宴而必须此时酿造,妇女大多会掐算好时间提前酿造,酿成后不必在家中久贮即可饮用。正因如此,若酿造失败,酒宴上便没有自家酿造的米酒,须大量采购商品米酒。南风季节偶尔也有天朗气清的北风日子,九洲妇女定会抓紧时机,开始浸米、淘米、蒸酒饭等一系列酿造程序,入瓮出酒酿后还须再抓住一个北风天放水,否则功亏一篑。

二、九洲米酒酿造步骤

由于几乎家家户户酿造米酒,在田野调查中观察和参与酿酒过程的机会很多。尽管村民将酿造米酒视为一种简单易学的技能,然而在实际操作中却融汇着九洲人代代相传的经验。《齐民要术》介绍了选料、浸泡、蒸饭、降温、拌曲、落缸、发酵、榨酒、过滤、陈酿等一系列完整的黄酒酿造工艺,体现出当时已经完善的酿酒程序。《北山酒经》详尽描述了卧浆、淘米、煎浆、汤米、蒸醋糜、用曲、合酵、酴米、蒸甜糜、酸醹等酿酒程序,以及酒器、煮酒的注意事项。九洲的酿酒技术与典籍记载略有不同,实际参与后可归纳出九洲人酿酒的 15 个重要环节。

(一)浸米、淘米、蒸酒饭

浸米即将糯米盛装于盆或桶等容器中以清水浸泡,使糯米吸水膨胀,渐渐变得透明。选当年收获的糯谷碾成糯米盛在水桶内,加入清水,使水完全没过糯米上沿约 2 厘米。冬季酿酒前浸泡时间往往长达 8 个小时,方能保证糯米充分吸水;若在气温较高的夏季,只需半日即可。酿酒的妇女往往在清晨观测风向天气,若适合酿酒则立刻请人将糯谷碾成糯米后浸泡。为方便取水,她们将浸米缸环绕水源放置,减少搬运的体力消耗。同时要将饭甑浸泡在水盆中备用。

图 3-4　浸米

　　淘米即以流动清水反复淘洗已经膨胀的稻米。酿酒的糯米与磨粉的糯米不同,不可保留"粉气",须将米粒表层的"粉气"完全淘洗干净。表层过多的营养物质为酿酒发酵过程增添不确定性,容易导致酿造失败。淘洗时以竹篮或塑料篮筐舀入糯米若干,一手持篮,另一手在米中

图 3-5　淘米

回旋翻搅,流水冲洗确保米粒淘净,直到漏出的水清澈方可停止。再将淘洗干净的糯米倒入饭甑中控干多余水分,不可压实,应虚松填入,使米粒之间留有空隙,使蒸汽能够从空隙中穿过,蒸熟速度较快。

蒸酒饭即将糯米以蒸汽蒸熟。在糯米静置控干时先在灶中生火,大铁锅内舀入两瓢清水,稍稍加温后以锅刷用力清洗,随后将污水舀出,如此反复清洗锅具,保证其内没有半点油星和盐气。清洗完毕后,舀入两瓢清水,待其渐渐加热,水面有小气泡浮起,略微沸腾时,将装有糯米的饭甑放入水中。水量恰好淹没饭甑的下沿,饭甑底部木板高于水面,糯米不会浸入水中,完全依靠水汽蒸腾炊熟糯米。蒸米时在灶膛填入大块木柴,以保证持续大火猛攻。

图 3-6　蒸酒饭

由于蒸糯米是为了酿酒,村人将其称为"酒饭"。据报道人回忆,过去酿酒机会较少,儿时家中若酿酒,必然在灶台周边游走,蒸好立即凑上前去,母亲便会为她盛一小碗食用。我在一旁观看时,她也为我盛了满满一碗。若糯米浸泡的程度一致,蒸酒饭的时间依不同季节外界温度的高低而长短不一,冬季有时长达 1 个多小时,而夏季往往 20～30分钟即熟。蒸腾而上的水汽和满室弥漫的米香是酒饭蒸熟的前兆。

酿酒的妇女一般会在此时打开饭甑盖子,用手捏起几粒糯米查看。先观察米粒是否膨胀发亮,用食指与拇指轻轻捻搓糯米,米粒有弹性且可以捻烂,便是恰到好处。若尚不可捻烂,米粒手感较硬,则再蒸煮片刻起锅。酒饭忌蒸得过软,过软的糯米饭糖化速度与发酵速度太快,容易在酿造过程中变质。九洲人有时为了保证米酒质量,宁愿在米粒较生时起锅。

(二)化酒饼、洗瓮

化酒饼即将小块干燥酒饼浸入少量凉水中,酒饼吸水蓬松后,以手指将其碾碎化开,村民在蒸酒饭的同时便将酒饼丢进水碗中。干燥的酒饼质量很轻,浮在水面上,将它轻轻按入水中全面沾水,待凉水渐渐渗入后一捏便碎。捏碎的酒饼部分溶解在水中,清水变成黄泥水一般,其余的部分呈现棉絮状,将其撕开分成细小絮花。若在冬季欲增加拌曲时的温度,可以温水化酒饼。然而酒饼的本质乃是一种活性酵素,不可加入开水,否则将杀灭菌丝活性,导致酒饼失效,影响酿酒效果。也有人将干燥酒饼碾碎成粉末拌入酒饭,无须浸湿化开使用。曲米多寡,酒味甜苦,因人而异,但又要遵守一定比例,报道人认为若拌入较多酒饼酿出的米酒较"冲",口感较苦辣,略少则较甜。

图 3-7　化酒饼

洗瓮即清洁酿酒容器。洗瓮在蒸酒饭与化酒饼的同时拨空进行，为了节省体力，大多在水源附近清洗。酿酒器具须保证完整与洁净，有的酒瓮长期未使用，要在清洗前丢入点燃的草纸，盖住瓮口，检查是否有裂隙，同时高温消毒，瓮内空气燃尽火焰自然熄灭，若酒瓮经常使用则不必进行此步骤。清洗酒瓮除了需要大量清水，有时还要烧大量开水，并采集些许药草进行消毒。酿酒的妇女泡下酒饼后出门采得"布荆草"①或芭乐②叶，二者皆可入药，清热解毒，主治泻痢，也可抗菌、驱虫。将药草整束塞进酒瓮，倾入开水稍置片刻，待水温稍稍降低后，挽起袖子，伸手入瓮中抓起药草枝叶快速搓洗酒瓮内壁，然后将瓮内污水倒出，再倒入开水，反复清洗。内部清洗完毕后，将药草取出刷洗酒瓮瓮口和外壁，自内向外悉心刷洗干净。最后再以大量清水冲洗，倒置酒瓮，晾干内部水分。

图 3-8　洗瓮

①　即黄荆（*Vitex negundo* L.），一种唇形科牡荆属小乔木或灌木，常见于田间地头，有祛风解表、驱虫等效。

②　即番石榴（*Psidium guajava* L.），桃金娘科番石榴属灌木或小乔木，有收敛止泻、止血等效。

(三)淋饭、拌曲、入瓮、封口

淋饭即用清水不断浇淋酒饭,冲刷饭粒间的黏液,使其降温。酒饭蒸好后将饭甑架在利于排水之处,将已经静置沉淀后的清水大瓢急速浇在酒饭表面。清水顺米粒缝隙渗透至甑底泄出,一并带下酒饭中的热气和米浆黏液。如此反复浇淋,直至甑底流出的水色由浊变清,以手试温不觉灼烫即可;流出的水温亦不可过凉,否则发酵过慢易导致变质。

图 3-9　淋饭

拌曲即均匀搅拌化开的酒饼与蒸熟的酒饭。淋饭后将饭甑倒扣在敞口大盆中,推动甑底,酒饭顺着桶壁滑落,取下甑底木板。手沾凉水将由饭甑塑成圆柱形的酒饭打散在盆中,同时均匀地混入酒饼汁液。尽管淋饭后析出的水温已降,但包裹在中心的糯米饭温度依然很高,打散时要谨防烫伤。因酒饭中仍有黏液,搅拌酒曲时须蘸清水以避免太多糯米粘在手上。酒饼汁液不可全部用完,预留三分之一备用。

图 3-10　拌曲

　　入瓮是将拌好的酒料填入酒瓮,过去以酒缸做容器出娘,故此步骤也被称为"坐缸"。拌好酒曲的酒饭应先由酿造者感受下温度是否适宜入瓮,以低于体温为宜,将手插入其中要感到温凉。在冬季酿酒时,可在温度较高时入瓮。2015 年 11 月,笔者曾使用食品温度计插入不同主妇坐缸前的酒料中,测量结果分别为 29.6℃、29.3℃、22.8℃、19.8℃;若在夏季酿酒则温度还可再稍低一些。酒料入瓮前须先在瓮底和瓮壁上涂抹酒饼汁液。随后将酒料填入酒瓮,高度约至离瓮口四分之一处,轻轻压平表面,再淋酒少量酒曲。最后将五指并拢成锥形,插进酒料中央,掏出一个酒窝,当它析出酒娘时,九洲人称之为"湖",待窝中的汁液与酒料表面齐平便可取用。

　　入瓮后将酿酒容器口沿封住即为封口,一般酒料填入酒缸后二三日即出娘,可放水。过去九洲人坐缸后须将米筛掩于缸口,米筛上铺放草纸隔灰,再于其上扣一顶斗笠。现在以酒瓮封口较为简单,仅以竹纸或草纸盖住瓮口即可,既防尘又透气。有人也将布荆草枝叶压在草纸上,可驱虫消毒(图 3-12)。出娘放水后发酵历时较久,便以红绳扎草纸再次封住瓮口。封口后将酒瓮储存在通风、干燥、阴凉的空间。

图 3-11　入瓮

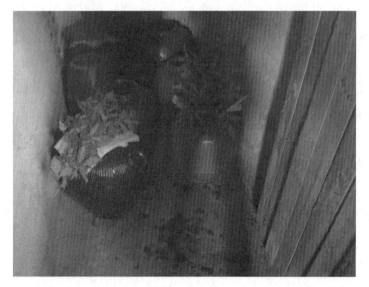

图 3-12　封口

（四）出娘、放水、出酒

出娘是成酒过程中最重要的一步，取决于"天成"，并非人力可操作控制的步骤，乃是酒饭自身的糖化反应。酒娘或酒酿根据季节温度不同而析出速度有异，一般夏季二三日即成，冬季略久，四五日亦成。九洲人多在冬日蒸酒，昔日使用酒缸出娘时要在缸的外围层层包裹衣裳、棉被、蓑衣、稻草等物，甚至要放在炉灶附近，为正在发酵的糯米提供足够的热量。从酒娘形成条件上进行催化，是九洲酿酒者在出娘步骤唯一可采取的捷径。除此以外，出娘过程忌多次搬移、晃动容器，否则出娘不成反而使酒饭变质，出现发酸、发霉、生蛆的现象。出娘成功后，酒饭黏液增多，渗入"湖"中，色泽白润而微微泛黄。酒娘在九洲人心目中是极珍贵、极"补"的食物，常常用于给产妇补充营养催奶。

图 3-13 出娘

放水是酿造米酒的重要环节，即向已经出娘的酒瓮中加入清水。酒饭出娘后，可让其继续发酵数日，等待一个好天气再加水，加水后酒娘改称为"水酒"。1.5∶1是水与米较为恰当的比例，1∶1水酒口味较浓，2∶1则太淡，各家根据饮酒者的偏好确定比例。过去糯米量少时，大多水米配比较高，水"放很大"，酒味淡薄；至今九洲人仍以加水较少的米酒为上品,村人赞其"黏",较黏的酒味道较甜。糯米产量足够酿造充足的米酒之后,好饮者偏爱口感较"辣"的米酒,称"黏"酒浓度过高,太过"顶饱",两碗下肚便已有饱腹感。因此现在村人日常饮用时多提高加入的清水比例,令酒味不会太"黏",又不至于过淡。放水前先将清水静置片刻,沉淀杂物。放水时因酒瓮不宜挪动,便将水桶提至酒瓮旁,以水瓢将清水快速倾入其中,同时用洗净的另一只手搅拌酒娘与水。随后在酒瓮中央插入酒篓,再次封口即可。

图 3-14　放水

出酒即酒娘与清水继续发酵析出酒液。加水后一两日屏息静听可以听到瓮内"喀拉喀拉"的声响,犹如液体小沸,若无此声则恐酿造失败。一般来说,加水后15～20日便已出酒,可以取出饮用,也可以令其继续发酵。不同季节的自然温度限制着出酒时间,夏季温度高,约20日后出酒即须尽快取出炖熟保质,否则已经酿好的酒水继续在潮湿闷热的天气中发酵,极可能产生变数。而冬季气温低,发酵过程相对缓慢,时间久一些并不损害酒的质量,反而提升其品质与口感。前文已述冬至前放水发酵时间长,米酒较"老",相对发酵时间较短的酒则被九洲人称为"嫩"。嫩酒不及老酒口味醇厚,且保存期限不如老酒长久。

(五)起酒、炖酒、储酒

起酒乃是将酿好的酒与酒糟分离,从酒瓮中取出酒液。20世纪80年代前村人食用生酒时,酿酒量本有限且无须炖酒,并未有将酒从酒瓮中取出这一步骤。当米酒酿成后,可直接以小杯或小竹筒从酒篓中打起被分离的酒液。后来借鉴邻乡将酿成的米酒先导出蒸熟后饮用的做法,便以塑料软管利用虹吸原理导出酒液。具体方法是将酒瓮置于较高处,软管一端插进酒篓中,另一端接入位置较低的酒坛或炖酒容器;捏住软管中段使空气排出产生气压差,而后迅速松手,导管便将高处的酒液自动吸出导入另一容器中。导出大部分酒液后,瓮底混有酒糟的浓稠酒液很难通过导管引出,一般会取竹篮或塑料篮子放在煮酒容器上,抱起酒瓮倒扣,将酒与酒糟一并倒进篮中,其中的酒液顺着篮子的缝隙淌落。为了充分起酒,还会翻动篮中的酒糟,令酒汁尽可能地析出。

图 3-15　起酒

炖酒即以高温加热蒸煮米酒。《北山酒经》中记载煎酒法,即将酒置于甀中蒸,后代许多文献记录的方法与《北山酒经》中的煎酒法没有太多出入,只不过将甀改为锅,酒水装瓶直接在锅中炖煮,待到"味重而色清"时即妥。尽管上杭许多地区如兰溪、武平等地亦采用隔水炖酒的方法,九洲人昔日采用此法的却很少。邻近地区亦有以稻草煨熟的炖酒方法,九洲仅少数老人见过传统的煨酒,他们描述此法是在空地上将酒坛四周堆满稻草、米糠、柴草,高度约至酒坛三分之二处。将酒坛以大小适中的碗封口,碗内置半碗清水。点火煨酒,酒坛外的燃料自然燃尽后,等待彻底凉透再火煨一两次。

图 3-16　炖酒

不论水煎还是火迫,炖酒时间与火候要严加控制,否则将使易挥发的乙醇尽数散去,水酒煮过之后只剩水而无酒了。有位报道人说,他曾经为了省时省柴,将酒坛置于灶中连续火迫一宿,家中酒香弥漫,而酒水却已寡淡无味。现今有更为便捷的炊具炖煮水酒,炖酒时须注意控制加热温度,小心酒精挥发。高压锅因其密闭性良好,酒精不易挥发,可任电器自身设置时长、温度炖煮。而热水器易挥发,常将其恒定温度设定于80℃,避免沸腾过久酒精挥发而酒味淡薄。使用现代电器炊具也不必像往昔般小心看管,设定温度后便可暂时将之抛诸脑后。热水器连续反复加热、置凉两夜三天后,便大功告成。村人介绍,米酒反复炖三五次后,味道更加醇厚,同时可以挥发去除某些对人体有害的物质。就个人经验观之,米酒每经过一次蒸煮皆比前次气味浓郁,质地一次较一次清亮、杂质更少,颜色由乳白变至微黄,反复数次后清亮的琥珀色渐渐显现出来。

　　储酒即将加工完成的米酒装瓶贮存。事实上以前酿造量小,即汲即饮,并无储酒必要。现在酿造量大,炖好后的米酒须分装储藏。村人大都以旧玻璃瓶、旧饮料瓶分装米酒,少数村民也购买专门的酒坛或酒瓶保存。前文已述及酿酒过程忌搬挪、晃动容器,加工成熟的米酒经常晃动也易造成米酒变质发酸。因此村人将酒分装在容量小的容器中,

图 3-17　储酒

每次饮用取出一小瓶,尽快饮完,避免多次搬移、倾倒的晃动对酒质的损害。装瓶时将米酒填满容器,直到溢出再拧紧瓶盖,如此酒瓶内部可达到一种相对真空的状态。现在也有一种十余斤或数十斤容量的玻璃酒坛,底部加装水阀,饮用时拧开水阀,米酒即可流出,可避免反复倾倒的酒水晃动,更加方便、卫生、安全。高温加工后的米酒尽管一般而言并不会再继续发酵,但也并非绝对,近年气温逐年攀升,温暖季节不少存好的米酒在酒瓶中又继续发酵,若未及时发现则会腐败变质。因此村民储酒更注重将其放在阴凉、干燥之处,而不是阳光直射或温湿的环境,存放妥当的冬季老米酒可储存数年不坏。

(六)米酒酿造的经验与运气

尽管在访谈中九洲男女老少将酿造米酒的要义轻松、简要地概括为"不惜水、不乱动、不要油",然而依据季节递变的温度、发酵的时间、蒸米的火候等各个看似微小的步骤,均与最终酿出的成品品质息息相关,这些都要靠酿酒者的经验判断。整个酿酒的过程表面上按部就班,简单易操作,然而实际上,却要掌控好诸多细节,才能够酿出味浓色清的好酒。

九洲人并不清楚如何控制酿出酒水的味道,同一个人同一批酿造的数缸米酒,虽然使用一样的糯米、水与酒饼,发酵成酒后的味道却各不相同,有的甜,有的辣,有的索然无味。其间变量太多,村中酿酒老手也难以解释具体原因,只能做些技术性猜测,例如:出娘后放久一些再加水的酒较辣;放水后发酵时间不足一个月的酒就甜;酒饼品种、米水配比不同便甜辣不一;淋米的程度不同,较温和较凉的酒饭生出的米酒味道不同;等等。各有各的说法,但却皆说不清楚。

可以说九洲人要蒸出酒不难,要蒸出好酒却不易。九洲有句俗语"蒸酒酿豆腐,唔敢称师傅",意思是指这两项技术生产过程中变量太多,制作者多没把握一定能做好。一个好的蒸酒师傅全靠经验,每个步骤皆须拿捏得恰到好处。一般来说,家中男主人或其他男丁喜好饮酒的,女主人酿酒品质都相对较高,因为若要满足丈夫或儿子的饮酒需求,她要经常大量蒸酒,在这个过程中其技能水平不断提高,经验也不断积累。有的妇女自小盘桓在锅灶边跟随母亲学习酿酒,而有的是嫁入夫家后才向婆婆学习。尽管她们在成为主妇之前较少独力酿造,但她们在观摩、学习的过程中看长辈的行事,听长辈的教诲,因耳濡目染而习得不少酿酒的窍门。除此之外,九洲人认为一个主妇的性格特点也影响她酿酒的品质。凡是细心、爱干净的妇女酿出的酒皆不会太差,因为她善于在实践中观察与总结经验,同时能保证材料与用具洁净,较少将酒酿坏,且酿出的米酒品质上乘。而邋遢的女子则大多不善酿酒,她们凡事不追求完美,凡事差不多即可,如此便很难酿出好酒。

除了经验,仍有一些村民"说不清道不明"的原因会导致水酒品质的差异。在发酵过程中各种要素的综合作用下,酒的风味甜苦不一,颜色千差万别,有的酒色白,有的亮黄,有的暗黄,有的发红,也有的发黑。村人全然接受每一种可能,认为这是正常的现象。有时意外酿造出色泽鲜红、风味极佳的米酒,还将其归功为"神灵的光顾",如九洲广为流传的"红娘过缸"传说,即在酿造过程中米酒产生一种神奇的变化,不仅颜色由常见的淡黄色变为鲜红色,酒量也从不减少,取之不尽,饮之不竭。清闽籍学者黎士弘在《闽酒曲》中写道:"谁为狡狯试丹砂,却令红娘字酒家。怪得女郎新解事,随心乱插两三花。"其后附注:"酿家每当酒熟时,其色变如丹砂,俗称'红娘过缸酒',谓有神仙过门则然。家以为吉祥之兆,竞插花赏之。"(郑方坤,1754:卷9)。再有《民国长汀县志》记载:"汀俗于立冬后,比户蒸酒,以酒缸有自来红色者,名红娘降缸,即为插花贺喜。"(邓光瀛,1879:卷30)除了闽地的记录,另有《癸巳存稿》载安徽黟县有清明酿酒祭祀之俗:"或得色红甘冽者,族邻相贺,以为此古所谓福禄水也,亦谓之红娘过缸酒。妇女簪花缸面,分缸时,剪红纸蒙之,提以喜字……宜其腥劣,忽得色红甘冽者,真可喜也。"(俞正燮,1985)所列之事大同小异。但九洲村的"红娘过缸"却与诗文记载中"竞插花赏之"或"族邻相贺"不同,发现红娘过缸神迹者忌讳向他人透露,一旦声张说破便会导致原本"饮之不竭"的特性戛然而止。红娘过缸酒是难得的美酿,九洲人将它视为大吉大利的象征,咸信这类酒只有在当事人"逢上大运"时才会出现,是红(鸿)运当头的好征兆。

九洲还普遍流传着"手风"之说：有的人"手风"佳，酿的酒风味较佳；有的人"手风"不佳就酿不出好酒；有的人"手风"此时佳而彼时不佳；有的人"手风"适合酿甜酒；有的人"手风"适合酿苦辣之酒。"手风"如同运气，时时处处人人不同，且常常转变，在"手风"说的解释框架内，一切都变得合理而不需计较。然而在现实酿造过程中酒若变质发酸，则大多归结为天气或其他说不清楚的非个人因素。2014—2016 年间，村民称因为气候异常，过于高温潮湿，或因酒饼质量不佳等因素造成大量存酒发酸变质，从未有人将酿酒失败与酿酒者私人过失或运气关联。

九洲的米酒制作技术与在其上形成的地方经验也面临着困境，老一代人在地方生活中积累的社会文化经验，与新一代年轻人在城镇都市中工作学习获得的知识，形成不同的取向。老一代的九洲人保有传统农业社会的思维或部分生活方式，他们的经济收入有限，不得不冒着稻米歉收、米酒变质的风险，投入大量时间人力种植糯米，再辛苦也要生产自酿自饮的米酒；年轻人打工挣钱，消费观与长辈不同，更乐于尝试工业生产的商品酒，如啤酒、白酒，不需要等待酿制周期，即买即喝，更无须从事繁重辛苦的水稻种植和收割，冒因自然灾害造成投入与产出不成正比的风险。九洲人引以为豪的酿酒工艺恐有后继乏人之虞。

三、饮酒与社会互动

九洲人称饮酒为"食酒"，有时也以"啜"代表饮的动作。酒不仅仅是饮料，也是富含营养的食物。九洲人认为米酒"好吃"，不仅米酒口味比其他酒类更佳，而且食用米酒对身体大有裨益，通过饮酒可达到身体内部的和谐。米酒在九洲社会文化中也"好用"，饮酒活动能够帮助九洲人实现人与人关系的加强或疏离，象征人生状态的变化，取得自身、人际与宇宙的和谐。

(一)饮酒形式

在将酒作为重要食物的地区,了解其分享模式有助于理解其社会。[①] 九洲人根据不同目的、有无酒伴,可将饮酒的形式分为两类:独酌与共饮。共饮又可根据参与者、饮用量、气氛的不同分为家庭共饮、酒友酬酢、酒宴等形式。在祭仪中,米酒表现人与超自然的互动沟通,亦可算为人与神、祖先和鬼的共饮。伴随人生仪礼中身份地位转变的个人也有特殊场合的米酒饮品。

1.独酌与家庭共饮

日常独酌是饮酒者的自斟自饮,几乎没有与他人的互动。九洲人认为餐后适量饮酒有助于身心健康。独酌可转变为共饮,除了客人临时登门邀其共饮,也在岁时节日与家人团聚共饮。

男性是日常饮酒的主要群体,饮用量依个人情况不一;女性重体力劳动者偶尔也饮用少量米酒助眠。根据抽样的家户统计,498个九洲人中日常饮酒的有142人,占总人口28.51%,其中男性133人,女性9人。男性饮酒者占该村成年男性人口的66.17%,女性饮酒者仅为成年女性人口的4.39%。在这142人中,每日皆饮者有115人,偶尔饮酒者27人,分别占饮酒人群的80.99%与19.01%。每日饮酒者中,饮用1～2斤的占大多数,男62人,女1人,共63人,占每日饮酒人口的一半以上;饮用量多于2斤的皆为男性,有27人;少于1斤的有19人,其中男性14人,女性5人;另有5位善饮的中老年男性,因身体状况在访问时称暂不饮酒,以及1位青年每日饮啤酒1瓶。偶尔饮酒的人中有女性3人,男性24人。本项统计为日常餐后独酌之酒量,多以用餐饭碗计

---

① 许多社会饮酒的首要目的在于社交,大量人类学民族志展现出酒的社会整合功能,如布干达人(Buganda)的传统家酿与许多社会关系融汇,而现代的蒸馏酒却无此殊荣(Robbins,1977)等。超越满足生理需求的酒在社会中往往具有象征意义,多出现在宗教仪式中,如罗布尔人(LoBir)在宗教仪式中的祭献啤酒(Hagaman,1980);萨摩亚(Samoa)与通加(Tonga)群岛人以卡瓦酒(Kava)在宗教仪式中酬神(凌纯声,1958:45)。在一些互惠的劳动力交换场合中,酒也被作为一种理想的报酬付给劳动者(Collmann,1979)。啤酒在赞比亚格温贝(Gwembe)社会的各个方面都具有象征意义,与格温贝人认为重要的一切事项相关(Closon and Scudder,1988)。

量,1碗约可盛装半斤米酒。日常饮酒者晚餐后至少饮酒1碗,多则4~5碗,大多数为2~3碗。重体力劳动者有时在午餐时间也饮1~2碗酒以消除疲劳,倘若晚餐再饮2~3碗,一日中的饮酒量便超过2斤。

九洲人日常饮酒多发生在晚餐之后,汤足饭饱后,无须清洗饭碗,将放在餐桌下方的米酒直接倒入饭碗,随后一面呷酒,一面继续吃菜。许多年轻男子在夏季更偏爱饮用啤酒,饮用时也和父辈一样,将啤酒倒入饭碗中慢饮。日常偶有客人在用餐时不期到访,九洲人认为此时必须置酒招待客人,独酌便有可能转变为与客人的共饮。通常是礼貌地询问:"食酒?"客人应允后,另取一个干净的饭碗和一双筷子,并为客人斟酒,将好菜推至客人面前一起分享;若客人婉拒,则主人迅速结束饮酒,离开餐桌与客人共同饮茶。

在人类学研究中,大量讨论围绕着饮酒与人体健康的关系。[①] 饮用米酒对人体有益,是九洲人的共识。日常饮酒无须进行人际互动,只是与自己的身体对话。独酌主要在于解除一日重体力劳动后身体的疲惫,除了少数嗜酒者,大多村民饮酒量不大。酒足饭饱后睡意来袭,通常看会儿电视便早早休息,储备隔日工作的精力。报道人曾告诉笔者,晚餐饮用米酒后"很好睡""更快睡着",次日醒来身体不再酸痛、不觉得疲惫。他们还将自己的身体感受移情于耕牛,曾掺拌酒糟在牛食中,认为如此耕牛也可通筋活络,解去乏劳之感,次日继续卖力干活。

米酒具有九洲人极为重视的进"补"功效。完全没有加水的酒娘被作为当地女性美容养颜的滋补佳品,常在产妇坐月子时食用。村中过去还有少数嗜酒如命一日三餐离不开酒的人,尽管他们现已不在人世,传闻中米酒给他们的滋补令他们不仅高寿而且躯体强健,年近耄耋仍然十分能干耐劳。九洲人认为口感较甜、较黏的米酒饱腹感更强,视酒如饭的人偏爱这种营养丰富的黏酒;而口感较老辣的米酒则受到多数

---

① 一方面许多人将酒精视为瘾品,对身体有害;另一方面,在许多社会文化中,酒被作为一种饮食要项、一种特殊的药物,或一种普通的补药。自20世纪70年代开始的酒精研究更多关注到其营养和健康方面。有些人类学者如哈加曼(Hagaman,1980)、罗伊(Roy,1978)强调传统家庭酿造出的酒精食品对人体的营养价值。

嗜酒者的青睐,这种米酒发酵时间一般较长,酒精含量高而营养物质更少,饱腹感不会骤然提升,得以尽情畅饮。除了普通的米酒,九洲人为了达到更好的进补之效,也在炖米酒时加入中药材制成药酒。药酒是九洲人关起大门私享的饮料,不与客人分享;有时也是一家之主的禁脔,家中晚辈并没有资格饮用。

家庭成员间的共饮与日常独酌不同,多了父子、兄弟、祖孙的温情互动。九洲的岁时节庆除已经简化的岁时仪礼,大多成为村人阖家团圆的时机。全家人从四面八方回到九洲的家中共进晚餐。在大年大节中的饮酒活动为家庭内部的共饮,父子、兄弟间借着酒兴分享见闻,增进感情,此时不常饮酒的老人和妇女也会斟满一杯,全家举杯为生活祈福,碰杯共饮。此后家长向家人敬酒,提出对他们工作、生活的期待和祝福;晚辈再一一向长辈敬酒,并祝福老人家健康长寿。

2.酒友酬酢

聚在一起喝酒的伙伴被九洲人称为"酒友",酒友之间以饮酒为目的轮流相互宴请。酒友既包括同姓兄弟,也包括亲近的朋友。年轻的酒友之间几乎每半月便小聚一次,轮流在各自家中备酒菜畅饮。家人通常与他们共进晚餐后便离开酒桌各忙其事,留下三五酒友继续在桌上划拳饮酒。

一位55岁的报道人告诉笔者,年轻时他与酒友共饮,常常争强好胜,总是挑战比酒,在酒桌上彼此抬杠,最终的目的就是让对方喝更多的酒,进而令其喝醉,其他宴客酒席也是如此,喝倒几人方才尽兴。然而往往好胜心越强,沉陷越深,越容易将自己灌醉。一般而言,九洲人对自己的酒量皆心中有数,喝到七八成时便不敢继续划拳饮酒。划拳时求胜心作祟,猜输内心不甘,便继续比试;喝得越多,精神越恍惚,出拳与猜拳越不利索,也就更加容易输,输了便要喝更多酒,直到不省人事。不少报道人也兴高采烈地向我描述酒友喝醉时划拳的模样,并伴以开怀大笑。在酒桌上喝多了常常吵架,有的是意识不清醒胡乱吵,而有的则是借题发挥,表达沉积已久的不满,无论事出何因次日酒醒后,对骂的双方还是可以抹去记忆继续称兄道弟。

酒友酬酢常喝醉到不省人事，或至少是回家倒头就睡。年长的报道人经常感慨，昔日身强体壮时醉酒次日醒来虽然仍觉头晕，却不影响继续干活；然而近年喝醉后连续数日头晕，如得了重感冒一般。因此他们若次日还要干活，一般不会再像年轻时那样无所顾忌地畅饮，相聚的次数也由一年数十次变为不足十次。曾有报道人向笔者透露，其妻冬至前酿造 2 石糯米的水酒，因与酒友在新年中纵情豪饮，一年未过半即已喝完。1 石为 10 斗，1 斗可容米约 15 斤，2 石即 300 斤糯米，按 20 斤糯米出酒 35 斤计算，在不及 5 个月间（2—6 月）他们消耗掉 500 余斤米酒。若按照报道人自称每个月的日常饮用量为 35 斤（每日 1 斤左右）计算，再估计他在清明节与端午节各消耗 35 斤，以 500 余斤减去日常饮酒的 4 个月共 140 斤以及两个节日 70 斤，他在过年当月与酒友共饮下约 300 斤米酒，消耗量不可谓不大，而这在九洲村过年饮酒的情形中还算是正常的用量。

九洲人津津乐道 1982 年后几年中颇具戏剧色彩的狂饮之风，他们被长期压抑封存的饮酒需求仿佛被瞬间释放，在朋友酬酢的社交场合中，饮酒浮夸之习气渐渐风行。大量糯米酿造了大量米酒，每个成年人都狂喝牛饮。除了狂饮，九洲人回忆整个 20 世纪八九十年代，酒桌上的劝酒之风也极为盛行。他们认为客人若不喝醉，便是主人家米酒不够，待客不周，也间接反映主人家吃穿用度的紧张。主人为了显示自家酒水充足进而展示生活富裕就拼命劝酒。酒水供给的多寡成为主人家境的象征，有村民感慨当时情景"都是被穷逼出来的"。相应地，纵酒过度的村人随处可见，这一阶段总有人遇见醉汉睡在路边，或神志不清地半夜号唱山歌，或窜入别人家中赖着不走。交谈中问及有酒醉经历的村民大多十分难为情地坦承："那时候醉了很讨人厌，早上醒来觉得很丢人。"尽管如此，能令来宾酒醉而归在当时可算得上佳话，主人慷慨，客人尽兴，十分符合九洲人的待客之道。

尽管糯米种植量和酿酒总量有增无减，到了 2000 年以后那股狂饮之风渐渐消退，米酒大多消耗在日常独酌。主要原因有：私人交通工具普及，过度饮酒后夜晚归程常常发生轻重不一的交通事故；一部分人随年龄增加患病率升高，其中不少人将其自身机能的衰退或身体病痛归结为大量饮酒；同时农村人口大量外流，农地荒废，传统酿造的米酒不再具有上一时段的"炫富"意义；商品酒大量涌入当地市场，可供选择的产品更多。酒友聚在一起饮酒的次数不似往日频繁，客人喝酒变得理性，主人除了礼貌性地劝酒，不再像二十年前那样强逼硬灌。

妇女亦在其夫酒友来家相聚或家中宴客时，与每位客人喝一碗米酒，有的九洲妇女酒量极好，村人除了赞叹之余并没有负面评价。除此以外，妇女一般不参与到男性的饮酒活动中，更不会与男性划拳拼酒。若有妇女常邀请男子到家中饮酒，并加入丈夫的酒友酬酢，则会被丈夫指责，邻里也对她侧目。

3.酒宴

九洲人将办酒宴称为"做酒"，将赴宴称为"吃酒"。不同主题的酒宴邀请宾客范围不同，大多数都包括本族宗亲以及姻亲，牵涉更广的还包括朋友。九洲人利用"做酒"与"吃酒"的往来互动保持或中断彼此间的联系。常见的有订婚酒、结婚酒、满月酒、分家酒、升迁酒等喜宴，也包括丧礼中的宴席。

不同的酒宴宴请不同范围的亲戚已在当地约定俗成，若在特定范围内的亲戚未被邀请，便含有断绝往来的暗示。酒宴范围的大小依地方习惯而定，例如订婚宴曾经分大小两次，第一次仅宴请女子亲叔伯，第二次则阵容浩大，须宴请女家所有房亲；又如婚宴曾经因开支大于礼金，事主并不愿宴请过多房亲，只召集血缘关系最亲近的亲戚参加，至今虽然礼金增加，大多人仍保留旧俗并不大范围宴客。丧宴无须邀请，乃是全村性质的大型聚会，凡相识者皆须出席，否则视同从此断绝社会往来。姻亲在酒宴中地位举足轻重，如在婚宴和满月宴上，姻亲客人为"大客"，未到达入席则不可开宴。姻亲赴宴进门时鸣礼炮相迎；入座时也被奉为上宾，坐"大边"（即左边），上菜、敬酒时亦以其为先；姻亲离开仍须放炮相送。所有宾客携红包前来庆贺，离席时接到事主赠送的"等路"，订婚时为喜饼，婚宴为喜糖，满月宴为红蛋，丧宴为"财食蛋"，其他大多为糖枣，现在多以小额红包代替。

九洲的酒宴一般分为午宴和晚宴两场。午宴宴请路途遥远的姻亲、朋友,以女宾为主,吃饭是其重心,餐桌上互动少,客人大多不饮酒,只喝饮料;晚宴则以男宾居多,饮酒才成为宴席的重点,亲族兄弟借机畅叙共饮,拼拳斗酒。午宴往往青菜上桌时宾客便速速离席,而晚宴若男宾兴致高涨,有时会一直饮酒持续至深夜才各自还家。

酒宴中饮用的酒水除了提供大量家酿米酒,还准备一些商品酒和饮料供客人选择,唯满月宴与丧宴中仍只饮米酒。满月宴的酒水与其他酒宴不同,为客人提供特别熬制的"姜酒",分装在约能盛 2 斤酒的酒壶中,主人轮番为每桌客人添酒。姜酒滋补又具有特别的意义,来宾不论男女老少皆会饮用。丧事酒宴与其他酒宴不同,参加人数极多,常为流水席,餐桌露天摆放;酒宴上只提供用啤酒瓶、红酒瓶、饮料瓶分装的米酒,而无其他酒水,酒瓶口以草纸塞住,一场丧事活动至少要消耗 200 斤米酒。这两种酒宴显示出九洲人对米酒的态度:其一,米酒是制作姜酒必不可少的原料,是商品酒不可代替的传统酒精饮料和补品;其二,米酒酿制仅耗费时间、人力而不必花钱,即便是购买米酒亦较其他商品酒价格低廉,大量饮酒的场合使用米酒待客更能节省开支。

4.祭仪中的米酒

九洲人在处理人与超自然的关系上完全参照现实人际蓝本,"推己及神/鬼",按照自己的世界设想建构宇宙间的关系。九洲人用米酒敬献神明、祭告祖先、打发鬼邪。武雅士(Wolf,1974:131-182)曾指出在中国民间信仰中神象征国家官吏,祖先象征亲人,鬼则代表着危险的陌生人。九洲的神明就如同"大客"一般,接受至尊待遇,人们以最高礼节请送并巴结讨好;祖先是关系至亲的血亲,与人互利共荣,特别受九洲人重视;鬼邪则如同招人厌烦的乞丐,至贱而缺少尊严,不受欢迎而被呼喝驱逐。尽管表面看来在这些场合中饮酒的不是人,而是超自然存在,这些互动显然乃人际关系之投射,可将祭仪视为人与超自然的共食共饮。

九洲人对神明供上酒肉佳肴往往有求于神,不论是年首祈福时恳请长年的护佑,还是季节性的祭拜祈祷,或是特别设坛建醮,所有的付出与努力均是为了求得家人平安、心想事成的好结果,例如求子、求进学、求丰收、求发财、求康复等,五花八门,各有所需。为了让神明满意,为其供献之物也最为丰盛,并且小心谨慎地将之分为荤素二类。九洲人将一切神明称为"菩萨",菩萨有道家的也有佛家的,被认为是道家的菩萨食荤,佛家的菩萨则吃斋。荤礼包括猪头、猪肉、鸡、鸭、鱼、米酒等;素供则多为水果、糕点、米粄、豆干、清茶等物;有肉时一定搭配米酒,不可用酒为献时则以清茶代替。有时为了兼顾道佛,便将荤礼素供一齐奉上,既避免了疏漏,又展现出供品的丰盛。供奉在神案上的米酒依仪式的隆重程度分为三杯与五杯,献给神明的食物通常被赋予吉祥色彩,敬拜后米酒被倒回酒壶带回家中,其他供品也一起带回与家人分享。

祖先是九洲人的亲人,祭拜先祖不可无酒,祭品则相对随意,只选择自家人与祖先爱吃的即可。酒是生人和死者都喜爱的饮料,先人离世后众孝子必为其奠酒送行。九洲人祭扫祖坟时,会在墓地架灶起锅与祖先共饮共食。为了达到生者家道隆昌之目的,子孙常常为逝者选择"风水宝地"安葬,并按时祭祀。生者保证逝者居所舒适、有人祭祀,定期送上钱财、酒肉;逝者亦要保护生者家庭和睦安泰,子孙万世不绝,家族根深叶茂。当子孙健康、兴旺后,先人便可永世受到后人祭祀,不会成为可怜的孤魂野鬼游荡荒野。这种礼尚往来与现世亲戚间的互动一样,彼此支持,共存共荣。祭祖的米酒一般为三杯,祭拜完毕后倒于地面,酒杯收回。

鬼邪因其灾祸属性招人厌弃。撞邪或小鬼缠身后人体将产生一系列不适反应,如头脑昏沉,四肢乏力,却求医无果,九洲人认为只有送走它们方得安宁。还有一些是村人欲在凶神盘踞的地界生活,为保证自身安全,须将凶神请出送离。不论因何而送走鬼邪、凶神,村人采取的方式一致,即为它们铺好道路,厉声呵斥将其逐出,提供品质差的米酒展示不欢迎的态度;或在深夜前往三岔路口送鬼,留下酒、粄及其容器悄悄离开,以免鬼再跟随回家。酒碗或酒杯要用无人使用过的新碗,打翻后便丢弃,不再取回使用。

5.生命仪礼中的米酒

九洲人生命中最重大的三件事是结婚、生子、寿终正寝,在这些事件的仪式中,不同身份的九洲人饮用不同形式意义的米酒。在婚礼中,新郎家要赠予新娘家"年娘缸"①,对新娘寄托来年做娘的期待。姜酒②则是产妇的重要食谱,是九洲人庆祝添丁的特殊饮料。奠酒③则是丧礼入殓前的重要仪程,肃穆地与逝者告别。

(二)共饮的规矩

九洲人饮酒的形式多样,除了为求身心和谐健康的独酌以及在生命仪礼中的饮酒,大多是与不同社会关系的共饮。九洲人共饮追求人际和谐,与他人打交道要遵循九洲社会文化中约定俗成的规矩。

1.共饮目的

九洲人重视人与人之间的关系,依照亲疏远近采用不同策略维持关系,在互动中达到人际和谐。九洲村是一个熟人互动的社会,人情关系与面子常常约束规范村人行为。九洲村也是一个自然资源相对匮乏的村落,人际互动中难免暗中较劲,在博弈中求中致和。米酒共饮的互动最能体现出九洲这种社会人际关系特点。

九洲是一个传统宗族社会,共居一村的村民在过去大多同居于一个屋檐下,后来分家析户逐渐扩散成今日聚落样貌。在同居一屋时,晚餐后的小酌并非一人独饮,而是兄弟共饮,即使为数不多的米酒也要分享给最亲的兄弟。一家人在饭后饮酒谈天,消遣长夜。各立门户之后,兄弟情谊也要有表达的出口,同房、同姓兄弟间组成"酒友"联盟,轮流在各家吃晚饭饮酒,分享见闻。亲戚间彼此共有责任与义务,家中遇到大事时需要房亲无偿伸出援手,往往在大事过后,事主请房亲一起分享和消耗酒宴的大量剩余食物。在酒宴中若酒水不足,房亲会慷慨奉献出自家的米酒。九洲人重视亲缘关系,甚至缔结没有血缘关系的玩伴

---

① 第八章详述。

② 第九章详述。

③ 第十章详述。

为"同年"①。"同年"结拜后履行亲兄弟之间的义务,对双方的父母长辈和子孙视如自家同等的亲属。在九洲的传统观念中,亲戚越多越有利,彼此可互相扶持,互通有无。这一观念在近几十年也慢慢发生变化,九洲人在一些人生大事上主动筛选互动往来的亲戚,有人称多一个亲戚就多一份负担,生老病死皆须随礼、探望,却又于自身没有太大助益,不如免去往来。在这种情况下,一些酒宴的邀请或参加与否便成为双方隐晦地传达心意的方式,不邀请或拒绝参加则意味着中断往来,毋须明示,彼此心照不宣。若一方不愿断绝,则在酒宴后择日送礼表达不满与继续往来的诉求。

在九洲人的观念中,招待客人一定要有酒有肉,否则将有可能被冠以"不好客"的名声。除了同宗亲缘关系的互惠往来,九洲人也与社会其他人群产生联系。在酒桌上与外族的推杯换盏中,九洲同姓须鼎力相助,声称若来客没有饮醉,便没有充分履行地主之谊,然而心中则与对方暗暗较量,激烈时亦会出口相激:"你们姓×的没有人了!"一语双关,既指责对方没有善饮者迎战,也暗咒对方家族断子绝孙。对方自然不悦,常常寻来族亲甚至远亲助阵,不愿在较量中示弱。也有一些来自远方的客人,九洲人常常通过描述他们饮酒后的身体反应强化他们与自己的不同,最津津乐道的是外地人饮用米酒时称赞米酒甘甜顺口,不自觉地多饮几杯,随即后劲发作不胜酒力醉倒的故事。

2.饮酒礼仪

共饮的首要目标是增进人与人之间的关系,取得人际和谐,因此在共饮的场合中九洲人强调约定俗成的礼节,如何请客与赴宴、如何摆放餐桌、如何就座、如何敬酒互动等皆依规矩行事,稍不注意便可能被认为"不懂事",没有礼貌,而引起他人不快。

在九洲除了丧事全村相识之人自行前往吊唁外,其他喜事酒宴皆不宜不请自到,因此九洲人"做酒"前须先向来宾发出邀请,来宾方可登门"吃酒"。过去要将请帖亲自送到客人家中邀客,如今只需一个电话

---

① 第四章详述。

即可,只有"满月酒"请客还要熬制姜酒、准备红蛋,挑至所有外家亲属家中分送并发出邀请。客人前来吃酒要携带贺喜的红包礼物,红包根据关系亲疏 100 元、200 元不等,贺主人结婚、迁居、添丁皆可赠送画屏或镜屏,其题词与画面须切合主题,如结婚是"鸾凤和鸣",乔迁为"莺迁乔木"等。一般而言,主人发出邀请时,客人便说明几人赴宴,若未言明则理所当然确定为男女各一,妇女中午前往,男子则傍晚出席,并不一同赴宴。不论午宴、晚宴,若须分桌,男女自动各分一桌,几乎没有同席混坐的情形发生。

从摆桌来看,有较为古老的"梅花桌"(图 3-18),即厅堂正中央一桌,四角各一桌,中央一桌为大,大桌正对大门俗称"红花把门",背对厅壁的座位为首席,称"大客位"或"大边",只有长者或贵宾可坐,该桌一般坐 12 人,其余各桌只坐 8 人。据一位 60 岁左右的村民介绍,梅花桌自他出生后便没见过,许多中青年人并无概念,只有村中为数不多的老人才了解其安排。九洲老人指出厅堂足够宽敞才摆得下梅花桌,而普通人家的家屋空间不够,摆不起梅花桌。厅堂较小的家户大多摆"品字桌",即靠近厅壁一桌,靠近门口两桌,三桌构成"品"字形,兼求品德高尚之意。靠内的一桌为大,靠门口的左大、右小,各桌座次和梅花桌相

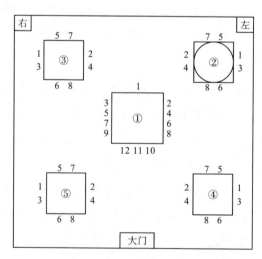

图 3-18 梅花桌摆桌及座次示意图

同。现今新式建筑不似往日有宽敞的大厅,村民只得将酒席安置在房屋内一切可以利用的空间,难以像先前摆成梅花或品字;宴请人数也非三五桌可容纳,一般皆需十余桌甚至更多。昔日的方桌也变为圆桌,各桌只坐8人,座次与方桌相同。

"大客位"在不同的酒宴中由不同身份者入座,结婚酒是新人的母舅,满月酒是婴儿的舅舅,生日酒是寿星,迁居酒是风水先生,其他则依据辈分、年龄按序就座。"大客位"或首席位至关重要,落座后其余位置可大体随意,一般讲究"兄弟不同座,父子不对面"。客人就座时只坐7人,留下各桌的8号位由主人家庭成员陪酒。陪酒者负责张罗催促客人吃菜喝酒,为客人夹菜,客人开动后,便放下筷子陪客人聊天,敬酒喝酒。陪酒辛苦,他们开桌前要先吃一些食物垫底,在酒桌上必然忙于招呼客人无法饱食。坐在8号位的主人或其代表敬酒时须起身按座次依序进行,以左边桌为例,向1号位斟酒时用左手,向2号时换右手,以此类推,轮换交替,顺手位倒酒,手肘角不对着客人,以示礼貌;若以逆手位倒酒则会被老人指责不懂规矩。

倒酒完毕后,为显示礼貌,酒壶嘴不可对着客人,亦不能打开壶盖看。斟酒时主人不可以将酒倒得过满,溢出或溅到客人身上都不礼貌。客人一般会将酒杯双手端起,口中连称"有了,有了""满了,满了""不用这么仔细"等,而不可以说"不要了"或者将酒杯撤走,如此显得不尊重对方。不可"无故"敬酒,敬酒必有祝酒词;向尊贵客人敬酒时,不仅要表示欢迎还要表达感谢和祝福,而亲近朋友间饮酒互祝,多为简短的双音节词汇,如"如意""发财""高升"等,"高升"不仅用于表示职位,还可以泛指学业或辈分(意指升格做父亲或祖父)。昔日陪酒人令一桌上三四位客人喝醉才算尽职。有的客人为了挑战主家,能喝酒的数人凑在一桌入席,主家陪酒人常常酒力不支,撤退换人,客人以此为荣耀,嘲笑主家家族人力不堪胜任。

宾客觥筹交错气氛高涨时,常划拳拼酒。划拳手势也颇有讲究,出一时,拇指不可竖起,要侧向一边,出二时不可像手枪一样指着对方,亦须侧向推出,以示礼貌。猜拳数字从零到十,出手的同时喊中双方所出手指合计数目即为胜方。划拳之前双方商定胜负规则,例如每输一拳即饮酒一杯,或每输三拳饮一杯,也有的以三拳为一组,按三局两胜原则输两拳者罚酒一杯。猜拳喊出的数字一方面追求吉祥,另一方面讲究朗朗上口,一般要将数字与祝福语相结合,如"一定发、两相好、三星高照、四季发财、五子登科、六位高升、双杯七子、八福大寿、久久长长、满堂福禄"等,其中若猜中"双杯七子",输者饮酒两杯。每个数字的说法并不固定,如二还可以叫"双生贵子",五还可以称"梅花",十还可以用"全福禄"指称,若两人皆为空拳则为"宝对"。

(三)米酒品质与关系

什么样的米酒是好酒?会喝酒的九洲人总结:先看颜色,以略呈琥珀色为佳,其间没有浑浊的杂质,色泽清亮就极好;再闻气味,兼具米与酒的香气最佳;最后入口,口感顺而不冲、不上头即为好酒。相反的劣质米酒浑浊、酸腐、酒味淡薄。因为天气、运气、技术等原因,米酒的品质在优劣之间游移。

好酒来之不易,九洲人也会人为地操纵共饮的米酒品质,表达主客之间的关系。以米酒待客时,针对客人的地位、亲疏关系,九洲人提供不同品质的米酒,客人越受欢迎、地位越高、关系越亲近,米酒的品质越上乘,随着客人的地位降低和关系疏远,主人往往会拿出品质较劣的米酒。众所周知,米酒品质因人、因时、因运气而差异颇大,饮者并不能对米酒质量进行标准化的评判,当入口的酒水品质不尽如人意时,难以确认是主人有意而为,还是这已是主家当时水酒的平均质量。然而商品酒明码标价,对客人的重视程度全部体现在酒水的价格上,为了彰显待客之道,九洲人大多会购买价格稍高的酒类来表现自己的热情好客。难以揣测的家酿米酒品质好像九洲人互动关系中避免尴尬的磨砂玻璃,朦朦胧胧,可进可退,主人与客人心中了然却无须点破。

其实经常酒宴互动的村民对各户女主人的酿酒技术大都约略有评价,哪一家的酒好食,哪一家的酒太黏饱得快,哪一家酒太淡不实在,尽管为了照顾邻里面子,一般不会当面评论米酒品质,但是喝酒的人心中有数;若对方拿出不好的米酒招待,除了因受到轻视而暗生闷气也不便多说,有的人也会在其他场合一吐为快。经常以淡酒招待客人的家庭渐渐声名狼藉,被贴上"吝啬""虚伪"的标签;总能提供好酒的家庭主妇则获得大方好客的正面评价。

冬至前放水酿成的老酒一般在一年的米酒中品质最佳,除了家人、房亲聚会享用外,只有贵客临门才会上桌。大范围请客时米酒品质相较米酒用量而言显得并不突出,若不能提前家酿,亦可购买商品米酒。酒宴上米酒的消耗量大于其他酒类,米酒较其他酒水价格低廉,举办酒宴的事主乐于购买,同时饮酒的九洲人认为米酒的品质较其他酒如白酒更货真价实,偏爱饮用米酒。村人言昔日米酒稀缺时常有贪酒者借着晚餐时机到处蹭酒,尽管家中酒水不多,却被不速之客撞个正着,不便假称家中无酒,无可奈何时也会在酒液中掺入少量清水,打发不速之客。

(四)家酿米酒与商品酒

过去九洲人常讲:"羯鸡再贵还是要买,酒再便宜还是自个酿。"意思是说养鸡耗费粮食,"斗米养斤鸡",一斗米喂鸡才能长一斤肉,养鸡不如买鸡;而酿酒使用的糯米并不是用以充饥的粮食,而仅仅被用来酿米酒与制米粄,蒸熟的糯米不是"饭"而是"酒饭",酿酒与吃饭并不冲突;九洲农人收入渠道较少,大部分生活所需皆要自给自足,有客上门一定要提供酒水,花钱买酒对许多九洲人而言是难以负担的经济压力,酿酒的糯米和水皆无须花钱,买酒自然不及自己酿酒,自种自酿相对而言更加经济实惠。

即便是今日,大量饮酒的家庭仍以自酿米酒作为日常的消耗品,购买商品酒饮用仅仅是春、夏季节家酿米酒喝完而新酒尚未酿成时的权宜之计。东头自然村与九洲自然村的商铺货架上有大量空间摆着各类商品酒,商品酒中以商品米酒最为便宜,最贵不逾10元,成为村人的消费偏好;啤酒次之,整箱自30元至90元不等,在夏季时较受年轻人欢迎;廉价的药酒如"十全酒"(12元)和白酒如高粱酒(6元)则受到中老年人的偏爱;价格较高的白酒销路最差(如售价42元的茅台醇)。有日常饮酒需求的九洲人花钱买酒时,会自觉控制饮用量,避免开支过大。

此外,九洲人在饮用商品酒时身体产生的不同感受也令他们更加偏爱自酿米酒。他们认为商品米酒和白酒一样容易掺假,不似自酿米酒货真价实,商品米酒入口味苦而"烧心",白酒饮用后常常引起头痛,令村人感受不佳。而啤酒对大多数中老年人而言是过冷的饮品,饮用啤酒后常常产生腿脚抽筋、关节胀痛、腰背酸痛等症状,也使他们对啤酒敬而远之。只有自家酿造的米酒能够温暖舒展身心,驱除疲惫。

基于以上两点,九洲人不论生活多么困难,也要自行种植糯稻并自酿米酒。米酒曾经在九洲社会中代表奢侈的饮食体验,米酒充裕与家底殷实联系在一起。从糯谷中碾出糯米的过程折损40%,经由糯米发酵出娘,添加1.5倍清水,酿出的水酒不足投米量的2倍,也就是说100斤糯谷只能产出60斤糯米,由此酿造保证品质的米酒最理想也不足120斤。在集体化早期,一年劳作后各家仅可分得约20斤糯谷,它们产出的少量糯米除了用于酿造米酒外还要制作糯米粄,即便是全部用于酿酒,各家全年也不过24斤左右的米酒可供享受。尽管集体化后期,糯米分配量渐渐增加,但仍受到限制,每次饮酒并不能无限量豪饮,酒水变质发酸后亦有人继续食用。也有村民将变质的米酒蒸馏后食用,蒸馏的方法很简单,在高压锅出气阀口上接一条长软管,软管中段泡进冷水中,另一端插入盛酒容器;乙醇挥发较水更早,变成气体从气阀排出,经过软管冷却变成液体流入容器,盛满后保存即可。报道人称如此蒸馏提纯的酒度数极高,有的一点即燃。在当时如此处理坏酒也能满足需求,糯米渐渐充足后,便很少如此加工。

社会变迁也使九洲家酿米酒面临消失危机。脱离传统的生活方式与信仰仪式,九洲人酿酒将失去原有的意义。生计方式改变既令九洲农业受到重创,越来越少的人种植水稻,20岁以下的年轻人几乎没有农事经验,外出务工也为九洲人提供更多的现金收入来源,用以购买商品酒;数年后家酿米酒可能既无酿造原料,亦无酿造必要。青年男子表现出与父辈在生活习惯与观念上的不同,更加偏爱性冷的啤酒消暑解渴;年轻媳妇既不用满足丈夫的饮酒需求,也没有在家中酿酒的权力,更对酿酒提不起兴趣。两代人在家庭内部的权力消长充分体现在饮或不饮、酿与不酿米酒的分歧中。也许当现在年轻人到达父母辈的年龄自立门户后，肩负起家庭的重担，身体经受不住啤酒的冷、白酒的热与假，妇女也肩负起为家人提供酒水、祭拜神明的责任后，家酿米酒在他们心中才开始变得重要，好像一个循环，九洲的米酒得以周而复始地代代相传下去。

第四章
九洲的人口与家庭

　　认识九洲的人口与家庭结构是理解九洲社会的基础。九洲人口男女比例均衡，受教育程度低，以务农为主要职业，形成小而紧密的熟人社会。家庭结构以主干家庭为主，家庭成员之间有抚养与赡养的义务，分家析户是家庭结构动态变化的必要过程，在这个过程中家庭关系和成员地位相应发生变化。本章分别从性别、年龄、受教育程度和职业四个方面简单介绍九洲村的人口结构，随后描述九洲人的家庭结构、规模以及分家、赡养原则。

一、人口结构

　　根据官方统计资料，2014 年底九洲行政村有 649 户 2724 人。其中粮丰自然村 148 户 639 人，东头自然村 135 户 581 人，九洲自然村 127 户 540 人，湖坊自然村 239 户 964 人。由于村落分散且人口较多，在田野调查时未能实现对全村的家户资料统计，抽样调查获取村中 120 户的人口资料，从各自然村中分别简单随机抽取 30 户共 120 户为目标样本，再另抽取 30 户为备用样本候补。家户调查穿插于田野调查之中，先后一年，历时略长，除 1 户全家常年居住厦门，直至笔者离开田野调查点仍未曾见面获得资料，致使该户成为空户①外，成功获得正式样本 112 个，因各种原因②动用备用样本 7 个，共获取有效样本 119 个，总计人口 498 人，其中男性、女性各为 249 人。

----

　　①　离开田野前由于笔者整理资料之失而未能以备用样本替补该空户，因此也未能按照预计的 120 户样本进行统计。

　　②　3 个正式样本旧址废弃且新址模糊不清，3 户拒绝访问或提供明显的错误信息，1 户实际上与另一样本重合，是为同一屋檐下居住的一家人。

(一)性别与年龄

家户资料包含了 2014 年和 2015 年的资料,为了方便与官方户口资料比照,家户资料统计的人口去除了 2014 年 12 月之后出生的 3 个男婴和 4 个女婴,仅留下 491 人进行统计,并以 2014 年当年周岁年龄计算。经过对比九洲村官方户口资料与调查所获资料,该村性别比例相对均衡,男性人口与女性人口几乎相当。除了 76 岁以上高龄人群中女性数量远超过男性之外,各年龄段男女比例均衡。

官方户口资料与家户调查所获数据呈现出的人口金字塔形状相差不大,均是"收缩型"①塔态,上尖下宽的金字塔已经变形,底部收缩而中上部变宽。与昔日生养七八个子女的家庭相比,九洲村出生率长期较低,少年与儿童在村内人口比例缩小;伴随医疗条件和生活水平日益提高,老年人口比例逐年增大。此种形态的人口结构在未来将面临人口再生产呈现负增长的趋势,村落社区老龄化问题将日益严重。

在两份资料的对比图中,左侧的黑点与右侧的白点条块分别表示户口资料中的女性与男性人口比例,左侧虚线条与右侧实线条代表了家户资料中的女性与男性人口比例(图 4-1)。户口资料所呈现的男女人口峰值皆处于 26~30 岁,而家户资料呈现出 41~50 岁的人口比重最大。除此之外,人口年龄在 26~35 岁、41~60 岁的比例相差甚远。两数据间的出入实质上乃户籍人口与实际住村人口之间的差异,26~35 岁的青年人口多外出务工,在县城或他地购置房产或租住,并不常居村内;而 41~60 岁壮年人口是村中劳动主力,负担着种田劳作的重要责任,日常生活劳动皆在村内,因此也成为家户统计数据中的主要群体。其中 51~55 岁人口的家户调查数据又明显少于户口资料人数比例,根据实地访查发现此年龄段内的人口往往需要帮助外出务工的儿女照顾孙辈,有的跟随子女前往城市内居住以便照看幼童,有的则为陪

① 人口金字塔主要分为三种类型:扩张型、静止型与收缩型。扩张型塔形上尖下宽,老年人口少而青少年儿童人口比例大,预示未来人口快速增长之趋势;静止型塔形较直,各年龄段人口比例相差不大,预示人口增速放缓,老龄化人口越来越多,若出生率进一步下降则过渡为收缩型。

伴学龄孙子女在上杭县城内租住读书，并不长居村中。

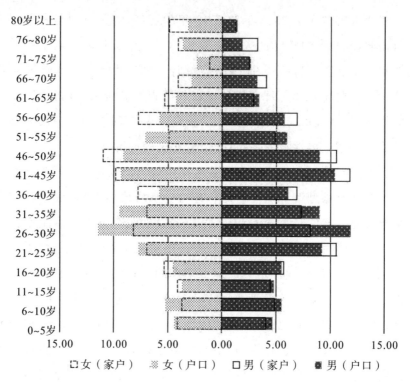

图 4-1　九洲人口性别比例金字塔(户口资料与家户资料)对比图

(二)受教育程度与职业

九洲人的受教育程度以截至 2015 年的家户资料为基础进行统计，故与上一节的人数略微不同，年龄以 2015 年的周岁进行计算。为方便整理，将未受过教育的学龄前儿童亦归为"文盲"，"小学"学历包括小学肄业的村民，与高中同等学力水平的中专算入"高中"，"大学"则包括同等学力水平的大专及高职。

九洲人初中水平学历人数最多，其次为小学学历，男女村民在受教育程度上存在着相当的差距。减去学龄前儿童，男性文盲人口仅有 2人，女性文盲人口多达 28 人，是男性的 14 倍。男性高中学历人口减去 20 岁以下在学人口有 35 人，而女性仅有 8 人，不足男性人数的四分之一。但随着时代的发展，昔日对男女分配不均的教育资源渐渐

趋于平衡均等。取得大学学历人数男女相当，分别均为 16 人，皆为
30 岁以下人群。尽管如此，综合来看九洲村全部人口的受教育程度
仍有待提高。

同样根据 2015 年的家户资料整理九洲村民职业分布，减去学龄前
婴幼儿 29 人，共统计 469 人信息。将村民所言的"打工""工人（含退
休）"皆归为"务工"。"厨师""司机""护士""开挖掘机"等职业统一算作
"专技"类。"经商"类包括工厂厂主以及私人个体户。九洲老人尽管不
再从事粮食生产，却仍在田间劳作，种植瓜果蔬菜以补贴家用，因此仍
算作"务农"。退休返乡的干部、教师尽管已解"甲"归田，但仍按其先前
的职业计入（表 4-1）。

表 4-1　九洲村人口职业性别年龄段分布表

年龄段	务农/人		务工/人		专技/人		经商/人		公务员/人		教师/人		职员/人		学生/人		军人/人
	女	男	女	男	女	男	女	男	女	男	女	男	女	男	女	男	男
0～5 岁																1	
6～10 岁															9	9	
11～15 岁															10	11	
16～20 岁				4							1				12	9	1
21～25 岁	5		6	16	1	2	1		1					3	3	5	
26～30 岁	9	2	7	13	2	1	1				1	1	2	1			
31～35 岁	9	6	7	8	4	1											
36～40 岁	14	12	2	5			2						1				
41～45 岁	22	17	2					5						1			
46～50 岁	25	21		1			2	4									
51～55 岁	12	12															
56～60 岁	18	13	1	1				1				2					
61～65 岁	13	7															
66～70 岁	10	7				2				1							

续表

年龄段	务农/人 女	男	务工/人 女	男	专技/人 女	男	经商/人 女	男	公务员/人 女	男	教师/人 女	男	职员/人 女	男	学生/人 女	男	军人/人 男
70～75 岁	3	5										1					
76 岁以上	21	8			1		1				2						
合计	161	110	25	57	1	8	8	11	1	3	2	4	3	5	34	35	1
合计	271		82		9		19		4		6		8		69		1

表 4-2 九洲职业、性别与受教育程度统计表

受教育程度	务农/人 女	男	务工/人 女	男	专技/人 女	男	经商/人 女	男	公务员/人 女	男	教师/人 女	男	职员/人 女	男	学生/人 女	男	军人/人 男
文盲	27	2	1														
小学	60	34	2	2			1			1					12	15	
初中	69	60	17	43		6	6	7		1			1		7	6	
高中	4	14	2	10	1	2	1	3		1		3		1	8	7	1
大学	1	0	3	2				1			2	1	2	4	7	7	
合计	161	110	25	57	1	8	8	11	1	3	2	4	3	5	34	35	1
合计	271		82		9		19		4		6		8		69		1

　　九洲村务农人口占半数以上，41～50 岁村民为其主力军，其中女性几乎在各个年龄段参与农事的人数皆多于男性。务工者人数次之，约占总人口的六分之一，其中男性务工者是女性的两倍有余，以 21～35 岁青年群体为主。50 岁以上女性大多囿于不会讲普通话而不愿在外与人往来，因而几乎无人外出务工。专技、经商、公务员、教师、职员等从业人数较少，以男性居多，且后来居上，年轻人较多。在读学生群体约占人口总数十分之一，男女均衡。

　　从九洲村不同职业人口的受教育程度统计中（表 4-2）可以看出文盲群体外出务工者极少，大多留在村内务农；相对地，大学水平学历的村人全职参与农业活动的亦寥寥无几。务农人口的受教育程度主要集

中在初中及以下的学历,务工者则集中于初中、高中学历。公务员中的三位男性皆已退休,小学学历者出生在 1932 年,初中学历者出生在 1947 年,出生于 1935 年的高中学历者退休时已拥有一定职级。唯一一位"90 后"女性公务员学历为大学。教师不论出生年代皆在高中学历之上。经商者学历基本在初中及以上,专技从业者在初高中进入职业学校学习;职员学历基本在大学及以上。

二、家庭与亲属

家庭是由血缘、姻缘及收养关系组成的共同生计单位,规模有大有小,结构不一。规模过大时便须分家析户,划分财产和义务。

(一)家庭结构与规模

家庭结构主要指家庭成员的代际关系,因此会随着家庭成员的变动而发生变化。分析家庭结构能够帮助我们了解九洲人的家庭生活。本节将对访查到的 119 户家庭关系结构(见附录二)进行介绍,并尝试做出简单分析。在这 119 户 498 人中,有核心家庭 44 户 136 人,占家户总数的 36.97%,人口的 27.31%。其中分为完整的核心家庭与不完整核心家庭,分别为 32 户与 12 户;主干家庭 66 户 312 人,占家户的 55.46%,人口的 62.65%,分为完整的主干家庭与不完整主干家庭,分别为 28 户与 38 户;扩展家庭 5 户 40 人,占家户的 4.20%,人口的 8.03%;单身家庭 2 户,占家户的 1.68%;隔代家庭和不属于上述任一形式的家庭各 1 户,分别不足家户的 1%。由此可见,九洲村的家庭结构类型以合计超过九成的主干家庭与核心家庭为主。

1.核心家庭

核心家庭通常为一对夫妻及其未婚子女组成的家庭。完整的核心家庭包括父母和子女二代 3 种或 4 种角色,夫妻与子女缺失任何一方即为不完整核心家庭。九洲村完整的核心家庭中,三口之家有 16 户,四口之家同样为 16 户,其中头胎生子的家庭 17 户,包括 13 户三口之家,4 户四口之家,一儿一女 2 户(家户编号 017、036),二子者 2 户(家户编号 035、049);第一胎生女者 15 户,三口之家仅有 3 户(家户编号 003、052、094),12 户为四口,其中 8 户生女后生子(家户编号 045、047、048、059、071、083、096、112),4 户有长女后再生次女(家户编号 050、060、114、119),二者间的差异呈现出九洲人对男婴的偏好。养儿防老、延续香火的传统观念根深蒂固,村人宁愿违背国家曾经施行的计划生育政策,也一定要多生一胎得到一个儿子,因此第一胎为女婴的家庭大多会给媳妇压力,不惜一切代价让其再生一胎。计划生育政策初行的20 余年管控严格,一经发现有第二次怀孕者,便强制送往医院人工引产,为此村人常躲入深山,孩子诞生满月之前仍在山中抚养,稍长才带回家中。后来采取罚金形式惩戒超生家庭,超生一个孩子处罚金三四万元,对许多普通农户而言是高额负担,却仍然阻挡不住他们求子的决心。

不完整核心家庭皆为中老年夫妻搭档,上无老人,下无子女。此种类型多为儿女成婚生子后分家形成。在九洲,一般来说父母会分给不同的儿子赡养,然而当夫妻双方都还健在时,若二人情感并无极大嫌隙,很多夫妻仍愿选择同居自伙。一般来说,成婚未生子女的夫妻不会分家独立生活,因而访问所得 11 户资料中并无青年夫妻独自成户者。除此之外,统计中有 1 户家中只有夫妻二人,乃是因为子女长年离乡在外地求学就业。

2.主干家庭

主干家庭是由不同代际的夫妻及其未婚子女组成的家庭。完整的主干家庭包括祖、父、子三代,甚至包括孙辈在内四代成员,每代有且仅有一对夫妻。例如编号 004 的家户家庭结构为"户主＋妻＋女＋子＋父＋母"便是标准的完整主干家庭,其三代内第一代有夫妻一对,第二代亦有夫妻一对,第三代子女尚未成婚。编号 095 的家户,其结构为"户主＋妻＋长子＋长媳＋孙女＋次子",同样为三代主干家庭,户主与其妻为第一代,第二代长子、长媳一对夫妻,以及还未婚配的次子,第三代是幼小的孙女。而每一代夫妻缺失任何一方的主干家庭即为不完整的主干家庭,例如编号为 021 的家户,由"户主＋妻＋养女"组成,表面看起来很像核心家庭,然而养女原配有赘婿,今已离婚,因此视为不完整的主干家庭。

九洲完整的主干家庭及不完整主干家庭中四代同堂者仅有 4 户(家户编号 055、061、099、105),其余皆为三代同堂。家庭内人口以 6 人为上限,六口之家 12 户,5 人组成的家户最多,共 28 户,四口之家 22 户,3 人形成的主干家庭仅有 4 户。其中 38 户不完整主干家庭的成因有三:其一为丧偶,有 28 户;其二为夫妻离异,有 3 户;其三为儿子分家后夫妻分随一子居住,共 6 户;1 户户主丧夫,其子与妻离异(家户编号 068)。

3.扩展家庭

扩展家庭是核心家庭扩展的结果,多由户主和配偶以及他们未分家子女各自的小家庭组成。家户调查所获九洲村的扩展家庭共有 5 户,大约为家户总数的 4.20%,各户人口均在 7 人及以上。家户资料中七八口之家均为三世同堂,另九口之家中有一四世同堂家庭。一般而言女儿嫁出后便不再长期与父母同住,编号 018 的家户为特殊情况,说与外人的原因为女婿常年在外省打工,女儿回娘家暂住。

4.其他

其他类型包括单身家庭及隔代家庭等。单身家庭顾名思义是一人独居构成的家庭类型。访问得到的两个案例皆为子女在外地工作,老人独自留守村中务农形成,其中女性报道人丧偶,男性因须照看梨树而未与其妻一同随子女进城养老。

隔代家庭是指祖辈与孙辈隔代而居,其间缺失一代。如编号 023 的家户中缺失户主女儿,其原因为女儿离婚后再婚组成新的家庭,第一次婚姻所生子女由户主夫妻帮忙养育。事实上,九洲村年轻人大多外出工作、打工,孩童养育大部分由其祖母承担,这是祖母自觉承接的任务,孩子母亲也将其视为理所当然。即便是留在村中的青年妇女,她们的孩子很多时间也由婆婆带养。

另一户不可归于上述任何一种的家庭结构类型,户主与再婚妻子共同养育各自在前一段婚姻中生下的子女,实际可视之为一核心家庭。

5.家庭规模

九洲村家户人口以 4 人最多,占家户总数 32.77%,其次为 5 人,占 23.52%,3 人再次,占 16.80%。为了便于统计,简单地将 1~3 人的家户称作小规模家庭,4~6 人称中等规模家庭,7 人以上则为大规模家庭。小规模家庭有 34 户,占总量 28.57%,主要包括单身家庭、独生子女为主的核心家庭、中老年夫妻自伙的不完整核心家庭以及少量不完整主干家庭;中等规模家庭 80 户,占 67.23%,包括双子女核心家庭、少数主干家庭、大部分不完整主干家庭以及隔代家庭、其他家庭;大规模家庭共计 5 户,皆为扩展家庭类型,占 4.20%。家庭结构与家庭规模紧密联系,规模小者结构简单,规模大者结构相对复杂,九洲村存在大量主干家庭结构为主的中等规模家庭(表 4-3)。

表 4-3　九洲村家庭规模统计表

家庭类型		1人户/个	2人户/个	3人户/个	4人户/个	5人户/个	6人户/个	7人户/个	8人户/个	9人户/个
核心	完整			16	16					
	不完整		12							
主干	完整				2	17	9			
	不完整			4	20	11	3			
扩展								2	1	2
单身		2								
隔代					1					
其他					1					
合计		2	12	20	40	28	12	2	1	2

(二)分家与赡养

从九洲村的家庭结构类型及规模可见,村人在家庭发展到一定阶段便会分家析户,将结构复杂的大家庭一分为数个小家庭。兄弟分家除了析分财产,同样也划定对父母的赡养责任与义务。

1.分家

在家户调查中对分家时机做了统计,除 1 户(家户编号 094)未提供信息外,5 户人家(家户编号 006、033、043、077、093)在访问户主的同时亦访问其父辈或子辈的分家时机,因此得到该村分家时机资料共123 条。家户调查时为了整理方便,在了解初步情况之后将分家时机划分为 3 类,第一类为众子结婚后分家;第二类为某子结婚后分家,即结一个分一个;第三类为其他。根据资料结果,又为其划分出第四类,即不分家。

在 123 条资料中,众子结婚后分家的村人占近六成,有 71 户。众子全部成婚生子组成小家庭后,家庭规模增大,家庭结构变得复杂,由大家庭分为数个小家庭。未分家者 26 户,结一个分一个的家庭 24 户,各占比例约五分之一。当父母生育子女数量减少,兄弟变少,或没有兄弟时,分家渐渐不似从前必要,许多家庭便不进行分家。如今也有案例是即使户口上已经分家但实质上并未分家的大家庭,数兄弟仍同居共爨。有时婆媳关系紧张,一子结婚后不久便草草分家,以免朝夕相处激化矛盾。被归为“其他”形式的仅有 2 户,其一为长子与次子均结婚后分家,长子养父亲和未成年三子,次子养母亲及未成年四子,待三子与四子成年后,再从兄弟家中分出。其二为前三子婚后分家,长子奉养母亲,次子照管四子,三子奉养父亲,待四子成年后从三子家中分出。村人言此种情况在首轮分家时便已将两个未成年儿子所得财产分配清楚,他们成年后从兄弟家取出便可。

九洲有俗语“长子不做灶,满子不做窖”,意思是分家时长子定能分得厨房,满子即末子定会分到肥窖,肥窖为一口埋在地下的大缸,上搭木板两条,即昔时的厕所。除了长子,其他诸子分家后要另起炉灶;除了末子外,其他诸子须挖掘粪坑,制作日常必需的肥窖,这是约定俗成的分家法则。又有俗语称“爷爷奶奶惜头孙,爸爸妈妈惜满子,中间的牛踏屎”,可见排行在长兄幼弟间的众子往往被父母忽视,在分家时也成为待遇较差者。

分家要请有威望的叔伯公证,并请一人专门书写分家文书,清算祖上家产,如土地、房宅、物件如何分配,老人如何赡养。有时还须写明上代债务的分担方式,一般而言成家者承担较多,尚未成家者由兄长协力

分摊。昔日九洲人并无贵重财产，写分家文书亦并非必要，然而公证人却不可少，分家时不过顺手将田地、房屋按诸子数量予以分配，有的孩子分不到房屋便自行动土建造。为免除日后纷争，桌椅、板凳、碗筷等生活所需，也在其底部做上记号，区辨归属。田地在大部分村人记忆中也并非家户可以自行做主分配，而皆由生产队分配。因无太多财产可分，兄弟之间因分家不和反目者较少，即便出现纠纷，叔伯出面调解后大多让步妥协。

除了请人公证，有时还要"做分家"，即举办酒宴昭告亲友。而做与不做、何时做，是由新家女主人的娘家做决断的。九洲人认为"谁先做，谁更发"，因此有数兄弟的家庭其妯娌娘家常常为了"争风水"而抢在前面"做分家"，认为先做对女儿家庭更好，能够助其发福发贵，更加喜庆。为了抢先一步，往往不会事先通知同胞兄弟，也因此而产生矛盾。兄弟觉察后也要立即请自己妻子的外家前来热闹，然而其他宗族兄弟已接受前者邀请，不便参加后通知者的酒宴。娘家前来携带的贺礼如锅、碗、瓢、盆、桶以及一盆糖粿，离开时要带回一半。宗族兄弟前来赴宴祝贺时则携稻谷与鸡蛋相赠，如今皆简化为红包。此后一家分为数家，族亲有重大喜事分开通知，房族内的礼物互动亦要分头赠送。有的人家因惧如此开支翻倍，往往只进行家内口头分家，修改户口本，而不请公证人，不向全房亲族昭告。

2.赡养

养儿防老是中国传统，父母年迈后由成年儿子赡养。在家户调查中，与分家时机同样，收获 123 条赡养资料，可分为父母跟随某一子、父母分随两子、父母自伙、轮吃轮住、轮吃不轮住以及无赡养 6 类。

父母跟随某一子的赡养形式占据大半，其成因较为多样，其中包括独子家庭以及招赘家庭。有的家庭仅生一子，或有二子而其一早逝，赡养责任便全部由独子负担。或其他兄弟皆在较远的地方工作生活，村内仅留一子，便须负担起赡养照顾老人起居的义务，其他兄弟为其分担生活费用。外嫁的姊妹尽管逢年过节仍回家向父母赠送礼物食品，但并不承担实际的赡养义务。而无儿子的家庭大多为长女招赘女婿，赘婿改姓成为名义上的儿子，其他所有女儿嫁出后由赘婿充当儿子赡养父母。另有兄弟分家时仅余一名老人，因而仅分予一子赡养的情况。

父母分随两子者占 22.76％，位居赡养形式第二。九洲人心中有一个不成文的规定，若家中有兄弟两人，每人各须赡养一位长辈，一般来说根据"长父次母"原则。有些父母在分家前就偏爱、讨好将负责赡养自己的儿子，若赡养自己的儿子较另一子生活条件更优渥则喜形于色。

诸子各自分家后父母自伙者占 13.82％，此种形式并非儿子不予奉养，有的因分家后夫妻二人仍自愿自炊自食，不愿分居儿子家中，仅在儿子需要帮忙时前去相助。其中也包括与儿孙交恶，宁愿靠一己之力生活的丧偶老人。有的则是"空巢"老人，儿子在外工作，留下老两口在村内独居。

轮吃轮住与轮吃不轮住的家庭较少，合计不超过 6％。老人轮流由诸子照顾起居生活，生病由诸子共同负担。无赡养家庭有 6 户，占 4.88％，几乎皆为户主为中老年人的家庭，对上已无赡养对象，其曾经的赡养形式几乎皆为父母分随两子。九洲村口七峰山宫庙中常年居住数位无家可归的耄耋老人，靠庙中香火维生。报道人认为有这一处归宿对许多老人而言是万幸，否则定有相当数量的老人想不开自杀了结余生，七峰山的清修之所可以算得上是村中的"养老院"。

在九洲，子女要为 60 岁以上[①]老人做寿，一般男性于 60 岁、70 岁、80 岁、90 岁做寿，女性于 61 岁、71 岁、81 岁、91 岁做寿。若夫妻中有一方身体欠佳，另一方亦可不做寿。若夫妻中一人已过世，则皆做双，即若丈夫已过世，则女性亦过整寿。做寿时，老人的女儿应向来宾赠送寿饼，寿饼为桃形酥质点心，半边染红，一般 10 个为一筒。若老人没有女儿则须由儿子添补。除了以寿饼代替"等路"和红包赠送前来贺寿的每位来宾，还要给村中每位 60 岁以上老人送去一筒。现亦有人不赠寿饼，而以两筒寿面代替赠予来宾，寿面亦无须分赠村内其他长者。

---

① 本段所述年龄根据九洲之俗以虚岁计。

图 4-2 寿饼

(三)亲属关系

九洲人重视亲属关系,根据人与人间不同的关系可将亲属分为血亲、姻亲以及虚拟亲属。血亲即具有血缘关系的亲属,在九洲突出表现为族亲关系;姻亲即通过联姻形成的亲属,是九洲人在社会关系中强调的"外家";虚拟亲属虽没有血缘联系,却彼此履行仿若亲属之间的责任与义务,九洲"同年"与"干亲"是这种关系的代表。

1.族亲

血亲是九洲人先天获得的人际关系,个人的权利、义务、社会地位等都在这一亲属关系中确定,并在人与人的互动中构成功能性的团体——宗族。九洲人的族亲即隶属同一世系群,彼此具有共同祖先,以父系继嗣为原则的血亲亲属。族亲包括享有继嗣权利的男性,以及男子的配偶和尚未出嫁的本族女性。宗族是九洲社会最大一级的血缘组织,若成员人数众多,在宗族之下细分出房族,房族之下又可分为家族,其关系的紧密程度依次递增,具有血缘联系的族亲是九洲人最为重视的社会关系。

族亲参与九洲人的一切人生大事,彼此间具有清楚的权利和义务,共同生活、祭祀祖先、维护团体利益。筑屋、婚丧、添丁等大事不仅要向族亲赠送礼品、举办酒宴昭告全族，亦需全族的大力支持，例如出人出力、借资筹款。农忙时九洲族亲有义务换工相助，患病或遭遇不幸时亦要探视慰问。过年时年轻人要向族亲中的长辈拜年，节日中族亲或房亲间有大量酒宴、礼物的交换互动。在单系、父系的继嗣规则下，男子娶妻、女子出嫁，婚后从夫居、从父居。同姓兄弟聚族而居，共同生活，东头陈氏不少房支以聚居建筑冠名，如二房的"新屋"、三房的"三栋厅"等都是昔日族亲合居的证据。20世纪70年代后期原先同住一屋檐下的房亲兄弟，陆续从旧宅中迁出，但仍比邻筑屋，具有血缘关系的族亲仍聚居一处。不论新修道路、祭祖扫墓、重修祖祠等各项族中事务，皆由房中兄弟集腋成裘，合力出资完成。当有外族挑衅时，族亲团结一致维护本族利益。

尽管血缘关系先天而来，族亲之一方亦可隐晦地宣示中断关系。例如请客与赴宴代表着双方关系稳定，彼此承担责任与义务，互助相帮；而若意外没有收到邀请或有意缺席，则意味着其中一方要中断彼此的往来。曾有人在孙子十二朝时未邀请他的姐姐，事后姐夫一面抱怨一面送来礼物，表示继续交往的意愿；也有人因村干部选举时的个人选择，遭到族亲的排挤孤立，拒绝接受该户人家的满月酒邀请，以示断绝关系的决心。

2.外家

与本族具有联姻关系的群体被九洲人称为"外家"。同一宗族之男子婚娶和女子外嫁均须与外姓发生关系，在本族内通婚的现象十分少见。传统上九洲人的通婚范围多集中于本村、邻村、本乡、邻乡的范围，通婚关系能够反映出九洲人对外的互动。

外家是九洲社会许多重要场合的座上宾，婚礼喜宴中新娘外家人为贵宾，外家未到，不可开筵；满月酒席要提前数日携礼物，登门邀请外家赴宴。外家也常常牵挂女儿，监督女婿为女儿提供良好生活，并在女婿分家或迁入新居时送上"聚宝盆"（即糖粿），祈求"好风水"。妇女过世后其外家要检验尸体后方可入殓，女婿对外家算作"半个儿子"，因此在女婿过世时外家亦要出席丧礼并检验。九洲村各姓间的互动往来十分频繁,以东头村陈耀丰老人为例,他的五个女儿中便有四个分别嫁予湖坊郭、九州王、岗下罗、粮丰罗四姓,几乎九洲全村人都称呼他为"外公"。九洲人认为有姻缘往来的诸姓是一家人,与本村乃至邻村外家的族际关系和谐,较少产生严重冲突。

昔日有的童养媳年幼夭折,婆家须再抱养一个。尽管新抱养的童养媳与先前早夭童养媳的娘家并无血缘关系,但仍将早夭童养媳的娘家视为新童养媳的外家,与其保持联系。婆家要按照习俗在各项重大事件中邀请童养媳的所有外家出席。有的童养媳有二三位"前任",加上自己的娘家,可有多达三四个外家,当童养媳年老过世后,其子孙可选择与非血缘关系的外家中断往来。除了童养媳,九洲人乐于抱养女婴,养女不仅可承担家中劳务,还可外嫁索取聘礼,为亲生儿子娶媳妇获得资本。这样的女子出嫁后具有两个外家,重要场合生母与养母碰面时常常因座位大小争吵,一方强调"生母从根起",另一方则回应"养母大如天"。

3.同年与干亲

九洲常见年龄相仿的挚友,为加强彼此之间的关系,通过结拜的方式将彼此转化为兄弟或姐妹,将朋友之谊转变为手足之情,对彼此履行类似亲属间的责任与义务。此种虚拟亲属关系被称为"同年"。结拜同年可以在孩提时由父母授意促成,也可由青年当事人自行提出。欲结拜同年者无需特别的仪式,但必须向对方亲族送礼[1],并摆设酒宴邀请对方前来介绍给自家亲属,从此两家之间具有亲属间的请客与赠礼互动关系。同年的父母被称为"同年爷"与"同年妈",同年的子女称自己为"同年爷"或"同年妈",在过年时须向同年爷妈送年[2]。同年关系若非代代拜认则不永续,一般来说结拜双方的孙辈即已极少来往。实际上,除了至交好友感情升华结拜同年,还有许多为了某些目的临时结拜

---

① 一般为每户房亲一只阉鸡。

② 送年是九洲人在年节向特定亲属赠送礼物的习俗,第七章详述。

的同年,据闻曾有人的同年多达十余人,然而经年累月沉淀之后保持着亲属互动的同年不过二三人。

有的孩子出生后身体羸弱、易招惹邪气,家人为其算命要再拜父母。再拜他人为父母的孩子被称为"干儿子",九洲人认为"再拜父母"的孩子与生父母八字相克,被这样的孩子认为干父母后,本身及子女也会受到影响,因此常不愿被认作干亲,若孩子父母和干亲间关系极为亲近,才会接受,例如认孩子的姑、婶为干亲。认作干儿子要按新父母家的姓氏排行更姓易名,新名字当被众人呼喊。而户口本及族谱中仍用本姓本名。认干亲要送给干父母衣服或用于购买衣服的红包,以及按干亲同辈兄弟人数送相应数量的阉鸡,等等。干父母要为孩子准备一个碗和一双筷子,表示孩子在他家吃饭,并赠送一支笔、一个算盘,祝福孩子将来会读书。此外还要举办酒宴请两家亲戚吃饭,以昭告虚拟亲属关系结成。

第五章
九洲的宗族组织

宗族是人类学研究的传统议题，也受到历史学、社会学等其他学科的高度重视，在中国乡村社会文化研究中受到许多关注。九洲村除东头陈氏单姓聚居，粮丰有罗、林二姓，九洲有王、黄、罗三姓，湖坊则包、林、罗、钟、郭、张、范七姓杂居。除了张、范二姓在村内仅有一两户，其余姓氏少则数十户，多则百余户，分别形成各姓宗族，其特征功能大同小异。本章以九洲人口最多的陈氏宗族为主，结合各姓宗族活动介绍九洲村的宗族组织及相关仪式。

一、陈氏宗族的世系传衍

九洲东头陈氏自其先祖益新公从长汀策田（今策武镇）迁入上杭，已逾百年历史，其后第八世继达公迁居杭邑近郊九洲东头，繁衍至今日全宗族已有 500 余人。

尽管陈氏上杭开基祖之前的世系源流已模糊不清，东头陈姓长老仍热衷追祖寻根，多次与福建、广东等地联络寻访探究。1996 年春季，陈在猷、陈赐安两位长老前往长汀策田、广东兴宁寻找祖先遗迹，但无功而返（不著撰人，1999）。十余年后在 2009 年清明，热心宗族事务的村民成立"理谱小组"，推举陈在德为理事，陈树星、陈耀书及陈五星负责具体工作事宜，族人均捐资支持。他们先前往上杭县稔田镇丰朗村寻找线索，后在永定陈姓族谱中发现本宗支脉入闽后先到宁化石壁，再迁至策田的线索；随后往长汀策武镇策田村，查找文献、踏查祖坟，最终确认九洲陈氏是"太太公"的后裔。经过热心人士反复清理和推敲，九洲村陈姓深信本支属"江州义门""群公"一脉。群公为陈氏始祖"满公"[①]第

---

① 相传陈满公原姓妫，名满，助周武王灭纣，受封于陈国，遂以国为姓，改为陈满。陈姓将其视为始祖。

84世,掌义门分庄,入闽后居南建州尤櫚角,生四子,依序为侍郎、二郎、三郎、四郎。群公长子侍郎即"太太公",居南寨,后迁至策田陈屋村居住。太太公生三子,依次为千一郎、千二郎及千三郎。长子及三子留居策田,次子迁居广东;三子千三郎讳隅官,隅官公生一子,曰璜三。璜三公之长子百四,讳益新,次子百五,讳荣显,兄弟二人一同从策田迁上杭城东门外定居(《上杭县颖川郡陈氏族谱》修编委员会,1997)。村人言东门外斗塘巷12之1号曾有陈氏家庙,今遗迹已湮。益新、荣显二公上杭开基后,尊其祖父隅官为开基始祖。益新公后第5世继达公迁至上杭近郊九洲东头岗村,成为本地之开基始祖,至今已有28世。

继达公迁至九洲后,其子廖端公生四子,长玉、次琨、三环、四瓒。玉公长房不知所终;二房琨公传大维公与大纪公,大纪公传北田公与爱田公,二房人口为今日东头陈氏主体,其中大纪公下北田公裔孙相对较少,有10余户,爱田公房支系、人口最多,有60余户,村人言大维公裔孙仅存3户,已融入爱田公房裔。三房环公裔孙现仍占三分之一陈姓人口,约30户。四房瓒公子孙据说迁往广东大埔,10余年前曾有人回村寻祖,后又失去联系,至今东头热心人士仍不断通过网络、朋友等途径寻找瓒公后人。

认祖归宗是宗族要事,传宗接代更是传统社会的头等大事。九洲村各姓继嗣观念牢固,面对各种原因造成香火断裂而影响宗族发展的情况时,往往采用过继、招赘、认养等方法作为补救。

过继现象在中国许多地区普遍存在,不同于闽地一些宗族,过继仅是象征性地记录于族谱而无实际亲子关系,九洲的过继关系包括实质性地抚养与赡养,一般在同一房族亲属中进行,不必改姓,为本房传承香火。青年未婚过世者常由其兄弟过继一子,使其牌位有人供奉,继子继承其荣誉或财产,例如北田公房陈国贤先生过继给其堂叔陈在富(见附录三中的陈氏系谱北田公房 A1、A2),陈在富生前参加工农武装红军,牺牲后追认为革命烈士,因此陈先生每年以烈士军属名义接受慰问。

招赘是另一种在九洲被普遍接纳的无嗣补救手段,若宗亲中没有合适子嗣过继,父母则选择为成年女儿招婿入赘继承家系,亦被称为"招女婿"。招进门的女婿对岳父母履行儿子的义务,赡养二老并为其送终,赘婿之名写入女方家谱,继承岳父之名进入祠堂延续宗祧,而对其本姓父母再无责任与义务。因此赘婿在九洲被称为"儿子",赘婿易姓后其子女对母亲兄弟的亲属称谓由"舅"改为"叔、伯",母亲姐妹则由称"姨"改称为"姑"。昔日在九洲成为赘婿被视为羞耻之事,一般家中贫苦且兄弟众多无财力付聘礼完婚者,或游手好闲不成器无能迎娶新娘的男子,才会选择改姓入赘女家。

认养是延续香火的另一手段,形式多样。有人从较远的地方抱养男婴抚养,认作"养子"(见附录三中的陈氏系谱爱田公房 B);也有从邻村至交处认养,如有陈氏某子先由本村王姓认养,与同一家中童养媳成婚(详见附录三中的陈氏系谱爱田公房 F),生四子女,二子女继承王姓香火,二子女冠以陈姓以续父方宗祧。另有无嗣者认他姓成年未婚男子做"义子",为其承办婚姻,义子改为义父姓,为其承接香火。在血脉宗亲的传统社会中,与宗族集团没有实质血缘关系的养子与义子更易受到排挤。

二、陈氏宗族的象征与仪式

陈氏宗族与九洲村各姓宗族之象征、仪式差异不大,下文分别介绍作为宗族象征的祠堂、族谱、族产,及其祭祖的仪式。祠堂是一个宗族组织的中心,既供设祖先神主牌位又是举行祭祖活动、议事宴饮、执行族规的场所;修撰族谱是另一种强调血缘关系的手段,以血缘纽带将族人紧紧相连;族产则与祠堂和族谱相配合,以其经济功能将族人有效地联结在一起(陈支平,2011:26-54)。

(一)祠堂

在九洲人心中祠堂是逝者的居所,离世的祖先皆居住于此。祠堂供奉祖先神主牌位,是举族共同祭祀先人的场所。祠堂又具有宣传、执行族规家法、议事、宴饮等功能，昔日曾是一个宗族组织的中心。在九洲村内，并非所有宗族皆有祠堂，粮丰的林、罗二姓俱有新建宗祠，九洲自然村的王、黄、罗三姓现皆无祖祠，湖坊七姓中除张、范二姓人丁极少，其余六族包、罗、郭、林、上钟、下钟祠堂比邻而建。东头陈氏因为族大势盛，除了全族总祠外，还有小房支所建的祖祠。

相对已重建的小房支祠，坐落在榕树码头附近的陈氏总祠部分墙体已坍塌，茅封草长，景象萧条。坐南向北的祠舍为单进建筑，天井左右无廊，面前一口池塘。笔者在田野调查起初数月曾多次路过，竟未发现这破败小院中还供奉着一块硕大的木质祖先神主牌位，颜色乌黑，字迹已模糊不清，表面落满灰尘。神主牌前侧有一石台、一供桌，石台上有香炉、烛台，供桌上摆酒杯及少量已被风干的供品。

陈氏宗祠右侧原有三房环公支祠遗址，三房族人 2014 年动工重建，2015 年 11 月落成举行入火仪式。门匾上书"陈氏宗祠"，为单进建筑，天井两侧有直廊连通正厅与门厅，左右两侧各开一门，方便进出。正厅墙壁中央嵌入石质黑色神主牌位，靠墙砌一长条形石台，前侧砌一略低且面积较大的方形石台为供桌。神主牌位左下方设土地公神位。祠堂门前铺设水泥大坪，坪前池塘与总祠共享。

图 5-1　陈氏祠堂（三房）

总祠对面为爱田公支祠,坐北朝南,原建筑基址及部分墙体犹在。爱田公房族于 2015 年初开始清理其周围灌木杂草,拆解旧砖瓦,在原基址上砌墙重建。新建祠堂并未采用从前的木石结构,而改用新式混凝土浇筑,只保留原有天井及柱基,在原柱基上立大理石柱。新建的爱田公祠堂同样为单进建筑,左右两侧有直廊,后方培土呈半圆弧形,村人计划在祠后种植"风水林"。2016 年元旦竣工举行入火仪式。①

(二)族谱

九洲各族大都保有族谱,但是谱内的资料皆欠完整,有的大姓如包氏、王氏、粮丰罗氏仅有上杭县编印的大部头总谱;据闻黄姓仍保留有手抄家谱,不轻易示人;陈氏除了一本县编族谱,还有一本自行编撰、排版简易的《陈氏族谱》(不著撰人,1999)。陈氏族人传说脉络清晰的族谱在祖上迁徙中早已遗失,本地开基后并未重制族谱。直到 20 世纪八九十年代趁着宗族复兴浪潮时,上杭县陈氏开始梳理家族宗支脉络,东头陈氏亦积极响应,耆老投入大量时间精力追寻本村开基前的家支源流系统,并于 1999 年自行编撰出一本虽简易却重要的族谱。笔者在田野调查期间于 1999 年《陈氏族谱》基础之上,走访陈姓各家绘制系谱(附录三)。在 2016 年初重返九洲时,将整理好的陈氏系谱完整资料交予族中长老,他们旋即着手准备印制新的族谱,2016 年底新的《陈氏族谱》便已编印成册。九州王氏系谱经田野调查访问,报道人积极配合,也于 2016 年整理完成(附录三)。

(三)族产

中华人民共和国成立后,闽南不少地区的宗族组织已经不再具有世代传承的族产,九洲各姓宗亲却产生新型"族产"。由于九洲村 21 个村民小组依据姓氏划分,各小组成员多为关系亲近的房亲,他们将集体土地上的池塘视同"族产",轮流竞标承包,以其所得作为支撑宗族事业的资金,嘉惠族人。每两三年进行一次竞标,多在年初进行,竞价前众

---

① 下文详述。

人商定起标价格,随后依次竞标不同位置、不同大小的池塘;参与者报出心中估算的价格,若遇竞争便逐次抬价,最终出价高者中标,竞标过程气氛和谐,如族人欢聚娱乐。中标者承包经营池塘,承包一口池塘两年仅须支付两三百元,标金与收益按人口平分,塘鱼也在年终按人口被分赠;若是菜田附近的水塘,干旱季节时还负责供给各户浇灌菜地的水源。

(四)祭祖

福建民间宗族的祭祖方式,大致可以分为四类:家祭、墓祭、祠祭、杂祭。这四种不同层次、不同规模的祭祖方式,组成宗族内部严密而又交错的祭祖网络(陈支平,2011:123)。家祭是以家庭为单位进行的祭祖活动;墓祭即前往祖坟祭扫,根据祭祀对象的远近,参与墓祭的群体大小不一;祠祭就是在宗祠内祭祖,祠堂供奉祖先神主牌位,象征祖先的存在;除此之外还有各家户不定时的祭奉荐享。

九洲村的家祭简单,散见于春节、端午节、中元节、中秋节、重阳节中,各家户在家宅中央摆设香炉供桌对外敬拜天公,向内祭拜祖先。昔日春、秋二祭都在祠堂中进行,如今祠祭活动较少,只有添丁家庭在正月十五日元宵节在祠堂点灯,嫁娶活动中男女双方长辈须挑猪头到祖祠祭拜。杂祭则为嫁娶、添丁、筑屋等重大事件仪式中的一环。

春分、清明时节,九洲各姓举族进行声势浩大的墓祭活动,九洲人又将之称为"醮墓"或"祭墓"。除了九洲王氏与岗下罗氏每年清明时节墓祭,陈氏及其余各姓均在春分日前后扫墓。墓祭理论上由远祖向近祖依次祭扫,即先祭扫全族之共同祖先之墓,再祭扫各房、各支、各家的先人坟茔,若全程参加可能连续上山祭扫数日。在实操层面,祭扫全族大墓时各姓皆视具体情况安排,例如参照墓葬位置由远及近依次进行,或分组分头前往不同方向的远祖墓地同时祭扫,来年互换,以节约时间,保证一日内完成。各房支、家户的醮墓活动在全族墓地祭扫后次日进行,人口庞大的房支可能仍需一整日祭扫多个祖墓,家户祭墓便再向后顺延一日。墓祭是有血缘或姻缘关系的亲人才前往的活动,相对家祭、祠祭与杂祭,墓祭在九洲显得尤为隆重,下文根据田野调查所得详细描述九洲墓祭活动。

1.祭祖前的准备

早饭前将草纸铺于地面,杀一只阉鸡,将血淋洒在草纸上。草纸要先折叠成两种特殊形状:一种较为简单,即将纸对角折叠呈三角形,这种数量较多,用于祭祀焚烧;另一种则将方形草纸同侧的两角沿中线向内折成三角尖端,另一侧以剪刀等距剪两刀形成三段幡条,将被压在石碑顶端,称"压墓头",因此这类草纸被称为"墓头纸",按照坟墓数量准备。被宰杀的阉鸡煮熟成为祭品,与熟猪肉、鱿鱼干组成三牲,搭配米酒,一起带上山供奉祖先。

图 5-2　墓头纸

祭品除了鸡肉与猪肉,还可以豆干等物代替鱿鱼,或增加糖枣等各种点心,不局限于上述品类。当年添丁的家庭则要特地备好祭品向祖先汇报,讲究的家庭会将鸡头定型挺立,以猪头及猪尾象征全猪。祭扫父辈或祖辈时,家人根据其生前喜好准备祭品;因祭品还要带回家中共享,也有家户是依家人的喜好准备。除了食品,还须准备香、烛、炮以及焚烧的草纸和各类冥币。远祖的祭品一般由当年牵头之家统一准备，三牲、米酒、香、烛、钱、纸由全房参与之家集资购买，金额根据每年实际情况进行调整；也有个别参与者同时携带自家准备的纸钱。牵头者又称"做头"，抓阄决定轮流次序，若当年做头的家户不巧十分繁忙，可请他人代替，祭祖之事众人颇有热情，皆会积极出力帮忙，组织事务并不困难。若祖墓路途遥远，还须准备机动车辆以节省来往交通时间。

图 5-3　祭祖三牲

除了扫墓事宜，做头者还须在家中准备醮墓后的晚宴。报道人介绍昔日聚餐无须返回家中，而是在最早的祖先墓前进行，即携带锅碗瓢盆到墓地，在墓前架起炉灶，露天生火做饭，全房亲族与祖先共食共饮，兴致高涨时拼酒划拳，原本冷清的墓地难得热闹。此俗在九洲已成为过去式，据闻在上杭其他地区仍有传承。当年添丁之家应捐赠 100 元"添丁"钱和一只阉鸡，添丁钱存入集体账户，待日后族中公共事务开销使用，阉鸡则供大伙当日晚宴食用。宴饮后抓阄决定下一轮祭祖"做头"顺序。

图 5-4　祭祖后抓阄

2.扫墓活动

　　墓地周边的杂草树木经过一整年的时间,都已长得十分茂盛。扫墓的首要任务是除草与清理灌木,用镰刀和锄头将树枝劈断,杂草掘出,再将除下的枝叶焚烧清除;但须当心火势蔓延,以防酿成祸事,当火苗蔓延到一定位置后即以青草枝、脚或锄头将其拍灭。

图 5-5　扫墓

清理后完整的坟墓显现出来，用石块压五张银纸在墓碑后方，围出半圆形凸起的墓丘，这五张银纸被称作"五方纸"，用来划清地界。在墓碑顶端以石块压住有鸡血的草纸幡的尖端，幡条顺墓碑垂下。"墓头纸"意在打开阴阳通道、通知祖先前来享用子孙的供品。墓头纸意义重大，春季祭扫时节过后没有压着墓头纸的墓碑，则说明没有后人或被遗忘，无人祭祀。意外死亡的先人不可做坟立碑，称"不改起身"，即不可更改位置，亦不可二次葬，仅在事发地点附近摆放一块石头，后人同样需要醮墓，不必压墓头纸，其余祭拜方式不变。还有一些尚未做风水的坟墓亦无墓碑，仅以砖块在地面压上墓头纸。

图 5-6　压五方纸与压墓头纸

祭拜前在墓碑座石前摆三牲、三个酒杯，倒入米酒；两侧墓手下左右各燃一红烛。报道人称醮墓须先拜天地神明，后拜祖宗。众人各持香2支或4支,背对墓碑向外三鞠躬,同时念出心中的愿望,如保佑子女读书高升、全家发财等;将1支香插于地面,起身再拜;转身面向墓碑三鞠躬,将剩余的1支或3支香插入香炉。较久远的坟地并无香炉,若土地干燥结板坚硬,则以锄头在地面上敲挖出一小方松动的土地,以便插香。随后焚烧纸钱,醮墓所用的纸钱除了洒了鸡血的草纸,还有银纸及各种面额的冥币,焚烧时以树枝不断翻动保证充分燃烧,同时默念请祖先买裤买衫,需要什么买什么,并帮助子孙实现愿望。焚化完毕后,放鞭炮与小烟花。众人收拾祭品放回篮中,倒掉米酒收起酒杯,前往下一地点。

图5-7 陈氏宗祠(长汀)祭祖

　　陈氏各房醮墓结束后须转往祠堂祭拜,报道人称此举是为了照顾到那些太远或找不到坟墓的祖先,让他们也享受到子孙的祭拜供奉。也有的宗族在出发前和归来后均要进入祠堂祭拜。没有宗祠的家族便没有这一环节,大小坟墓逐一祭祀完毕后,返回做头者家中,聚餐前须在面向厅内处再摆三牲、米酒向祖先敬香。

(五)祠堂入火仪式

　　作为祖先灵魂的栖所,祠堂建成后必须先行"入火"或"进香火",这是邀请祖先入住的仪式。在田野调查期间笔者有幸先后参加陈氏三房支祠与二房爱田公支祠的入火仪式，陈氏三房的"陈氏祠堂"于2015年11月14日（农历十月初三日）进行入火仪式，"陈氏爱田公祠堂"则于2016年1月2日（农历十一月二十三日）举行该仪式。

　　入火仪式皆夜间进行，前一日晚饭后族中各家代表聚集新祠堂商议流程，分配各人在仪式中分担的工作。道士或地理先生亦早早到达，在红纸上书明各步骤时辰并张贴公示，提前制作临时祖先神主牌位与镇煞符。临时祖先神主牌位由红纸叠成三边封口的信封状，留下一短边敞口，三房上书"迎请　安奉　颍川郡　陈氏十世祖　考环公　妣林孺人　之神位"，爱田公房上书"颍川郡　陈氏 十二世显祖　考爱田公　妣郭孺人　一脉宗亲之灵"。村人言原祖先神主牌位在"文革"时被毁，因此以临时纸质牌位代替。以两根香从敞口短边插入，香脚固定在基座上。镇煞符是道士事前印制好的布符，另在红纸条上分别写"东方青帝龙神""南方赤帝龙神""西方白帝龙神""北方黑帝龙神""中方皇帝龙神""左青龙招百福""右白虎镇华堂"。村人须提前准备"粮米"，即由红曲染红的大米、红枣，以及硬币、黄豆和茶叶等物混合而成，置于铺有红纸的托盘中。

图5-8　祠堂入火吉时

图 5-9　临时祖先神主牌位

图 5-10　镇煞符

图 5-11　粮米

　　祠堂作为祖先居住的宅第，与凡人所居家宅一样须在入住前出煞。祠堂属阴，出煞改称"出破军"，道士无须"请杨公"即可出破军，地理先生则要先"请杨公"，以下所述乃后者所行仪式。杨公①神位设在祖先神主牌位左下角土地神位之左。将杨公符木插一香桶内，顶端以红布覆盖；香桶贴红纸，桶内左右各插剑一把，右侧剑在鞘内，左侧剑无鞘但覆红布。其前陈列一个小香炉，香炉内填草灰，表面仔细覆盖一层稻谷；香炉前地面铺草纸数张，上置清茶三杯、水果等素供三碟，以及米酒三碗、荤供三盘；茶杯与酒杯左侧分置茶壶、酒壶，壶口以红纸填塞；另有一把菜刀刀柄向着杨公，放于荤供盘子之间。地理先生与族中长老并行而立，三人先作揖，先生口诵吉词，进红烛、大香、小香。在此之前已将由五色纸糊成的出破军符②由祠堂中央的供桌上直铺至天井，靠近天井的两侧各放一桶水，九洲人称其为风水桶，天井中央自内向外搭

---

　　①　杨公即杨筠松（834—906），善风水地理术，第七章详述。

　　②　传统上出破军只将草纸首尾相接由香案铺至门外，每张草纸上放一根燃着的香。如今每位地理先生强调自身特色，演变出许多新形式，例如文中所述由五色纸粘贴而成的纸符。

杉木两根。拜毕,地理先生执一雄鸡①,以菜刀割其喉,淋血于五色纸符及草纸上,将沾血的草纸折叠放于杨公符木和香炉之间,而后化纸,放炮。

图 5-12　土地及杨公神位

出破军之前众人纷纷退出祠堂远离大门。撤下风水桶,并以一张张首尾相接的草纸接五色纸符,以杉木为桥跨过天井一路铺出大门,延伸至祠堂外大坪左侧的空地。草纸尽头亦有香炉,族人点燃一对红烛,敬香化纸,香炉前供清茶三杯,按序摆好七个盛有阴阳酒②的白瓷碗,碗旁置一香灰桶。

---

①　这只鸡随后被煮熟,陈列在供桌上。

②　阴阳酒,又称打邪酒,即兑水米酒,乃九洲人故意为之,以提供品质差的米酒显示对邪崇鬼魅的态度。阴阳酒碗的数量除了 7 个,也有摆放 9 个或 12 个的。

图 5-13　五色纸与风水桶

图 5-14　阴阳酒

　　地理先生在头顶系上红布,留在祠堂内的其他相关人员腰系红布。地理先生左手托举一只鲜活雄鸡,右手执剑上扬,剑为先前插于杨公符木左侧的无鞘宝剑。他高声唱喝出破军文,另一人配合敲锣,每诵一句击锣三下,念到最后一句时锣点密集,鼓乐齐奏。地理先生以剑割破鸡喉,将鸡血沿五色纸符、草纸一路淋洒至门外空地。敲锣者为其先声,一面敲击一面先行出门。另两人在地理先生身后卷起沾染鸡血的五色纸符与草纸紧紧相随,又两人各持一根杉木紧步蹑其后,再有一人于堂内点燃鞭炮,另一人将鞭炮铺开拖出至空地。整个过程紧锣密鼓,气氛紧张。地理先生行至草纸尽头,右手以剑迅速打翻酒碗,左手拔下香烛,将其与纸符、草纸等物扔进香灰桶中焚化,雄鸡与杉木弃于远处。

出破军后祭拜天地神明。在祠堂大门正对面置香炉,炉上粘贴红纸。炉前地面以红纸铺垫,置米酒三碗、牲礼、水果等。鼓手乐队①立于旁侧演奏,地理先生引导五位长老上香敬拜,随后将供品转移至堂内左侧土地公前。

稍事休息后,待吉时由房支男丁组队前往总祠,迎接本房祖先牌位入住新祠堂。列队最前的一人手提一对红灯开路;一人以扁担挑箩筐,筐中盛临时祖先神主牌位以及祭拜供品,除上述牲礼供品外添猪头、猪尾一副;房族中的耆老空手紧跟其后,再后伴随手提香烛纸炮者数人;队尾是鼓手乐队。前往总祠时众人静默不语,鼓手亦不奏乐。族人将临时牌位安奉在原祠香炉前,两盏红灯各摆左右,其前供桌上点燃一对红烛,献上酒、茶、牲礼,鼓手奏乐。长老持大香敬拜,拜毕插于香炉正中央,复立于供桌之前,双手合十拜三拜,其后各人依序持香先面向祖先,后面向祠外,三拜上香。随后点燃草纸,持纸复三拜,于天井中焚化,燃放爆竹。长老再拜作揖,求祷祖先随其一同迁入新宅,祷毕倒掉米酒、清茶,撤下供品。将早已点燃的大、中、小香分予众人,另择大路返回新祠,队伍前方增二人持香扛锣,一路鸣锣开道,其后为手提红灯者,手持大香者紧随,四名鼓手乐队相伴两侧,再后是双手托举临时牌位的耆老,后随挑供品者,另四名鼓手跟随,队伍所经路口、桥头皆燃放鞭炮。

---

① 由8人组成的乐队,除了使用二胡、唢呐、鼓、锣、钹等乐器演奏乐曲,也表演诸如以鼻吹唢呐等特技。

图 5-15　总祠请香火(一)

图 5-16　总祠请香火(二)

　　祠堂入火须严格按既定时辰进行,若队伍路程较短提前到达,则先于附近路段暂停,但队列暂停时锣鼓不息。祠堂内准备接风水,风水桶放回天井与厅堂交界中轴线两侧。供桌上也早已备好供品,中央为猪头与猪尾,左右各一只鸡,边缘摆放粮米一盆。吉时一到,另一族中长老出门相迎,与持牌位的长老相互作揖,交接临时牌位迎入祠堂,众人相随鱼贯而入。祖先牌位被置于香案中央,从总祠持香归来的众人在案前依序作揖敬拜,各人将所持不同尺寸的香插入香炉中。一长老重新点燃一支大香,双手平托,香头向右、香脚向左,站立于风水桶之间,面向门外三拜,转身行至供桌前三拜,插大香于香炉,此时门外炮声隆隆响起。

地理先生随即示意鼓乐暂停,祠堂神主开光时辰已至,地理先生撕去原先覆盖石制牌位表面的红纸,随后右手端一盛五分满米酒的碗,左手持一毛笔,大声唱道:"伏以,日吉时良大吉昌,开光法事正相当。太上老君赠我一支笔,本师释迦牟尼佛赠我一支笔,孔夫圣人赠我一支笔。三支笔拿来有何事?度我弟子来点光。左手提起红花甘露水,右手拿起金笔来点光,点起环公始高祖一脉宗亲头上光,头上放毫光。神光普照三千界,不生不灭寿无量。左太阳右太阴光,太阳太阴放毫光。左眼光右眼光,慧眼遍照看十方。左耳光右耳光,顺风生耳现神通。鼻中光,闻到真正戒定香。口中光,谈经说法继承章。左手光右手光,左手提起人富贵,右手拿笏朝帝王。左脚光右脚光,十脚趾如马跑四方。肚中光,肚里装有千万[篇]文章。身上光,丈六金身妙难量。没有开光一块石①,开起光来陈氏始高曾祖神,焚香拜请陈氏始高曾祖,一脉宗亲高登宝座,高登宝座受清香。"每唱一句,便在相应位置以笔虚点。神主牌位开光后,全族各家代表依长幼之序,持香先拜天公,后拜土地,最后作揖敬拜祖先,并下跪三叩首。众人敬香结束后立于两侧等候,全部完成后再各持一支小香,分列站立共同作揖敬拜。

最后一个重要环节是发粮米。所有家户代表再次敬香祭拜祖先,尔后站成一排,以双手掀起衣襟蓄势以待。地理先生站在高处,手托粮米,念唱:"日吉时良大吉昌,发粮时节正相当。粮米发在东方甲乙木,嗣孙出来买田又做屋;粮米发在南方丙丁火,嗣孙出来大户佬;粮米发在西方庚辛金,沙箩量米斗量金;粮米发在北方壬癸水,嗣孙出来买田

---

① 祖先神主牌位为石质,故称"一块石";若为木质,则称"一棵树"。

图 5-17　发粮米

又买地；粮米发在中方戊己土，嗣孙出来享年九十九。左脚踏到青龙头，代代子孙出诸侯；右脚踏到青龙尾，白身去了状元回；双脚踏到青龙中，代代子孙在朝中。"唱一句，唢呐伴奏一声，地理先生象征性地向空中抛撒少量粮米，并高声唱道："主家弟子要富要贵，一要千年富贵，二要万代兴隆，三要粮米盖三省，四要百子千孙，五要五子登金榜，六要房房生贵子，七要代代出书香，八要公[侯]为宰相，九要荣华同地久，十要富贵与天长，再要左有青龙抬百福，再要右有白虎进田庄，人长千丁，粮长万石，荣华富贵万年长。"吉词诵毕，众人齐声欢呼："要！""要！""要！"同时挣挤向前，嬉闹着以衣角接住粮米，以多者为荣。结束后，众人收集怀中及桌面、地板上的粮米，小心翼翼地包裹在红纸中，带回家保存于米仓或喂给禽畜，祈求五谷丰登、六畜兴旺。

　　至此，祠堂入火仪式完成，族人留在祠堂内"养龙脉"，鼓手奏乐直至天明。次日天色微明便有人挑挽供品、香烛前往新祠祭拜祖先。同族其他房支代表亦会前来祭拜，赠送匾额。亲房兄弟相聚欢谈，中午与傍晚在祠堂内共享酒宴，酒宴当中鼓手演奏助兴。入火仪式后第三日，房中长老代表众人行三朝礼，在祠内上香祭拜。

图 5-18　宗亲赠送匾额

三、宗族领袖

　　费孝通在《乡土中国》(1947)中指出,乡土中国是一个以家庭为核心、构成差序格局的、服从长老统治的礼治社会,基于年龄和辈分的权威在乡村治理中的地位不容忽视。村人可以对村"两委"的命令不以为意,却很难将族中德高望重前辈的教诲当作耳边风,在农村中具有教化作用的宗族组织在一定程度上起着独立的治理作用(周大鸣,2003:27-31)。与国家统治相对应的民间自有一套权力关系统治逻辑,传统上族权在农村社会中发挥着极其巨大的作用。

　　宗族领袖具有执行乡规民约、教育族人、调解和裁决族内事务的权力。九洲村民间的争端被视为宗族内部事务,不宜对外张扬,不愿告到政府官衙,故多在村内私下解决。昔日家有家长,房有房长,众人推崇德高望重者为领袖,凡是遇到争端纠纷,均请求族长、家长或叔伯长辈出面解决,即便是今日,一族一房中的争端仍需要他们出手调解仲裁,邻里乡族纠纷几乎不存在寻求法院裁判的情况。宗族领袖还具有领导、主持、参与公共事务的社会功能。昔日的九洲各姓聚族而居,在家族长老的领导下，共同修筑防御性建筑，抵御外患侵扰；同时乡村日常生活中的许多仪式活动也要长老权威的领导组织和参与，大至全族性复建祠堂、修撰族谱等活动均由长老出面主持，小到家户的红白喜事也要由家族中的长辈做主。同时宗族组织影响到农村基层自治组织的权力分配和政策开展，村民对干部的支持、配合与否均影响着基层管理者的任免，同样影响着干部在实际工作中的作为。

宗族关系可以分为两类，包括族内房支派系间的关系，以及宗族与宗族之间的关系。在村落和宗族内部既有合作互助，又有矛盾冲突。东头村中陈姓各房头脉络清晰，房内各家户联络紧密，宗族社会功能仍在发挥作用。原本同住一屋檐下的房亲兄弟往往迁出后仍倾向比邻筑屋，具有亲近血缘关系的村民仍然聚居。筑屋、婚丧等重大事件全房宗亲或倾力相助，或借资筹款，或汇集物品（诸如桌、椅、板凳、碗、筷等），或出人出力。九洲村各姓的族际关系和谐，传统上九洲村人的通婚范围多集中于本村、邻村、本乡、邻乡等地，体现宗族互动。报道人认为，因九洲各姓皆有亲缘往来，可以算得上是一家人，许多事情好商量，尽管昔日曾因土地山林产生族际冲突，如今本村乃至邻村间的族际纠纷较少。

第六章
九洲人的聚落宗教

为保证村境内社区群体共同的福祉,九洲各自然村在不同的空间、时间内开展聚落性宗教活动,呈现多元融合的民间信仰特征。粮丰、东头、九洲和湖坊四个自然村各为独立的聚落单位,每个自然村皆有各自村庙,主祀神明略有差异。各自然村都有主持宗教活动的热心信众,却只有个别村落保留有沟通人神的神职人员,定期操持举办聚落祭仪。

一、聚落宗教场所

九洲各聚落公共宗教场所大体包括村庙、公王或伯公以及自然物的崇拜场所。粮丰的仙师宫、东头的东宝宫、九洲自然村的三圣宫、湖坊的天后宫是各村的村庙,护佑各村境域,是全村居民共同祭拜的场所。公王、伯公与自然物之灵分掌不同事务,九洲人根据自身所求分别前往祭拜。本节以东头自然村为主展开介绍。

(一)东宝宫

东宝宫因位于村落水口①,旧称水口宫。水口宫在九洲及其附近地区是极为普遍的宫庙名称,因村人笃信风水,认为将村庙建在流经聚落的河流下游(即水口处)更符合风水之胜,有助于其发挥功能。粮丰仙师宫同样原名水口宫,湖坊的天后宫亦是如此。

东头水口宫始建年代不详,村民认为至少有百年历史。其所在位置被称为"中心块哩",曾经是聚落的中心位置,但现在已被农田包围,新建的村舍房屋远离庙址。村民只记得宫中供奉的神像在 20 世纪 50 年代的"破四旧"运动中被毁,此后村民继续在空庙中祭拜。1958 年春

---

① 水口,在风水学中指水流的出入口,九洲人特指水流出口处。

节因焚化纸钱时大意引发大火,原庙舍被焚毁。后残余青砖被悉数挪走他用,仅存基址。

1987 年由罗森兴、陈景传、范来金三位信士与众耆老牵头,在原址重建一座宫庙,更名为东宝宫[1],并逐年扩建与修缮,形成如今的面貌。重建的东宝宫坐东朝西,占地面积约一百平方米,由主庙和后来加盖的观音宫组成。庙舍为砖木结构,白墙青瓦,正门门框漆红色,门楣嵌入一块石匾,上刻"东宝宫",两侧贴对联"表奏昊天祈庇佑,章通金阙保平安",门两侧围墙上各镶一面功德碑。

图 6-1 东头东宝宫

庙堂正殿起基于旧庙原址,祀奉神明,厅前两侧各立一根红漆木柱,上方各挂一盏大红灯笼。神坛由左、中、右三部分组成,中央红漆神坛面积最大,正中悬挂一面镜子;神案上方塑两级台阶,自上而下供奉三圣公王与三大仙师[2];神案陈列檀香炉、油灯、镜子、签桶、杯珓、香油、供品等,右侧供奉吉祥哥哥[3]。左右两侧神坛仅有一级台面,左供

---

[1] 下文以"旧庙"代称被毁的水口宫。

[2] 三圣公王、三大仙师及后述诸神将于本章下节详述。

[3] 相传吉祥哥哥是三位夫人(指临水夫人陈靖姑及其结拜姊妹林夫人和李夫人,是福建颇具影响的民间女神信仰)中陈靖姑之子,陈夫人上山学法时将其寄养在尼姑庵中,因此与佛教产生渊源,于第九章详述。

五谷仙师,摆放一个香炉、一杯茶、一碗水;右奉财神爷与土地公,设一香炉,财神爷前奉三杯酒,土地公前奉一杯茶。各神坛前各挂一块印有"囍"字和"鸳鸯龙凤"图案的桌围。正殿中央单独砌筑一方形香案供桌,靠近神坛一侧的边沿,设一长方形铁质大香炉,香炉贴"福"字红色方纸,两侧摆放红烛。香炉右前方设一无耳瓷质圆形三足檀香炉,用于焚化檀香木。供桌前挂"双龙戏珠"图案桌围,地面设一个红色跪垫;供桌左侧立一木鼓,用于诵经伴奏。天花板悬挂数条红色条幅,有的上书"有求必应",有的仅为红色布条,系信众祈福、还愿时捐赠;靠近神坛左右各挂一小红灯笼。正殿左侧墙面粘贴红纸书写的新丁告[①],右侧墙壁上贴有捐款芳名及宫内事务公告。

正殿左侧为厨房,门上贴着已经作废的点灯轮值班次表,门左壁上镶一面功德碑;正殿右侧为仓库,存放桌椅与碗筷等物品;两间半封闭的厢房为餐厅,各摆放两张方桌。宫门外铺大坪、砌筑围墙,宫门正对围墙处设天公炉及焚纸炉。

观音宫于 2011 年建成,位于主庙围墙外左侧,单门独户专祀观音菩萨。村中耆老指出昔日诸如观音菩萨、定光古佛等佛教神明以及吉祥哥哥通常祀奉于寺院中,水口宫仅为村庙,"庙小容不得大神",按理不得祀奉观音菩萨,故为之单独建起一殿。观音宫大门为铁制,门两侧贴对联"神通广大保平安,诸佛降临祈清吉",各挂一盏红灯笼。殿内正墙上悬挂"佛光普照"红布与一面红色镜子。正墙左上角贴着出煞符。神坛中央摆放一木雕神龛,观音菩萨端坐其内。龛门两侧贴金花数朵,龛内供清茶三杯,左右各一盏红灯。神龛左右各奉一尊吉祥哥哥。神案中间陈列供品三盘,左右各放一盏莲花灯,最左边放一盏油灯。神坛前挂一块"佛光普照"桌围,地面设三个跪垫。两侧墙壁上贴对联"坚心修行来拜佛,一条大路透天庭","为人都爱行善事,心中常念观世音"以及新丁告等。左侧墙边另摆一供桌。天花板悬挂红布横幅。宫外左侧修围墙,面向南方设一香炉。

---

① 第九章详述。

村人传说东宝宫在焚毁之前已有百年历史，原本供奉何方神明已无人知晓，仅知昔日东头隶属"水埔十三乡"①，农历九月尾设坛建醮迎请定光古佛至本村游境。

（二）公王祠与伯公祠

九洲人对公王祠与伯公祠常有混称，有时还将其并称为"土地公公"，求证于耆老才得出二者区别。公王祠位于东宝宫西北方一棵百年老松树之下，坐东向西，仅约半米高，三面砌墙、无门；上方有顶，祠顶四角略微向上飞扬翘起，呈燕尾状。祠后有卵石砌起的半圆弧形土丘。祠内悬一明镜，祠前地面留存无数香脚，前方约一米处有一砖砌方形天公炉②。报道人回忆原祠顶塑葫芦形，内供"本土地公"③神位。1953年祠顶、神位遭毁，至1978年前后方才重修成今貌。公王掌管六畜，九洲人多在公王祠祈求六畜兴旺，凡与六畜相关事宜皆前往此处祷告祭拜。家中的猪若不肯进食，主人可去公王祠祭拜，向神明承诺"等我的猪长大了在公王面前杀"，如此公王便会保佑家猪长得壮。据闻农历八月初一日为公王生日，昔日做社④庆祝，由当年头家煮米粥、杀猪。猪肉（包括内脏等）煮熟切分小块，村内各户可领一碗粥及一份猪肉回家喂予家猪食用，求其生长健壮。另公王掌管村境内事务，有俗谚云"公王没有许可，老虎不能打狗"，报道人称外村人若想在村中办事，应先向公王祭

---

① 昔日的水埔十三乡是一个跨聚落组织，报道人称当时一个大地主在民国政府的授权下管理十三乡，包括现粮丰、松山下、东头、九州、岗下、湖坊、坝尾、林屋、赖屋、李屋、坝头角、陈岑上、玉女十三个村，现九洲行政村下辖的四个自然村皆在其中。后经时局动荡、历史变迁，如今水埔十三乡早已名不存、实亦亡。关于"水埔十三乡"尚未查到相关记载。

② 本书所述的天公炉泛指用于祭拜天公的香炉，除用石砖拼成的之外，村民亦用塑料罐、瓷罐等容器填充草木灰、砂石等作为天公炉，多用于家庭祭拜。因小礼炮残余物内有多个小孔，状似蜂巢，方便插香，亦常充当天公炉，此类临时香炉多见于公王祠、伯公祠、神树处。

③ 亦有人称神位牌上写的是"百家公王"。

④ 做社意味着祈福（保平安、六畜兴旺），春分扫墓后在祠堂亦做社，仪式大致雷同，都有散胙性质，煮一大锅粥分予各家。另有报道人称做社可以消灾，如果有人家中不太平，可以请道士做社消灾。

拜以示敬意。

图6-2 东头公王祠

东宝宫西南方的伯公祠位于田间阡陌交叉的路口,外形几乎与公王祠一模一样,但略显高大,香火也更旺。祠内置一圆形香炉以及明镜数面,祠顶石块压红布。与公王不同,伯公祠掌管境内居民之吉凶休咎,与人相关之事皆求助伯公。其内明镜为村人"问仙"①获得指示后

---

① "问仙",即通过询问神媒(男女皆有)获得行事指南的民俗活动,以往在客家地区较为常见,今已相对较少。这是利用神媒与超自然存在沟通的一种渠道,有"上午问神,下午问鬼"的说法,东头人称这些神媒为"问菩萨的人"。神媒通过焚香等方式请神明或死者灵魂附身,以神或死者口吻与事主交流。东头人问仙,多半是认为遇到灵异之事,想要寻求解决办法,例如据传一位老妇人突然生病,卧床不起,求医不见好,其儿媳便去找邻村"问菩萨的人"询问。该神媒上香后"起龙身",准确说出儿媳的家庭情况,并解答老妇人生病的原因。原来是这一年扫墓时,正逢阴雨天气,老妇人刚将供品摆在去世丈夫的坟前,就因雨势过猛,匆忙将供品收回,草草结束祭拜;其夫于阴间宴客,供品撤得太快无法招待宾客,故心生埋怨,"捉弄"老妇人,使其久病不起。了解缘由后,"问菩萨的人"给出解决办法,让儿媳置办供品,于指定的时间和方位祭拜。儿媳照做,第二日老妇人果真病症全消。

为答谢神明所献。

图 6-3 东头伯公祠

公王及伯公皆是对土地神的称号（汪毅夫，2006：34），其祠庙在客家住区非常普遍。粮丰村有三间公王祠，分别是百家公王、百河公王、百猪（六畜）公王，分别掌管人、河道和六畜。湖坊村有一间祀奉"里社神位"①的祠庙，另有一间公王祠掌管村民来往出入平安。

（三）神树及其他

民间咸信巨大或历史悠久的自然物都拥有超自然的灵力。九洲人相信古树有灵，树大叶茂的古樟树、古榕树、古松树皆被奉为神树。东头下码头有一棵三百五十余年树龄②的大榕树，树底下插满了香脚，香火兴旺。村民喜偕年幼子女前往敬拜，并认树神为母，认为给树神做"契子"③的孩童即可得古木之灵庇佑。东头公王祠后有一棵近两百年

---

① 因该神坛昔日内有牌位上书"里社神位"而得名，至于是属于伯公祠还是公王祠，村民亦不能言明；内有多面镜子，系村民问仙后所献，据此推断该祠与东头的伯公祠相似。

② 根据树上的"福建省古树名木保护牌"得知，下同。

③ 第九章详述。

的马尾松,尽管松枝是上好燃料,该树落下的枝叶却被禁止作为薪柴之用,树根部的土壤亦不可轻易翻动,违者将惹神树不快,冒渎神威者可能遭到家中畜禽暴毙的惩罚。神树信仰在附近村庄非常普遍,湖坊、九洲、粮丰皆有神树,有樟树、杨树、朴树等。

湖坊渡口有一石柱,上部有一石灯,村人称之为"天灯菩萨"或"添丁菩萨",掌管河流,既可为水路照明,又可驱邪保平安。昔日每天晚上由村民为其点灯,每家每户轮流,各点五天,每年天灯菩萨生日时为其做社庆祝。在九洲其他三个自然村中未再见到类似的设施。

图 6-4　湖坊"天灯菩萨"

邻近的渡口、池塘以及陆路交通、岔口附近常见竖立一根造型朴素的石柱,有的上书"南无阿弥陀佛",此类石柱未见有人祭拜。湖坊一位颇有名气的地理先生称之为"弥陀",常竖在有人失足落水意外死亡的水滨,以驱邪镇煞,避免冤死阴灵拖他人下水。昔日东头渡口地形复杂,常有暗流漩涡,在此戏水者已发生数起意外,村民颇忌惮,在榕树下曾竖立一根弥陀石柱,请僧人为其开光;1971年洪灾时被冲毁。传言九洲渡口曾经亦有一弥陀石柱,也同样被洪水冲走。近年七峰山山下公路接连发生多起车祸,附近村落集资在路旁竖起一根弥陀石柱,祈求出入平安。

图 6-5　湖坊弥陀石柱

二、神明信仰与传说

九洲人信奉的神明多元,每个自然村村庙中祀奉的主神都不同,东宝宫与粮丰的仙师宫主殿都奉黄倅三仙师,侧殿分别供奉三位夫人和观音菩萨;三圣宫主奉三圣公王,湖坊的天后宫主奉妈祖。各宫庙除主神外还同时奉祀众多神明，较为常见的有吉祥哥哥、五谷仙师、地藏菩萨、花公花母①，关于其来历和传说，九洲人普遍知之甚少，但这部分资料对于把握九洲聚落宗教信仰至关重要。本节将择取具有地方性特点的神明做简要介绍。

（一）黄倬三仙师

九洲四个自然村村庙中皆供奉黄倬三仙师，粮丰与东头将其奉为主神，九洲自然村将其安奉在主神三圣公王后侧，湖坊天后宫将其供奉在第二层阁楼上。三仙师神像戴冠披袍，并列而坐，九洲人将居中的黄老仙师称为"仙师爷爷"，有白色髯须，左手持印，印面向前，右手握一可拆卸的竹鞭，有的鞭尾悬挂两枚铜质贝壳，可做筶子抛掷，鞭竿上有时覆挂红布带；其左为短黑胡须的倬仙师，左手执牛角形法号，右手捧一枚小印；右坐者为黄老仙师之子，面上无须，左手端水杯，右手执宝剑。东宝宫供奉的三尊仙师神像由邻县武平的雕刻师以樟木雕成，上红漆、表层镀金色。

图6-6 吉祥哥哥（左下）、黄倬三仙师（前排）与三圣公王（后排）

---

① 第九章详述。

综合报道人传说、道士吴东发①先生的科仪本《三大仙师宝经》以及东头陈耀丰先生收藏的《仙师经》，黄老仙师乃宋初人士，祖籍浙江，道号七翁，其子道号十三郎，"女婿"②倖成道号八郎。相传黄老仙师在上杭县城西北部紫金山黄云洞修炼，父子师徒三人法术高强，能降服山精、为民祈雨。传说因救活难产的皇后，被宋仁宗敕封为"灵感应三大仙师"。因黄仙师主业为医治牛疾，他手中所执之竹鞭为赶牛鞭，倖仙师手中所持的号角据说是医治牛疾兽医的必备道具，所行之处吹响号角，村人便知道他们到来，因此直到现在若家中牛畜生病，九洲人仍会祭拜黄倖三仙师，恳求仙师出手为牛祛病。

黄倖三仙师的影响力不只及于九洲，也及于上杭地区各乡镇。宋代《临汀志》载，仙师"旧在钟寮场故治南石峡间。两山如束，中通一径仅半里许。旧传未县前有妖怪虎狼为民害，觋者黄七翁父子三人往治之，因入石隐身，群怪遂息。风雨时，石中隐隐有金鼓声，民敬畏之，立祠香炉石下，且家绘其像以奉之。迁县之初，更造行祠于今县之西"（胡太初，1259:65）。今上杭县城西有仙师宫，常年香火旺盛，宫内设药签，人人皆称十分灵验。

(二)三圣公王

三圣公王是九洲自然村三圣宫的主神，为旧县石圳村雕刻师傅所雕，居中者执敕印和鸣角，居左者执宝剑和敕印，居右者执经书与敕印。另东宝宫亦祀奉三圣公王，其神像乃20世纪90年代请武平雕刻师制作，三尊神像皆头戴冠帽，着对襟长袍，一位上杭的雕刻师傅称其更似三官大帝③。

三圣是何方神圣，村民意见莫衷一是，有人笼统地将三者介绍为三

---

① 吴东发先生是常为东头自然村执行醮仪的道士，江西人。

② 尽管黄七翁并无女儿，但倖成仰慕黄老仙师愿做其女婿，九洲人戏称黄七翁"没有女儿有女婿"。

③ 三官大帝又称三元大帝、三官帝君，指天官、地官和水官，源自古代先民对天、地、水的自然崇拜，有天官赐福、地官赦罪、水官解厄之说，是历史悠久的民间宗教信仰。

兄弟，居中者为大哥，左侧二弟，右侧幺弟；有人说三者分别为妈祖、千里眼、顺风耳，但三圣之塑像明显并非如此；另有一位耆老否认老庙曾祀奉三圣公王，声称在他七八岁时，曾于六月初六日仙师神诞时怀抱其中一尊神像到河中为其"洗澡"，因此对其形象印象深刻，据回忆三尊神像高度约一尺二，面容清秀，似女人模样，身形消瘦，着对襟袍；还有一说认为是刘、关、张三人，道士科仪本中亦如是记述："三圣公王原型为刘备、关羽、张飞三人。"但并未具体描述三人事迹。九洲村王在昌老人则描述了更为生动的版本：昔日传闻有龚、刘、杨三位将军桃园结义，战功赫赫，辞官还乡时请皇帝封神；皇帝上表天庭，得玉皇大帝准奏，允许三人归乡途中在一倒地重生的杉树处建庙。三位将军行至上杭县才溪镇下王村时遇见倒地重生的杉树，便将神庙建于此地，成为最早的三圣公王庙。后九洲对岸老君坑村人自下王村分香另建庙宇，一妖僧修行其中，邪术高强可令昼更长、夜更短，村民劳作时间延长，因之叫苦不迭。一道长闻讯后前来与妖僧斗法，二人法术不相上下，为求胜利道长用尽力气丢出铜钹，卷起狂风掀毁三圣公王庙。神庙被毁后，三尊神像之一自行渡河来到九州，"坐"在河边茅草屋中，村人发现恭送回老君坑，谁料次日该神像又端坐于茅草屋中。九洲人以其为神迹，拆去茅屋，在原址修建起三圣公王庙。然而庙内仅奉其一，另二圣老君坑人不肯让出，九洲人只得请工匠重塑二圣金身奉于殿上。[①] 然而又有村人认为三番五次被送回又来此地的神明是腾云祖师，却对三圣公王的身份来历说不清、道不明。

（三）五谷仙师

五谷仙师即神农，又被九洲人称作五谷真神、五谷真仙、五谷仙帝等，掌管农业。神像身形较小，外层贴金，头梳童子发髻，肩及腰部以绿叶遮蔽，左手搭于端坐的大腿上，右手持一把金黄色的成熟谷穗。九洲人传言五谷仙师在闽西连城县姑田升仙。相传清乾隆年间，姑田有个

---

① 根据报道人描述整理，田野调查期间未至老君坑村三圣公王庙交叉印证，且尚未见该地区三圣公王书面记载，暂照录故事。

农民名叫江长策,在山中打猎时误入一个神秘岩洞,在洞中发现五株谷穗,便带回家中耕种,次年竟获得双倍收成。江长策为了答谢天赐恩惠,便将一块书有"神农帝主五谷真仙"的神位牌送至岩洞中安祀,此事一经流传,附近村民便纷纷前往祭拜,并将香火拨到各个庵庙中供奉(华钦进,1998:194-195)。

图 6-7　五谷仙师

(四)寒婆

九洲自然村九月二十五日的醮仪又称"寒婆醮",村民也称之为"寒婆仔诞辰",因当日每年气温必定骤降而得名。参加寒婆醮的宾客往往顶艳阳着薄衫而来,午餐后寒风立起,未备足够衣衫的宾客难免受冻。有村民称寒婆仔显灵并不限于二十五日,东头二十四日做醮,若气温骤降,亦称为"寒婆醮"。若湖坊天后宫二十三日打醮时寒潮袭来,村人便会称"妈祖给寒婆仔助威"。

寒婆是何神明,九洲人大多说不清。一般说法为"寒婆是三圣公王的小名","寒婆就是三圣公王",寒婆与三圣公王的诞辰皆在醮仪之日。当追问为何用女性化的"婆"称呼三位男性神明时,村民亦无法自圆其说。寒婆可能并非九洲一地之神,明末清初闽西文人黎士弘在其《闽酒曲》中便提及"韩婆",并为"直待韩婆风力软,一厄阳鸟各寒温"作注："长汀呼冷风为'韩婆风',乡人鬻炭者户祀韩婆,盖误以寒为韩也。值岁暖,则倒置韩婆水中,谓能变寒风使其炭速售。"(郑方坤,1754：卷9),诗中"韩婆"与九洲"寒婆"应为同义,是卖炭人尊奉的神明,与三圣公王绝不相同。但为何九洲人将寒婆与三圣公王混淆,因资料不足无法做出确切解释。初步揣测寒婆源于岁时规律之神化,后成为卖炭人的行业神,但随着取暖技术的发展,炭不再是御寒必需品,寒婆信仰伴随着行业没落从有具体神像退化为无象征物,甚至通过依附于其他神明得到传承。

(五)定光古佛

定光古佛在村内宫庙并无奉祀,却是村民津津乐道的神明,也常为九月醮仪的主角。九洲不少报道人描述古佛渡江的神迹：某年打醮迎请汀江对岸古佛时,江中忽涨大水,船舶无法过渡,有好事者朝对岸喊道："既然那么神,就自己过来吧!"话声方落,抬神像者竟当真扛着神像下水横渡,二人一上岸即不省人事,于是迎请方拼命放鞭炮愉悦神明,事先准备的鞭炮燃尽又遣人前往县城购买,爆竹店老板赊账卖炮。燃放大量爆竹后,抬轿二人才逐渐苏醒,事后赊账的爆竹店生意兴隆一整年。村人咸信此事曾经真实发生,并有人称其曾祖目睹全程。足见定光古佛对九洲人而言亦是非常重要的守护神明,故略述其来历。

定光古佛在闽西地区具有影响力,又称定光佛、定光大师、定光菩萨、定应大师、圣翁等,俗姓郑,名自严,福建同安人,曾在汀州府武平南安岩建庙修行,后受汀州知府赵遂良延请在州府寺庙居住,宋大中祥符八年(1015)正月初六日圆寂,享年82岁。他坐逝后,百姓以其遗骨与舍利塑成真像,顶礼膜拜(林国平,2003：222)。九洲人称其为"老佛太太"[①],相传有三个分身或兄弟[②],其一敬奉在本镇玉女村保林寺,其二

---

① 太太在当地是对曾祖一辈人的称谓。

② 另一传说认为古佛有五个分身或兄弟,分别奉于武平梁野山、武平狮子岩、张滩(龙翔)、濑溪山、玉女村。

图 6-8　玉女村保林寺定光古佛

在本镇龙翔村[①]，其三在湖洋乡濑溪福兴庵。2015年东头醮仪仅恭请玉女村一尊，据闻昔日要迎请三尊古佛同来，而福兴庵古佛佛像大且路途遥远，多以宝幡代替神像。据报道人描述，宝幡顶端尖尖，幡面为黄色，尾部接白色流苏五条，各坠一金属扣，上部横书"濑溪村"，其下纵向书写"大德定光古佛神位"（图 6-9）。通常由九洲人制作宝幡，并以竹竿挑举前往福兴庵请神。若请神成功则幡尾流苏自然

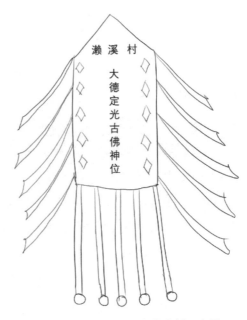

图 6-9　濑溪福兴庵定光古佛宝幡示意图

---

① 亦有说法指出系旧县石圳潭，但庙名不详。

纠缠一团不散,即可迎回九洲,固定在保林寺定光古佛坐轿左侧。迎古佛者须于吉日前半月净身斋戒,方可显示敬重。相传曾有人迎神时不论如何努力,宝幡尾部流苏都不显缠绕之状,擎幡者担心被村人指责,于是人为将其打结为一团,然而片刻后流苏即自动松散下垂,屡试屡败。

三、宗教管理人员与神媒

九洲四村宫庙皆有专人负责每日敬香点灯,组织全村宗教事务;也有若干受过系统宗教训练的人士,协助村人在需要时与神灵交通。

负责村庙日常管理及组织节庆仪式者大多为村中老者,一般由数人组成一个理事会。理事会负责定期的祭拜,如粮丰与东头二村每隔半个月便有一次祭拜,而九洲自然村与湖坊仅在每年醮仪和祈福、还福日组织祭拜。参加村庙祭拜的村民通常向理事会捐赠香火钱,存入共同账户,用于醮仪活动以及日常开销;每次活动经办人员凭购物单据报销,单据上要求有第三方的签字证明,活动结束后结算或年终算总账。村庙年终算账时,理事会成员团团围聚在一起,一人执笔记录算账,一人负责分发报销钱款,其余众人细心监督;收支结余存入理事会基金,由多人共同管理账务。有的理事会还将该笔基金用于向村民提供借款,无固定借期,但每月收取利息,并且要求借款随时可以收回。各村宫庙理事会时常保持联系,互赠香火钱,举行重要仪式活动时互相邀请出席,到访的邻村理事均被视为上宾,放炮迎接和欢送。

东头东宝宫的祭拜活动在四个村庙中最为频繁。东头人在年初祈福时各户向理事会缴纳会费,用于念"长年经"①。缴纳后各家无须每月专程前来祭拜,理事会将各家户主及家人姓名写于表文之上,每月祭拜时在神明前诵读,代理祭拜。除此之外,村中举行大型醮仪时,村民

---

① 长年经是东头村特有的一种组织方式,信士只要在年初时为家人缴纳一笔费用,即可登记成为长年经的成员,信士与其家人的名字会被写入该年每一次祭神活动的表文内;费用为每人 12 元,代表一年 12 个月,通常在东宝宫祈福时上缴。

诣庙拜神要再另捐香火钱。东宝宫的理事会在2010年因成员之间龃龉嫌隙，组织一分为二，形成所谓的老派与新派两个群体，分别组织祭祀活动，老派以老年人为主，新派则以青壮年为多。分派后各月进行的祭祀活动也翻倍开展，原本全村齐聚在每月初三、十三日的祭拜，由老派持续维持，又增加新派每月初九、十九日的祭拜。原先年初祈福与年尾还福的两次仪式，也因两派各择吉日举行，而增为四次。幸好耗资较大的九月尾醮仪经过协调后，两派交替隔年负责，若正好逢上闰九月，则两派可先后举办。新旧派系分立后，有的村民遵循旧习继续跟随老派；有的与新派关系较好，便从老派中退出加入新派，亦有人与老派村民不和后退出加入新派，也有的村民为了不得罪人两派活动都参加，或皆不参加。一般村庙须于傍晚时有专人点灯，如九洲自然村三圣宫每日下午六时皆有一位黄姓老人前去点灯，而东宝宫理事会分裂之后，点灯工作一时竟无人打理。

图 6-10　登记"长年经"

除了热心操持宗教活动的理事会耆老，九洲现在仍有所谓能够沟通三界的神媒，在各村的宗教活动中十分活跃，因具有超常能力，村人乃至附近的乡人有需求时皆向其求助。

东头村庙公陈耀丰不仅是老派理事会领头人,也常为村民主持出煞、安神、送鬼、驱病等仪式,九洲人称他为"拜菩萨的",与僧人和道士区分开来。陈耀丰生于1934年,是村中同龄老人中为数不多的识字者,1954年跟随曾在紫金山寺院念经多年的父亲陈在堂(1900—1976)学习诵经。尽管是自己的父亲,他仍要行拜师礼,赠送师父一只阉鸡,依俗每年春节送上豆腐和黑底布鞋。陈氏父子皆可被神明附体,九洲人又称"起龙身""发龙子"。村人传说20世纪50年代初期村内大旱,在堂为求雨"起龙身"后在村内狂奔,速度极快,且纵身一跃便跳过一座小桥;由于宗教活动在当时已遭打击,他用仅剩的三支香祭天,香烟弥漫竟使整片天空阴沉下来,跪拜一天一夜后,第二日果然降下大雨。耀丰自称刚做学徒时即能通神"起龙身",每次诵经请神后神明即降临。[①]"起龙身"瞬间可感到一阵冷风袭身,但意识仍旧清醒,和他人交流与平常无异,脱口所说即代表神明旨意,事毕神明会自行离开人体。此外,他认为"起龙身"非但不会损伤人体,反倒有所裨益。后来在"破四旧"和"文革"的影响下,父子二人放弃该业,专心务农。2000年左右耀丰开始继续为村人祈福消灾,不仅能够完成每月例行的祭仪,还具有主持大型醮仪的能力,因此除了东头村老派理事会能够独立组织醮仪和祈福、还福仪式外,各村每年都要仰赖专职道士[②]主持大型仪式。据村民回忆,村中几位拜佛念经的妇人亦能够"起龙身",笔者曾经见过两位女性村民在庙会上不停地蹦跳和拍手,村民通常静静旁观,如果"起龙身"时间太久,就上前轻拍对方背部将其唤醒。

四、宗教实践

每个村落都有一些全村聚落性的宗教实践,以祈求神明的庇佑。在九洲村主要是常规祭祀活动、年初祈福和年尾还福仪式、一年一度的

---

① 陈耀丰称附身神明为三位夫人中陈靖姑的义兄陈海清。

② 聘请道士则要根据其档期安排吉日,通常公认本领高、能力强的道士也是附近各村争抢的对象,要提前联系敲定时间。

醮仪等,其中醮仪最为热闹和隆重,本节将依次呈现上述仪式。

(一)常规祭祀

九洲村除粮丰与东头有每月例拜,另两自然村的村民仅在年节或重大事件时会进庙祭拜神明。粮丰各月祭祀时间为初九、十九日;东头则在每月的初三、初九、十三与十九日。

每逢祭祀之日,有求于神明的信士纷纷携带供品、香油瓶、线香、蜡烛、礼炮以及金纸(如黄纸①、金银小宝②、金银大宝③等)入庙;供品及拜神之物多数会"上红",即以红色塑料袋盛装,饭甑、香油瓶、酒瓶外侧则贴上红纸。供品主要是三牲酒礼④和茶礼⑤,九洲人认为酒和茶的区别在于佛道之分,敬拜对象是佛教菩萨的须奉以茶及素食,道家神明则以酒及荤食为主⑥;亦有道士称,奉茶求财,奉酒求高升。曾经求神并达成心愿的信士则携带猪头、雄鸡⑦、红蛋、米粄、桌椅、红布、镜子、灯笼等物酬神还愿,如有位报道人家中生了男孩,携猪头、红蛋、老鼠粄和百元红包前来还愿,另一位报道人孙女高考登榜,则赠予庙中500元红包,也有人升学顺利后赠送带扶手的藤椅,俗称"坐皇椅"。

祭拜方式步骤大致相同,即摆供品,点蜡烛,添香油,点檀香木,上香,放炮,化纸。信士将所带供品置于供桌上,倒三杯酒(祭拜结束后酒可倒回酒瓶),双手各拿一根红烛,下蹲时双手分开,起身时双手合拢,重复三次,同时口念祷词,后将蜡烛点亮,固定在香炉两侧。随后为香

---

① 黄纸与草纸一样,也是用竹子加工制成,颜色接近金色,用于祭神。

② 金银小宝为上印"平安""发财"等红色文字图案的黄纸。

③ 金银大宝即中央贴金箔的黄纸,尺寸约为金银小宝之两倍。

④ 即三牲与酒。三牲指猪头猪尾、鸡、猪肉、豆腐、墨鱼干等任选三样,其中猪头猪尾称为"大花",鸡为"小花",多用于年节或隆重场合。酒是家家户户自酿的米酒,通常为三杯。

⑤ 茶礼指三杯茶以及水果(如葡萄、苹果、橙子)、红枣、桂圆、花生、香菇、紫菜、糕点类(糍粑、油炸糕、糖枣、鸡蛋糕等)和油炸的米粉、粉丝、粉条等素食任选三样以上。

⑥ 祀奉太岁必须用酒。

⑦ 此处指下文请神仪式中所使用的雄鸡,多由信士捐献。请神结束后,将整只鸡煮熟作为供品献给神明,献毕再切块加工烹制为信士聚餐的食物。

油炉添香油,在檀香炉添一小段檀香木;信士先手持香油瓶和檀香木朝神明礼拜后使用。上香时取若干支香,包括大香和小香,点燃后,先朝天行礼,后转向正殿神明,依次按三大仙师和三圣公王、五谷真神、财神爷、土地公的顺序,朝列位神明作揖并上香,并再次作揖,而后在观音宫祭拜观音菩萨,最后将香插于在正殿和观音宫门口的香炉。上香结束后放炮,焚化纸钱。

　　除了个人的祭拜以外,每月例行祭祀时有的村庙还举行集体的仪式。每月例行祭拜属于经坛,有固定仪程,以东宝宫为例。

　　上午八时许开始早朝,即请神。不同的仪式执行者所请的神不同,东宝宫陈耀丰所请神明为三位夫人。请神前先设神位,布置供桌,陈列法器。三只铁罐内装大米,分别插入两支香撑起的红布,中间的布上竖书"观音佛母神位",左右写"七仙姑""三位夫人";左侧红布上画符,右侧红布上方横向写"安奉",中央纵向写"本境福主神位",左右依次书"上至水源""下至水口",此三块红布上再覆一张绘有符文的红布。左右各插一支红色令旗,宝剑、筶子等物亦插于米罐之中。神位前摆放牛角形号角法器,及红布包裹的经书。

图 6-11　东宝宫香案

请神时主事者先吹响号角,手持檀香木诵唱请神经文:"南无一身天元大宝阿弥陀佛,这一炷清香美满四方诸位菩萨一起同观;这炷清香飘来金銮宝殿香烟袅袅直到天堂;这炷清香举起辨四方请师登宝座说法度众生;炉香苎爇,发家明风,诸位合伯,八字杨门。"接着诵念《点烛经》:"手奉清香到佛前,插到众神金炉边。求财求丁家兴旺,求子求孙万万年。求得家中得福贵,求得全家得团圆。求得爷娘千百岁,求得夫妻寿年长。求得全家无灾难,平平安安过一生。再求家门常吉庆,子孙代代发满堂。南无观音菩萨摩诃萨。"《焚香经》:"无为门下不烧钱,一对宝烛聪龙天。照得天神来送福,照得地神□①金莲。求拜诸佛爱保佑,保佑父母寿年长。一对宝烛亮堂堂,诸佛诸祖显神光。求拜诸佛爱保佑,保佑父母身健康。二对宝烛亮堂堂,诸佛菩萨显神光。求拜诸佛爱保佑,保佑全家福禄祥。三对宝烛亮堂堂,诸佛诸祖显神通。求拜诸佛爱保佑,代代子孙发满光。四对宝烛亮堂堂,照得丰收谷满仓。五对宝烛亮堂堂,保佑牛羊满山冈。六对宝烛亮堂堂,保佑鹅鸭满池塘。七对宝烛亮堂堂,保佑招财进宝藏。八对宝烛亮堂堂,保佑男女寿年长。九对宝烛亮堂堂,保佑百事大吉昌。寿星高照耀华堂,保佑合家农工商。国家世事大兴旺,风调雨顺民安康。孝敬父母纳千祥,阿弥陀佛三叩三拜。"念毕,掷筶子确认神明是否到位,得一正一反的圣筶即证明神明已经莅临。主事者杀一只雄鸡②,将血淋于草纸上,分两处③焚化,回复到位的神明。

早课即诵经,一般上午两三次,下午一两次,次数和时间长短根据实际情况调整。念经时一人领唱,众人附和,击鼓伴奏。临近晌午,先将饭菜④献于神前。随后上表疏文,向神明交代经坛的时间、地点、参与人员以及祈求目的等事项,后附村内"长年经"信士家户名单,以及当

---

① 原文抄录自庙公或道士提供的经书,"□"为经书内难以辨认的文字,错别字亦原文照录,下同。

② 即前文由信士带来还愿报喜的鸡。

③ 报道人称,一处献给神仙,一处献给佛祖。

④ 食材在烹制前已先放在供桌上,有的食物如鸡鸭等整只煮熟以后,也会先在神明前祭拜,再切分成块。

图 6-12　道士上表疏文

日到场祈福捐赠香火者姓名。诵念完毕,将表文塞回黄纸制作的封套一并焚化。表文须高声朗读,信士聚精会神聆听,务必确认自家姓名被诵出,若未听到则当场要求查看表文是否疏漏。此后所有人在村庙两侧廊下聚餐,通常理事会有义务购买当日供奉及众人享用的食材,信士带来的米饭及食材也成为中午聚餐的食物。餐后众人闲坐话家常,理事会则结算当日的账目。下午诵经后掷筶,若掷得一正一反,即表示神明对当日礼拜满意,若神明不满意,须继续诵经,直至满意后送神。此后众人散去各忙各事,亦有老人留下与理事会成员共进午餐所剩饭菜调理的晚餐。

大年大节的祭拜不设经坛,由各家主妇在晚餐前携供品自行祭拜。主妇先摆好供品并斟酒三杯后,点燃一对红烛,双手各持一根,先面向天公后面朝神明,屈膝弓腰作揖,屈膝时双臂打开,直立合拢,口内默念祷词,拜完后将蜡烛固定于香炉两侧。随后为神前明灯添香油,也在檀香炉中添檀香。再取大香一支,小香若干支,先拜天公,后拜神明,依次为黄倅三仙师、三圣公王、五谷仙师、财神、土地敬香,除三仙师用大香,其余皆用小香;之后转身出门左转敬拜观音菩萨,最后再拜天公,放鞭炮和响炮,焚化金纸,收起供品后前往公王祠与伯公祠祭拜,如前所述行礼如仪。

(二)祈福、还福仪式

春祈秋报是农业社会共同的宗教实践。九洲人在年头祈福,年尾还福,感谢神明护佑全村境内各家各户一年平安。祈福一般在正月十五日之前择吉日进行,因可选择的吉日不多,九洲四村及周边村落的祈福日往往重合,须提前约聘道士,道士亦根据接单情况将各村仪式吉日错开。还福又称回福,在腊月择吉日进行,若新年立春在春节之前,则要立春前完成仪式。还福后村庙内不再开展例行祭祀活动,直至来年祈福后恢复。

祈福、还福要设经坛,包括早朝、早课、午朝上供、午课与送神。道士设坛后,将法器"道经师宝印"与念珠置于米碗中,陈列神明之前。道士吴先生解释"道"指道教,"经"指经书,"师"指师父,"宝印"象征师父为其护法,携印作法可护己周全。

早朝吹响号角,念诵《请神经》,即"弟子焚香拜请传香童子,传香童郎。今宵弟子有事来通情。奉请天门开地门开,天灵灵地灵灵,天有神来地有神,启教三清玉皇神,一声鸣角浩洋洋,千神万佛来到场。奉请祖师大罗三清三境三宝天尊、玉清圣境元始天尊、上清真境灵宝天尊、大清仙境道德天尊,奉请三元三品三官大帝、上元一品天官大帝、中元二品地官大帝、下元三品水官大帝、乾元四品火官大帝。一心奉请天上俭三省、江南第一峰福地大华盖山祖师人天教主、三仙三佑真君、流迹普陀山南无华慈悲观音菩萨、武当山恩师教主、玄天上帝、临水殿仙翁护国三位夫人、岩前德道勒[敕]赐显应定光祖师,奉请龙虎山上正一玄坛赵大元帅、百丈岩头玉封四显五大真仙、紫金山上勒[敕]封黄倬三大仙师、神农帝主五谷真仙、云中作法张五公王。再运真香,一心奉请祖师灵宝启教六大宗师。一心奉请天堂通仙府堂列位佛仙堂,灶君并门神定光古佛到,通乡福主降临经坛受青香,天后圣娘、九天玄女、上清十一天轮列跃星君、南斗六司延寿星君、北斗七元解厄星君、六十甲子元君、三位田将军、三十六个阳雷将、七十二个阴雷虎将、传香金童、传言散花玉女、太上老君、正义嗣教六十代张果真人,降醮经坛护法。二声鸣角胜欢欢,神神妙妙透天门。奉请双吉山玄天上帝、马头山佛祖、梁野山大古佛、观师山定光古佛、福州莆田县湄洲屿妈祖娘、古田县陈林李氏三位夫人、桃源洞王母仙娘、财神老爷降坛场护法,奉请九华山地藏王、龙岩市莲花寺花公花母、九仙湖张公送子神、东竹寺如来佛祖、马鞍山泰山圣母、七峰山定光古佛、上园山西普陀观音菩萨到坛场,桃源古洞古石岩五大真仙满堂神降临来。奉请绍麟庵齐天大圣、岩头埔腾云祖师、赖溪福圣庵三大老佛、佛塔庵三大老佛、高镇宫三大仙师、五大真仙。三声鸣角圣高声,千神万佛来降临,一心奉请上杭县县城隍王、东门夫人宫三位夫人、东民老爷赤光老爷、瑞真庵观音佛母、驷马桥观音菩萨、财神老爷降经坛,西门回龙宫三大仙师满堂神赴经坛,水南观音宫观音菩萨、张凭祖师、泰山圣母、韦驮天尊、当年太岁,奉请本村福主把界公王、东方土地、南方土地、北方土地、西方土地、中央土地神、龙神,列列诸位尊神降经坛。×月×日启醮,经坛一宵",邀请各路神仙下凡。

吉时一到,焚"早朝安奉"疏文。疏文是向神明递交的奏章,由外部封套与内部文书组成。封套是黄纸折制的长方形纸盒,上部顶格贴长条红纸,书"早朝安奉",中央印红色道经师宝印,印上写"具表上申"。内文书于长方形黄纸上,首面与封套正面对齐,长边三折后塞进封套。

早课诵《祈福经》或《还福经》。道士先用五雷号令拍案三下,而后披上道服,在供桌前面朝神明,左边站立一人持香,即稽首或俗称陪香者,右边站立一人手托一盘寿金(通常为30张黄纸和30张金银大宝),即顿首或俗称托香者;稽首与顿首二职由理事会中的耆老担任。道士鸣角示意神明到位后开始诵经,一边击钹一边念经,随经文内容断句微微屈膝礼拜,围观信士双手合十,跟随道士一同屈膝。接近尾声时,道士跪于垫上敲钹念经,念毕,再次鸣角示意诵经暂时告一段落,陪香者上香,托香者化纸。

午朝上供一般在午时(即11点至13点)午餐之前进行。在神厅前露天安放供桌,准备"香花烛水果,茶食宝珠衣",即各用碗碟装盛檀香木、花、蜡烛、水、苹果、茶叶、红糖、钱币、念珠、毛巾，每个碗碟内铺红纸一张，供品上亦以红纸缠绕。花有红与白之别，红花用于献祭女性神明，白花则献给男性神明。村人一般用糖代替"食"，亦可用蒸熟的米饭代替。钱币代表财宝，有时插在糖枣或米饭团上，念珠代表佛珠宝藏，毛巾则代表衣物。供桌一侧另奉一碗米饭①、一杯茶、三炷香以及寿金备用。

图 6-13　"午朝上供"供品

　　道士与稽首、顿首三人面对神明并立，道士持钹，稽首执香，顿首端红色托盘，内放檀香。道士敲击铜钹，口中念道："真香就是本来面，本来面目是真香。真香一枝[支]奉佛前，为唸真香合拿敬。香烟渺渺透天堂，求拜灵山大法王。"念毕，三人转身朝天作揖，再向神明作揖，继而配合紧密的鼓点分别呈"8"字绕圈走"天房"②，完成后三人回到原位，道士将檀香献于神殿供桌。

　　此后依次按上述流程献供，依序奉上花、烛、水、果、茶、食、宝、珠、衣，相应经文分别为：花"香花九品奉佛神，观音座在莲花内。红花白花

----

①　经坛用一碗米饭代替，醮坛则用饭菜，意味着先请神明吃饭，信士才能吃饭。

②　道士称此"8"字步法为"天房步"，尚未查到相关文献资料。

图 6-14　走"天房"

一样人,田中禾花一样新。有朝有日花结果,花开结子看分明"。烛"一盏明烛照乾坤,明烛化做白莲池。□烛能续百千灯,心印光通法令行。万圣千贤吹不灭,联辉烈焰照人民"。水"清水法水甘露水,观音菩萨大慈悲。左手提壶甘露水,右手提出杨柳枝。水洒四方皆洁尽,毫光万道正菩提"。果"此果寿桃千年果,人食长生张果老。红果白果是大□,龙眼红柑五供果。奉上坛前双手敬,果在盘中献如来"。茶"茶在杯中时时献,奉在佛前献如来。灵山顶上一头茶,一年四季常发芽。释迦文佛亲指点,观音面前献果茶"。食"饭果食斋一样人,食斋修行口中清。食肉二字二向人,内面照见外面人。众生还食众生肉,仔细思想人食人"。宝"宝食祥光满天飞,八仙献宝八宝余。宝中献宝堆积玉,八宝山中宝贝开。宝贝入村来送福,大发财丁进宝玉"。珠"珠光佛祖是太阳,珠圆如珠奉佛前。珠圆如宝珠进宝,进宝状元身带珠。宝珠奉入金龙殿,朝京殊笔卓官名"。衣"奉衣奉到东方衣,奉衣奉到南方衣。奉衣奉到西方衣,五色衣裳奉佛前。诸佛菩萨摩诃萨,摩诃般若波罗蜜"。待全部献完,将一碗米饭和一杯茶、一杯酒分次或一同献上,再敬香、化纸及高声朗诵仪式时间、地点、主题以及信士名册上表后焚化,最后放炮。

午餐后诵经一两次称为午课,下午三四时许送神,道士诵经恭送各路神明返驾归宫,完成后掷筊确定神明已经归位,再化纸放炮,信士打扫庙宇,各自归家。

祈福、还福当日全村各户皆进庙礼拜,祈福时缴纳"长年经"费用,随后各月的例拜出席与否各随己便。各庙理事会也邀请其他村庙的理事参加祈福、还福仪式,邻近村落信徒亦可自由参加祭拜,因此当日庙中热闹非凡,信士可借机聚餐、闲聊娱乐。若宫庙经费有余,还会邀请鼓乐手、舞蹈队前来娱神助兴,并炸制大量糖枣与油炸糕分予众人带返家中。报道人称原先旧庙较小,祈福、还福时并不组织大规模聚餐,仅留几位头家在庙内饮食,头家须杀猪一头,并将猪肉分赠予信士带回家享用。

祈福日信士捐赠明镜、红布、灯笼以及吉祥哥哥新衣,以新换旧,旧物焚化。道士或庙公亦在此日分发门符、车符、护身符等各类符纸、符布。① 祈福前若干日,宫庙理事会向信士收取费用,将其购买的符箓数量登记在册。符分送之前须先开光方能生效,开光时地面平铺草纸若干,上置待开光的符纸、符布,执事将草纸卷细点燃,在其上方凌空画符,随后以五雷号令逐一按压符纸、符布;随即捉一雄鸡向神作揖唱诵经文,鼓手配合奏乐,诵完后鼓乐喧闹鸣炮,再割破鸡喉将鸡血洒在符上,后将鸡血滴入碗中,混入香灰,搅匀后泼洒在符与草纸上,开光仪式结束。村民若有新添置的辟邪物或首饰、佛珠等物,亦在当日携带到庙中,请道士或庙公开光。

还福日村人携带祈福时许诺之物(如桌椅板凳、食品等)还愿,以猪头、猪尾和糖枣等物献祭,并捐赠香油钱。家中有添丁之喜者还应捐一只鸡与若干红蛋和糖枣,理事收下煮熟,在午餐时分给众人食用,并回赠一只鸡腿、少量红蛋、糖枣给添丁者带回家中。还福结束后村庙理事当众清算过去一年账目,并向村人汇报。

---

① 下章详述。

图 6-15　信士捐赠的方桌

(三)醮仪

　　九洲各村在每年秋季举行醮仪,请道士设坛诵经,度孤消灾,请演木偶戏[①],从外地迎神并"扛菩萨"游境,俗称"打醮";时间通常固定在所谓的"古日",即自古相沿成习的日子。四个自然村的"古日"各不相同,湖坊、东头和九洲自然村的古日相连,湖坊最早,在农历九月二十三日,随后是东头九月二十四日,九洲自然村则定在九月二十五日,粮丰稍后于十月十四日[②]举行。昔时东头村醮仪历时三日,仪式中有严格的仙佛之分:九月二十二日从外地寺院迎请定光古佛;二十三日为老佛

------

　　① 昔日木偶戏为醮仪的固定项目,具有仪式兼娱神功能。配合醮仪,木偶戏连演三或五天,通常分成早、午、晚三场,与扛菩萨同步举行,村民可以选择围观扛菩萨或观赏木偶戏。其他请演木偶戏的场景还包括红白喜事、保佑孩童、还愿、祭祖、乔迁等。昔时富裕人家在婚礼和丧礼上请演木偶戏谢客。若家中孩童哭闹难养,可请算命先生择一吉日,请木偶戏班至家中表演以求孩童好养育;若算命先生卜出儿童命中犯有关煞,可请戏班表演《夫人戏》为其"过关"保平安。信士在宫庙中向神明祈愿,事成之后请演木偶戏酬神还愿。新年祭祖祈福时祠堂请演木偶戏,从大年初一演至初五日。富裕家庭在乔迁礼上也会请木偶戏,连续表演三或五天,有"养龙"意味。
　　② 昔时粮丰醮仪定在农历十月十五日,后因上杭县香火旺盛的古石岩醮仪也是十月十五日,为避免时间冲突,才改为十月十四日。

醮吃斋,当日扛菩萨游村;二十四日为寒婆醮(仙醮),可吃荤,村民在家中设宴广邀亲友[1]欢聚。如今醮仪中仙佛界限模糊,扛菩萨与宴客皆同在九月二十四日完成。打醮所需财力与人力巨大,热衷此事的村民大多已届高龄,力不从心,因此十余年来各村已极少组织迎神游境,仅在"古日"当天前往村庙祭拜,并在家中宴请亲友,聚会规模较春节更甚。

昔时九洲各村醮仪通常由村内各姓宗族轮流主办,加之先前的庙舍较小,供桌几乎无处摆放,也不能给道士和鼓手提供住所,故醮坛通常设在该年轮值的某姓祠堂内,众神明被抬至祠堂内供奉,亦在祠堂旁起幡,若演木偶戏也要在祠堂左近搭建戏台。东头村为单姓村,昔时醮仪即设在村内陈氏祖祠,祠堂可以容纳道士、鼓手、木偶戏师傅、头家在内用膳;其主建筑在"文革"时因荒废倒塌,剩余几间侧屋边间因意外失火烧毁。1987年前后,村民筹资在原祠正厅原址上重修新的祖祠,但其余几间附属建物因土地问题未解决,一直未得到修缮,而村庙扩建后场地充足,村民便将醮坛移设村庙;除了东头、湖坊、九洲、粮丰各村的醮仪亦改在庙中举行。

过去醮仪的组织形式是头家制,由五六户人家联合牵头,每年轮换。如今东头村由老派和新派理事会轮流负责组织,经费则依赖非强制性地向各家户征收一定的善款[2]支应。打醮时每家每户都在忙碌地准备宴席和招待宾客,理事会提前号召各家户至少安排一人到庙中帮忙,但通常响应前去帮忙的人数并不多。

笔者田野调查时恰逢东头自然村和粮丰自然村恢复举办"扛菩萨"的传统,有幸目睹。下文简述2015年东头自然村迎请定光古佛及游境过程,粮丰扛菩萨仪式相差不大,故不赘述。东头该年扛菩萨醮仪由老派负责,祭拜仪式由陈耀丰主持,自农历九月二十一日(11月2日)设坛起,至九月二十五日(11月6日)送回神明结束,前后历时5日。传

---

[1] 古日适逢秋收之后,各家既有闲暇又有丰盛食物,所邀宾客范围较广,包括亲戚、朋友、同事等,其热闹程度较春节有过之而无不及;当日会有众多乞丐四面八方汇集于此,挨家挨户讨要1~2元不等的赏钱,以房东家为例,当日约有20名乞丐上门。

[2] 2015年为每户50元,2016年为100元。

统上完整的醮仪包括设坛、起幡、早朝、早课、午朝上供、午课、游神、放水灯、晚朝、晚课、倒幡、杀猪、度孤、送神，今已大见简化。

九月二十一日下午设坛建醮，当日傍晚陈耀丰布置醮坛，殿柱粘贴一对醮联"神光普照纳百福，迎神集福葆平安"，门楹贴六张小醮联，从左至右依次书写"恭迎""建醮""诵经""集福""保安""清吉"；庙门一对醮联"恭迎古佛驾临本庙，保佑全村平安吉祥"，门楣处有"经坛""谢恩"左右两个小醮联，门上插彩旗。因未能观察到陈耀丰布置东宝宫内醮坛的具体过程，此处叙述道士的做法，设坛时先在神明前班列

图 6-16　东宝宫醮联

五方神明，将象征每个神明的牌位插在盛有米饭的碗中，中间奉中方神，左边奉东方神和南方神，右边奉西方神和北方神。布置醮坛相当于一场法事，须请神并诵《洁坛经》，上"洁坛安奉"方文，送神，化纸。设坛后红纸墨书榜文和榜头，粘贴于宫庙外墙上，榜文交代道士出身、醮仪背景、程序安排；榜头即花名册，记录醮仪捐款的众福主名录[①]。

九月二十二日恭迎神明。请神者应提前斋戒五日，也不可行房，保证身体洁净，以免亵渎神明，受到责怪。二十二日午后二时许，腰系红布的东宝宫理事及村民代表共九人，携带一个香火不断的檀香炉、一面黄旗、一面红旗，驱车前往玉女村保林寺迎请定光古佛。抵达之后，保

---

①　醮仪通常按固定的金额向每个家户收取，故捐款钱数可省略，仅显示名录，村外人士捐款则可单独写出金额。

林寺的庙公鸣钟、诵经,持香向神明祈祷,交代此次请神缘由,随后东头村人先后上香祭拜。待吉时一到,保林寺庙公再次向定光古佛和吉祥哥哥请示并鸣钟,将定光古佛神轿背后的红布换下,替换上"拖玉布",即一块六尺宽的红色花布,中间竖书"定光古佛座前",右下角竖书"东头村弟子叩拜"。众人以六根木棍将古佛连同神轿抬起(图6-17),在隆隆鞭炮声中离开保林寺,再放置在两条板凳上,卸下木杠后将古佛转移至小卡车,驱车回村。

图6-17 抬神轿

沿途村民看见神像纷纷驻足并双手合十作揖,抵达东头村时村中信士聚在村口鸣炮相迎。在接近东宝宫的一段路上,耆老持大香,鼓手奏乐,走在缓行的车辆前方,直至庙门口。昔日单纯依靠人力迎请古佛,因路远颠簸,用九尺红布将古佛固定于神轿上,以免其晃荡摔落;抬菩萨者男女皆可,但多由男性担当。按旧俗抬菩萨者以肖马最宜,好比众马拉动神明的座驾。神像请入东宝宫后在主神龛与供桌间搭架木条,上铺红布,神轿及神像即置于其上。原宫中各神被移置古佛前侧的供桌之上;观音宫的观音菩萨亦要请来,神像下垫一张红纸,置于一个贴有红纸、盛满大米的瓷瓮上。

九月二十三日正式开始打醮诵经。昔日亦在本日游神巡境,2015年将其延至次日,故当日醮仪简化,仅在东宝宫内诵经,鼓手奏乐助兴。各家户携茶礼到庙里祭拜,上庙者通常是妇女,由于要准备第二日的宴客,祭拜时间多选在傍晚;祭拜时顺便将份子钱交予理事会。

报道人介绍,过去醮仪当日清晨在宫庙旁起幡,即竖起一根下部以三角支架固定的连枝带叶的粗毛竹,一根引线穿过竹子顶端的枝丫,一端水平系一木棍,木棍两头挂方形红色纸灯笼,并垂挂三尺花帕^①一条。诵经时有人牵动线绳,将花帕与灯笼逐渐升起。完成后幡下杀鸡,淋洒鸡血于草纸之上,地面摆放三牲、清茶、干饭、稀饭、馒头、寒衣等物。据说起幡惊动三界,四面远近的孤魂野鬼皆前来讨食讨衣,接受供养,竹幡升得越高吸引的孤魂数量越多。2015年醮仪因担心起幡后招来过多孤魂野鬼,打破村内安宁,因此取消起幡仪式。起幡后的早朝请神、早课、午朝上供、午课,这些仪式与每月例行祭祀的经坛雷同,不再赘述。据道士描述,有的村庄醮仪的午朝上供极其隆重,除了丰盛的菜碗之外,还用黄豆在四个盘中摆出"五""谷""丰""登"四字,或摆出"国泰平安""万事如意"等字样。

九月二十四日游神巡境。这天请神明出宫过府巡逻村境,保佑阖境平安。出巡绕境的神明除定光古佛外,还包括吉祥哥哥两尊^②、观音菩萨、三仙师中的黄老仙师,三圣公王中间一位,这五尊神像头上皆盖红布。定光古佛塑像身形较大,由数人抬轿,多选年轻力壮的男子;其余神像较小,一人双手捧持即可,一般多由中老年人负责。游神队伍除七名鼓手外,其余十三人^③皆腰系红布;一人拿大香,一人拿炮和小香,走在队伍最前面。

昔日村落范围较小,扛菩萨环绕整个村落较为容易,现在村境扩大,路途较长,因此游境时仅以村内主干道为主,沿途燃放爆竹,鼓乐喧天。村人早早做好准备,听闻炮声接近便出门相迎,燃放爆竹,并向神

---

① 有人称帕上绘有符咒,有的还在其下坠流苏。

② 一尊为东宝宫的,一尊为保林寺的,随定光古佛一同请来。

③ 此次游境汪琪全程参与,东头村人实际为十二人。

图 6-18　诸神巡境

像作揖祈福,向定光古佛、吉祥哥哥呈上红包。有意迎请神明入户的人家应提前与村庙理事会商定,使巡游路线经过家门。

　　神明到家户门前要"下马",该家户须放炮恭迎,延请诸神像入座,定光古佛最大殿后,前排从左到右依次为三仙师、观音菩萨、三圣公王,在前排左右各立一尊吉祥哥哥,神像安座后前面放香炉和供品。诸事布置妥当后鼓手奏乐,随行的庙公或道士鸣角请神并诵经祈福,屋主及全家人(包括幼童)焚香祭拜,向神明呈上红包,也要向理事会、抬菩萨者以及鼓手致赠红包。

　　此后庙公或道士主持"发粮米"仪式,屋主及家人在正厅按长幼从左到右依次排开,庙公或道士分次将粮米撒向他们,每撒一次念一句好话:"一要合家清洁,二要人口平安,三要财丁兴旺,四要六畜多生,五要五子登金榜,六要老者添福又添寿,七要青龙招百福,八要又有白虎振华堂,九要千年来富贵,十要万年都来财。"全家人须在每句后高声应答:"要!"并用衣衽接住粮米。获得的粮米或喂给牲畜吃,认为这样有助于牲畜繁衍,或用红纸包裹珍藏。结束后众人将神明抬起,乐队奏

图 6-19　请神"下马"入座

乐,屋主放炮相送,神明继续游境。

　　全境游神完毕已近黄昏,队伍前往河流下游水口岸边设供桌,摆香炉供品祭拜。在河岸线上每隔一米左右插一根香,村民称此举旨在阻止孤魂野鬼来犯。庙公或道士在岸边摆放十个塑料碗(分为两列,每列五个),碗内铺红纸,各立红烛一根,昔日的水灯是内置蜡烛的方形红色纸盒,如今纸盒改用塑料碗替代。庙公或道士吹号角请神,鼓手奏乐配合庙公或道士诵经,理事动手点燃蜡烛置入碗中,再将其逐一放入河流中。水灯顺流而下之时庙公或道士面向下游高声喝道:"你们吃好喝好,拿着金银财宝,有吃有穿又有钱,走吧！走吧！回到你们原来的地方,去！去！去！让我们村平安大吉。"①若水灯尽数顺流漂走象征大吉,若有下沉或停滞不前则为不祥之兆。放灯后化草纸、黄纸、银纸、冥币,最后放炮。由于神像在扛菩萨过程中可能沾染污秽,昔日还会将神像抬入河中清洗,九月二十四日下午放水灯结束后,神像并未"沐浴",直接抬回东宝宫归位,至此扛菩萨仪式结束。

――――――――――――

　　①　放水灯原意本为开光引道,欢迎水中孤魂循水灯指示上岸接受下述的散食普度,此处的表达与原意似有出入,篇幅所限,本章不做深入讨论。

九月二十四日晚朝和晚课①结束后,在宫庙以及河边上香点烛,摆放供品,向孤魂野鬼散食,度孤消灾。陈耀丰念《消灾经》,念毕将供品翻倒于地面上,化纸(草纸、寿金、银纸、冥币),最后放炮。昔日九月二十五日子时前,须将庙边竖立的幡砍倒,传说倒幡之时围观众人四散奔逃,以被砸中为不吉,如今既无"起幡",自然亦无"倒幡"仪式。

倒幡后杀一头猪献祭孤魂野鬼,再化纸、烧幡,最后放炮、送神,完成醮仪。昔时献祭的猪只会给付一定的费用商请养猪户宰杀,且猪肉归他,但村人通常有所忌讳不愿购食此猪,致使猪肉无法如常出售,养猪户因此提高要价。2015年打醮时东头理事会碍于经费所限,改用鸡代猪,再淋鸡血于草纸上,用于献祭孤魂野鬼。陈耀丰称这只鸡须丢弃,不可食用。

九月二十五日,送定光古佛返回玉女村,整个醮仪完毕。

(四)其他祭仪

除上述定期举行的聚落性宗教仪式,在各村庙中还有一些非定时进行的祭仪,例如神像的升座仪式、神诞祭典,以及其他驱邪、祈福仪式,笔者在田野调查的一载中不能尽数参加观察,下文将零星所见所闻简要叙述。

1.升座仪式

升座仪式是为庙中新请神像开光,民间咸信泥塑木雕的神像必经开光,神明之灵才会依附其上。田野调查中所见的两场升座仪式皆为妈祖所行,先后在湖坊仙师岩②与九洲自然村的三圣宫中;分别在还福与祈福日进行,前者仪式由上杭县西普陀寺僧人主持,后者由上杭县执业道士主持。仙师岩妈祖升座仪式中,僧人将披着红布的妈祖神像奉于供桌,桌上另陈列朱砂、毛笔、水、红色脸盆、毛巾、檀香等物。敲击木鱼诵念经文后,取少许朱砂化于水中,再以毛笔蘸之为神像点睛、画符,诵经为其

---

① 道士称诵念《五方经》,旨在清五方。

② 湖坊村内另一庙,位于九洲北部山地中,庙舍依地势建在巨大岩缝间。供奉神明有三仙师、定光古佛、观音菩萨、地藏菩萨、弥勒佛、财神等。

开光。庙中执事取下神像上的红布,将其转移至神案,此过程中要脱鞋登上神案,并在神像底座下垫数张黄纸。此后庙中执事朗读表文,并献上红布盖在神像头顶。升座仪式完成后,信士献上供品,焚香化纸祭拜。

道士所主持之升座仪式略有不同,仪式前身披红布的妈祖被放置在殿内左侧桌面。在院中露天另设一供桌,仪式开始后将妈祖神像转置其上,在其底座下垫一红布,取下盖在身上的红布。供桌旁地面平铺草纸若干和一个空碗,杀雄鸡淋血在草纸上和碗中。随后道士穿上道袍,额上扎一条红布,左手托血碗,右手执毛笔,面向神像依次以笔蘸血点在其额、眼、嘴、鼻、手、身、膝、脚、背,点每个部位时配合吟诵经文,乐队在旁伴奏。同时宫中理事与信士聚立于殿内面向本宫主神,按照道士念诵之节奏,每句结束作揖一次。经文诵毕,锣鼓齐鸣,炮声隆隆,宫中理事将妈祖神像奉于神案上,献布上红。此后继续诵经祭拜,化纸放炮,信士向妈祖献上红布。

2.神诞祭典

宫庙中主神诞辰是各个庙中重要的纪念日,然而由于九月尾隆重的"古日"打醮,神明千秋庆典在九洲已有所简化。粮丰于七月二十六日庆祝地藏菩萨生日,东头六月初六日祭祀黄老仙师,湖坊于三月二十三日欢庆妈祖诞辰。简化后的庆祝仪典仅由信士前来敬酒上香,资金充裕时村庙才会聘请道士、鼓乐手前来祈福、助兴。该日宫庙中设宴款待本村及远道而来的信士,佛家神明以素斋分享众人,若为道家神明则共享酒肉。

3.驱邪①

陈耀丰在东宝宫祭仪当日,有时也为有需求的事主驱邪。事主通常表现为生病久治不愈,推断为撞鬼所致。以下所述为亲见的两例:曾有一位老年妇女连续数日呕吐不止,求助神明,耀丰令其面向神明坐于殿中,诵经后取草纸卷细点燃,在事主头顶上方环绕,口中念经,以一声"好"响亮结束;随后持点燃的草纸卷环绕其上半身,经文亦以"好"结

---

① 其他场所亦可驱邪,此处单指聚落宗教场所内的驱邪仪式。

束。随后耀丰走出殿堂将草纸丢弃于宫外，立即折返，取桌上茶水一杯，在香炉上方环绕数圈后在其上画符并念经，请事主饮下即完成仪式。另有一位年轻人因身体不明原因的不适求助，耀丰以点燃的草纸环绕事主后，将纸丢弃于东宝宫天井中。另燃着一卷草纸，向神明祷告后弃置于正殿地面，燃着的一端向外。耀丰再端起供桌上的一杯茶水，另一手沾水弹向地面上的草纸卷，同时口念咒语，要求事主面向殿外跨过草纸，耀丰继续洒水在其身后，仪式随即结束。

第七章
九洲人的家庭宗教

　　家宅除了为九洲人遮风挡雨外，也要兼具庇护家人免受自然力侵害的功能，因此在兴建新家时九洲人讲究在最吉利的时间与地点起造，家宅内外要安置保护家宅、祈求阖家安康的宗教设施，并在其上施行一系列仪式，这类宗教实践受到村人高度重视。九洲人在家庭生活中通过神明、祖先祭祀及祭鬼等禳灾避厄的诸多手段，保护其生存场所以及全家人口之平安，达到人与自然的和谐共存。

一、家宅营造

　　九洲有谚"鱼住深潭，人住弯"，强调建屋选址的要领；"弯"是指左右与后方皆有山环绕的山窝，亦即风水中讲究的"靠山"。九洲人将住宅建筑比喻为人，认为将建筑修建在"弯"处，便如同人坐在靠背椅中，稳重且"吃气"。人"吃气"则中气足，身体健康；家宅"吃气"则家道昌，家庭和谐稳固。九洲人相信家庭福祸兴衰与家宅修建的年月日时紧密相关，因此营建家宅的重要环节皆择吉日、吉时举行，通常由地理先生依照风水流年、屋主八字、施工进度等因素选定。可见九洲人对其容身之所的营造相当重视且讲究，在时空上关照细节，确保居所的天时地利和谐一致。

（一）家宅选址、布局与择课

　　九洲人相信堪舆之术，在修建住屋之前定会聘请地理先生挑选"好风水"。但村内无专职的地理先生，湖坊曾有一位范先生，祖传其艺，受到许多村人认可尊敬；粮丰一位已故的木偶戏艺人，传言他生前能通灵，亦能"看风水"。上杭城内有一家老字号的择日馆"崇福堂"，是九洲人常常求助的对象。一些人更倾向于请外地的地理先生,亦有村民会请两位甚至多位先生,相互验证其说法,以挑选最佳的风水格局。关于堪舆费用,屋主与先生通常商定一个总工资,建造过程中每请先生一次另赠一个小额红包,另对于外地先生要包其食宿。

地理先生通过考察土地地形、地势、地貌以及四周环境和山水格局,并参考罗盘方位以确定宅基地。宅基地确定后,他再综合地形水势、四周环境等因素,确定家屋及院落朝向。九洲村的住屋正门与院门朝向通常相异,就风水考量,二者对于户主同等重要。家屋正门的朝向须考虑"来龙去脉",所谓"龙"即山脉之行止起伏;"来龙"要山碧水环,左右盘旋,形成曲折的入口,才是好"龙",左侧山势(青龙)要高于右侧(白虎)才是"好风水",俗称"龙抬头"。房屋背后的山称为"靠山",靠山之于房屋如同座椅之于人,坐在其中的感受因椅子的形状而各异,具有靠背及扶手的椅子让人坐着舒服,同样山体三向环绕的地形也让建筑的生活空间更加舒适,显然这样的地形既避风又"养气",也便于防御。"来龙"须弯绕盘踞形成山窝,而"去脉"则要奔驰远赴,房屋正门要面向山峰,山峰属阳而吉昌,山窝则属阴,于家门不利。[①] 对面的山峰依照形态被村人比拟为笔架、几案等实物,各自寓意不同。

在风水学说的基础上,九洲传统民居基址多与周围的自然环境相融相合,依山傍水,负阴抱阳。若家宅所依之山丘较高,房屋则可离山丘较远,筑得较高;若后山较低平,建筑则应距离山体近些,且不宜过高,如此与山峦相配和谐,既可防潮又能避风。房屋多坐北朝南,或坐西向东,屋后山体挡住西北风,屋内可收纳东南风,因而能够"吃气",冬暖夏凉,小气候宜人。除了地势左高右低为佳外,两侧的其他建筑物同样影响家宅的风水,九洲人认为右侧房屋若高于自家建筑,则对自身不利,会引起疾病甚至死亡,印证此说的案例俯拾皆是,报道人笃信不疑。

院门朝向的方位视流水走向而定,九洲人认为水主财运,院门面向河流来向敞开可纳引财气入门,九洲民居院门大多面向旧县河或汀江上游开设;排水直去无收象征财富流失,因此院落排水口大都设置隐蔽。蓄水之塘可以养真气、荫地脉,传统民居前方往往还有池塘,家宅前若无河水流过,要开挖水塘,以求吉利;水塘既利于洗濯、养鱼,又便于防火,还美化环境,一举多得。可以说九洲村选址布局得当的民宅,皆可自成一个小小的生态系统。

由于不同年份相利的方位不同,九洲民居建造朝向亦要考虑风水流年,但流年对于建筑的影响往往表现在时间上而非空间上。按照通书①指示,若当年不利南北而利东西,周遭地形却适宜南北筑屋,屋主则同样会建造南北朝向的房屋,只要等到来年方位利南北之后,再完成最后部分的建造,或举行入屋仪式。例如一位报道人的家宅坐向当年风水大凶,因此只将庭院围起,而没做大门,次年才将院落建造完成;另有一位报道人在旧宅地基上重建新屋,而当年流年不利其朝向,故先举办升迁酒宴入住,待流年大利后方才举办入屋仪式。

除流年外,房屋建造各个阶段的时间安排取决于屋主的生辰八字,诸如动土、下基、安户碛、筑墙、升梁、放水、安灶、出煞、入屋等重要环节,皆要委托地理先生择吉日、吉时。地理先生用红纸书写建屋过程中主要环节相对应的日期和时辰,以及每个仪式中须回避者之生肖。这些生肖者若不回避则对自身不利,村中流传着违反禁忌者当场晕倒、癫狂或事后影响时运的故事,颇有警示之效,因此大多上榜之须回避者都选择在仪式进行时暂离现场或背向而立。

(二)修造过程

九洲人将家宅类比为人体,家宅的建造是为构建一个有利于己的协调稳定空间。他们重视家屋建筑过程各个环节,以对超自然力吸纳与防护的仪式相伴,达到趋吉避凶的目的。

1.动土

动土仪式是一切建筑活动的开端,受到九洲人特别的重视,凡涉及挖土的行动皆要举行动土仪式。在选定的吉日良辰请地理先生持罗盘

---

① 通书即皇历,九洲人用于择吉避害。

在地基上牵经,确定家宅中厅正墙方位,随后设神坛,安奉杨公符木。杨公即风水宗师杨筠松,九洲人称之为"杨公师傅"或"大符师傅",树其风水符柱以祈求整个筑屋工事一切顺利。

图 7-1 杨公符木

　　在房屋建造过程中使用杉木求"发",希望家支繁茂、子孙万代、财源广进。符木由木匠以杉木制作,为一四方长柱,长三尺六,长宽各一寸八,[①]顶端方头,尾端渐细成尖锥。符木四面以墨笔书写符文,在调查中所见符木大多年深日远,符文早已模糊难辨,仅有一根除正面符图模糊,其余三面文字清晰可见:与正面符图相对的一面书"九天玄女仙娘亲母身到盖东主家中保佑男妇女幼人等身体安康六畜兴旺万煞潜伏

　　① 尺与寸为传统长度单位。1尺约为33.3厘米,1寸约为3.33厘米。三尺六为120厘米,一寸八即6厘米。

祭"，左侧书"左辅太阳星君到　男增百福　祭"，右侧书"右弼太阴星君到　女纳千祥　祭"。

九洲人认为杨公食素，故安符时在杨公神位前陈列素三牲，如苹果、豆干、米粄等，另供三杯清茶、一对红烛、三炷香。地理先生杀雄鸡，鸡血洒于红布，再将红布包在符木顶端，俗称"红头"。符木裹"红头"后便不可随意移动，亦不可将尖端向下，应反手持符使尖端向上。直到安符时，尖端方才反转向下，画符图的正面须与房屋朝向一致，以榔头轻击红头十下，对应十句吉祥话："一定发、二来财、三星高照、四季发财、五福临门、六位高升、七子连登、八马山、久（九）久长、满堂红。"树立妥当后，屋主、地理先生与筑屋工匠一同持香向天敬拜，再转身拜杨公符木，地理先生祷告"某某某家要动土建房，求杨公师傅保佑大吉大利"。随后放炮、化纸。杨公符木安妥后可动土，此时泥工以锄头象征性地先后于厅堂正墙、厅堂中心以及东南西北四个方位各挖三下，宣告正式开工。

动土之后，屋主每日清晨应焚香祭拜杨公师傅，不可懈怠，否则将遭受惩罚，发生意外。昔日若房屋建成后仍有其他扩建加盖之打算，则将屋后的杨公符木请回家中，安奉在正厅的左侧角落，持续每日敬拜。此后不论何时动土，不必再请地理先生择课，只向杨公上香敬告即可。也有屋主为省去平日麻烦，先将杨公恭送出门，待他日再兴土木时重新请回。恭送杨公时倒茶于地面，撤供拔香，同时口念送词，以左手抓红头将杨公符木拔下，眼睛不可直视，随后将符木与香纸一并焚烧。今人动土不请杨公师傅，向天地礼拜即可，事后也省去不少禁忌与麻烦。

2.下基

下基标志筑屋过程的正式启动，因此也被九洲人称为"起工"。此前挖土工程浩大，往往不能如期完成，在选定的下基吉日前至少应将正厅的基础地坑开挖完成。下基由地理先生与泥工合作，前者持罗盘牵经定向，泥工师傅则在主墙前侧中央处"一"字排放九块扁长大石，随后地理先生淋雄鸡血于石块上，称为"治基石"。所谓"治"，包含开光、驱煞、攘邪及镇宅等意，是九洲人一种特别却常见的仪式，生肖相冲者须回避。如今不必以大石入基,改取九块红砖,砌成三角塔状即可。放入砖石前,应先在下基处用锄头象征性挖掘数下,主人设三牲香茶祭拜基神,请求天神地公保佑人人平安。治基石后焚烧草纸、燃放爆竹。起工仪式完成后,工匠便可自由选择时间开始做工,工地被视同家宅,主人应于农历各月初一、十五日烧香敬拜天地。

3.安户碄①

户碄指作为门槛的石条,是九洲传统建筑的气脉关口,是房屋建造过程中重要的一环。户碄一般在墙基与地面平行后安置,之后才进行夯墙工作。九洲人通常选择长方体石条做户碄,其方位放置严格遵照罗盘坐标之朝向,并确立房屋的中轴线。

安户碄当日屋主须备三牲酒礼祭拜,地理先生以罗盘谨慎定位,户碄一旦被放入其位后便开始"管事",影响整个建筑的气脉风水。泥工师傅将户碄放在确定的位置上,地理先生随后"治"户碄,祈求建筑工事顺利,安妥的户碄可镇煞禳邪。户碄下四角多放有银圆或铁锅片,富者多用银圆,贫者则用铁片,除象征求财,九洲人认为从实用性角度看,石条较重,放于墙基上容易倾斜,四角垫上金属可以使其保持平衡稳固,并在下方留一条缝隙,不被完全封死。如今九洲住屋结构和功能已发生变化,村民要将各式作为交通工具的车辆开进家中,户碄越来越少见,安户碄仪式也被逐渐简化省去。

4.筑墙

九洲人在不同年代建造的房屋墙体有很大不同,现存较早的为青砖夹石的空心墙体,后来改为泥土夯筑,近二三十年来则以红砖叠砌。不同的墙体建筑方法不同,但建造工程开始与结束时皆鸣炮庆贺。

筑墙质量关乎房屋的坚固程度,不得偷工减料。聘请的工匠当好好招待,否则易生祸端。九洲自然村盛传先前有一李姓人家建房时,泥工师傅的徒弟将主人家放养的母鸡误伤致死,师傅心想当晚有鸡肉可

---

① 九洲人还将其写为"枯山""裤碌""库砀""柱担"等,此处参照地理先生的写法"户碄"。

吃,渠料主人心痛这只下蛋的母鸡,恶言斥责工匠。师傅心生怨念,遂在他家院门边的青砖墙内放入一个风车(即扬谷机)符咒。此后李家人常听到风车"轱辘,轱辘"的声音,好似闹鬼,从此家道中落,人丁渐绝。九洲人称某长者曾去听过,确有此声。报道人认为昔日工匠师傅大多会画符念咒,若主人得罪他们,便画符令其生灾。但九洲人认为这类法术的使用者会遭报应,没有后代,因此法术渐渐失传。筑墙期间禁忌提"倒""塌""跌"等不吉之字词,以免发生意外。

5.升梁

升梁是家宅营造中最重要的仪式之一,顺利与否不仅关系到建筑的牢固,更影响到屋主的运势。正梁是整个升梁仪式的核心,多选粗壮笔直、两端粗细一致、枝叶繁茂的杉木。用作梁木的杉木不可为独木,要求杉树根部四周有丛发小树,越多越好,寓意多子多孙。

上好的杉木不易求得,九洲人昔日曾有"偷梁树"之俗。偷梁树即偷砍他人之杉树做正梁之用。由屋主事先于他人林地寻得中意的杉木,做好标记,参照通书择吉日于夜间召集七八名壮汉前往偷伐。砍伐前在树前点烛、燃香、焚草纸祭拜,小声祝告,随后开始伐木。小心以免伤及周边的小树,正梁之材伐倒时忌讳着地沾染秽气,须以红布接住,返家前不可歇气不可讲话,更不可放炮,以免被人发现,直接抬回家中置于木马之上,请木工师傅加工成正梁。次日树主看到木材被伐且根部有红烛遗迹,立刻知晓缘由,稍作打听便可得知谁人建房,待升梁日前往道喜,致赠相当于梁木价格的礼金红包,主人以其双倍回礼。若树主有意刁难,定价过高,主人亦拒绝回礼,双方闹翻,树主便在树桩上浇淋屎尿,诅咒屋主未来运势不佳。

制作梁木要择吉日吉时。首先鸣炮,梁木置于三角木马上或以红布悬挂,不可着地,更禁忌女人碰触与跨越。为驱除污秽,亦有人在梁木中央绘制八卦符咒,撒上大米、钱币,以雄鸡血祭洒梁头、梁中、梁尾,称"治"梁木,同时口念:"一点红花治梁头,儿孙代代出诸侯;两点红花治梁中,儿孙代代在朝中;三点红花治梁尾,儿孙代代状元榜眼探花归。"除了鸡血,九洲人亦以米酒"治"梁木,念词为:"一杯清酒敬梁头,儿孙代代出诸侯;一杯清酒敬梁中,儿孙代代在朝中;一杯清酒敬梁尾,儿孙代代状元榜眼探花归。"

升梁时木匠与泥工各立一端,通常木匠在东、泥工在西,以六尺或八尺长红布将正梁逐阶提升至新屋顶端。二人每登一阶,地理先生高呼一句吉利话,屋主呼应:"好啊!"正梁安妥后,两端分别以红绳悬挂文房四宝(笔、纸、墨、通书)与"粮米"红袋,期待子孙前途广阔、出人头地,家中粮财广进,五谷丰登。九洲人视"梁"为"龙"的化身,升梁结束后呼梁即被称作"呼龙",以"发粮米"为其主要仪式。①

传统房宅在上厅架正梁,此外还有固定在两侧墙体向上弯曲的"虾公梁",其木材以杉木为主,亦可使用松木,直径较细。有报道人称"虾公梁"又称"子孙梁",地位高于正梁。制作虾公梁的木材也要偷得,并且不认账,木材主人找上门骂得越凶,家里越"发"。

6.放水

放水即天井排水系统建造的仪式。排水系统在家宅风水观念中占有重要位置,主财之水去处,影响到一家人未来的富贵;昔日同居于一屋中的兄弟,常因放水之风水仅利于一方而发生纠纷。其修造原则为不直出,不多口出,不穿厅过房。水属阴,生化阳气,又属财,象征富庶,直沟外流则使阳气无依,财寿暴耗,因此排水通道要曲折转弯向前,使水缓缓暗泄出去;若两侧分流则易散财耗气;从厅堂正梁下或从大门下穿过,易招穷困祸端。天井之长宽须采纳鲁班尺上之吉利刻度,宜逢单而不逢双。

昔日放水吉日地理先生用罗盘牵经引线,确定进口、出口和转弯口的位置和方向。通常流水须经三个转弯排出,这三个弯口分别称作小神、中神、大神;每一处放置一个中等大小的碗,内装金、银、铜、铁、锡(代表五行)以及毛笔②与墨条③(寓意家族出人才),碗口用两块砖平放

<hr>

① 家宅升梁呼龙时"发粮米"的对象为家庭成员,其余仪式过程与第五章所述"发粮米"仪式相同。

② 若笔杆过长可适当剪短。

③ 如今墨条较为少见,多用电池的碳棒替代。

盖住,砖块与地板平行,砖上刻出不同形状的洞,分别为圆形、半圆形、三角形;排水时水流经过洞口流入碗中,等水满过碗又流出洞口。地理先生杀一只白色水鸭,将鸭血从进口沿着排水道淋至出口,结束时放炮。

7.安灶

灶是家宅中重要的一部分,重要日子皆须祭拜灶神。迁居、分家、女主人更换皆要另立新灶,与灶相关的禁忌活动颇多,如守孝重七、重阳节等日子以及烹饪蛇肉等食材,皆不可用厨房的灶生火。

安灶关乎家道吉昌,是九洲人特别重视的仪式。厨房和灶台是妇女工作的场所,一家的女主人是"灶主",因此安灶时辰须以其生辰八字为主,结合夫星、子星与财星测算。正因为如此,若年长女主人过世,三年后当按新主妇之生辰重新建灶,方能延续最佳运势。新灶动工谓之"起砖",须以三牲酒礼供奉灶神,焚香烛、鸣炮致敬。

九洲人并不认为灶台的长宽高有特殊意涵,其尺寸根据厨房大小而定,通常高二尺一、宽三尺、长五尺八。而灶门的朝向却关乎一家气脉,大多朝向与火相生的东方,也有的家户向西,九洲人称之为"煮东煮西"或"吃东西",如此便使家宅"吃禄",带来财富。其他两个方位,南方属火,较少人选择;北方属水,水克火,对灶不利,对主人家亦不利,是灶门朝向的禁忌。另有更为实用的解释,灶口面北,易入冷风,不利生火且费柴,昔日柴火张罗不易,耗柴过多并不经济实惠。厨房多设置在正房前侧的左右,讲究煮好餐食端向屋内,而非向外。

灶台完工后须择吉时生火,又称"进火",以杉树叶点火,在灶台上方贴上灶君像,献供品和香烛,同时口中念"请灶君爷爷护佑,福禄临门,添财添丁,风调雨顺,五谷丰熟,四季吉祥"等吉利词语,最后鸣炮庆祝。若是新宅新灶进火,一般安排在乔迁"入屋"仪式当日,由屋主一家人从旧宅迁入,先将旧宅灶台拆毁,确保灶君随众人来到新宅,随后才进行新宅进火仪式。许多人在"入屋"仪式之前便在新宅进火,尽管屋主尚未入住新房,进火后便要在新宅生火做饭。

以上诸项仪式的完成标志着家屋建筑落成,从动土、下基、安户碛、筑墙到升梁、放水和安灶,地理先生、泥工、木匠根据不同情境扮演各种重要角色,各项仪式结束后,屋主都应赠红包一个。房屋落成之后仍须进行出煞和入屋仪式,屋主才能够安心入住。若当年流年不利,不可进行出煞与入屋仪式,屋主亦可"悄悄"入住,待利年①到来才举行上述仪式。

8.出煞

出煞是九洲人在新屋建成入住前净化家宅的必要仪式。请地理先生或道士等将凶神驱赶出去,以求平安吉利。非利年不能出煞,其他情况如在原址上重建且方位与格局未变的,装修前已出煞的,则不用重复出煞。阳宅出煞择吉日吉时举行,通常在夜间,并且必须于子时之前结束,原因是子时以后鸡开始鸣叫,而凶神惧鸡,躲在屋内驱之不走。因仪式的执行者不同,出煞的做法在细节上亦有所差别,但步骤雷同,略述如下。

以地理先生为例,出煞前先安奉杨公符木;若动土时已安奉符木,出煞时请其降临即可。在客厅的供桌上摆放一个香炉,前面陈列三牲酒礼与茶礼等。② 吉时一到,念请神咒语③:"吉时良天地开张,诚心拜请,立地焚香,香烟奏请五行地理仙师、周公文王仙师、孔子五代圣贤、九天玄女娘娘、陶侃仙师、吕才仙师、马头陀仙师、九牛破土仙师,拜请陈仙师、杨二仙师、清水圣者、白仲仙师、丘延益仙师、杨筠松仙师、丘延翰仙师、曾文遄仙师、廖禹仙师、廖金精仙师、青鸟仙师、李淳风仙师、丘

---

① 分南北利年与东西利年,以春分为界每年轮换。非利年礼数皆从简,只能"偷偷"搬家,办升迁酒时不敢放炮;但笔者在田野调查中参加过一次非利年的升迁酒,隆重程度与利年的无异。

② 出煞置办物品可参考吴东发道士提供的资料:桌子1张、大米4斤、米酒2斤、铁桶1只、菜刀1把、木楼梯1架、杯子3个、硬币2分共9个、黄豆子12个、熟猪肉1斤、目鱼2条、雄鸡2只、新碗10个、苹果6个、花生半斤、红枣2斤、打火机2个、透明胶或小香糊1瓶、红布3尺、红中烛1对(杯子装)、红小烛10对1包、红中香3包、赤小香8袋、草纸5把、红纸1张、冥币若干、银纸若干、红口杯4个、毛巾1条、大萝卜3条、小钢钉5个、串炮2000头1挂、串炮100头18挂、大礼炮3个、先生烟2包。

③ 资料来源于地理先生的笔记,字迹无法辨识者以□代之,下文送神咒语亦是同样情况。

亚和仙师、郭璞仙师、福善仙师,拜请谢子期、赖文俊、吴天洪、吴敬鸾、□侧魏、董德新,拜请前传后教寻龙点穴消砂师、拨砂师、穿山龙、过海龙,罗经廿四日山,五星砂祖金木水火土、九星九耀贪巨禄文廉武破辅弼,各各随来香火,福德神明、本山土地、杨大伯公、五方五位后土龙神,拜请前传后教×××,有事通神,无事不请,今拟中华人民共和国福建省×市×县×乡×村弟子×××合家人脊,虔备花红利市×门东主,请杨公弟子到此吉龙吉地×××,备上清香明烛美酒荤腥请到。"请神成功后杀一只雄鸡酬神,带领屋主焚香祭拜,并诵念祷词。

随后布置煞坛。以供桌为始,将草纸首尾相叠平铺地面,每张草纸上放 1 根点燃的线香,经由屋门、院门直至道路口①。报道人称,凶神飞得很低,用草纸为其铺平道路,使它飞得更快;近年道士新添花样,在每张草纸上放一张银纸,称凶煞如同地痞常常要赖,给它们一些小钱,可尽快将其打发出门,得到不少人效仿,因此现在也有人平铺银纸代替草纸。昔日草纸用 12 张,代表一年 12 个月,如今屋敞院阔,12 张草纸远远不够,便不再计较数量。② 在草纸末端路口处设香纸筒 1 个,以及一字排列的 7 个新碗,碗中盛兑水阴阳酒。碗前陈列供品,先生与屋主面朝香桶作揖,进蜡烛、大香和小香,化纸。

吉时到送凶神,仪式执行者情绪激愤,右手持剑,左手执鸡,高声念道:"天煞天上去,地煞地下藏,年煞年位去,日煞日位行,左煞左边走,右煞右边走,凶神恶煞管别处。"念毕,立即割断雄鸡咽喉,快速将鸡血淋于铺好的草纸之上,一路大声呵斥,奔向门外路口,一人在其身后迅速卷起草纸跟随,另一人点燃鞭炮紧随其后。道士行至路口淋鸡血于酒碗中,迅速以宝剑将酒碗向外打翻倒扣。围观者在仪式时逃离房屋,躲至远处,尤其不会站在凶神必经的门口与被送离的方向。

若建屋动土时在建筑基地中挖到尸骨罐,则须增加整只猪或羊献祭镇煞。镇煞猪羊多是忌讳,村人不愿使用自家的牲畜,因此常前往较

---

① 昔时以三岔路口为准,现简化为路口,若院门直接连接道路则铺至院门即可。

② 尽管阳宅出煞时铺地草纸不限于 12 张,但阴宅出破军严格以 12 张为限,过与不及皆不可。

远的村落方能购得。出煞时在厅堂内宰杀,在其奄奄一息之际以红绳捆绑后腿,从屋内拖向屋外,左转逆时针绕房一周,仪式执行者行于最前端,一路呵斥,其后紧随放鞭炮者,拖猪羊者跟在最后。

通常认为"煞坐中宫",因此在厅堂内出煞即可。如今有的道士将做法创新,新居的每个房间都须出煞,自上而下前往每个房间上香点烛,吹法角,念咒,大声呵斥,并放炮;先前直接在房间内放炮,后改良为在加盖的桶中放炮。

出煞仪式要制作镇宅符,包括八卦符和五方神符等。昔日符文多在现场绘制,如今大多提前绘好。八卦符为长方形红布,以黑墨绘制,

图 7-2 镇宅符

中间上方竖着大写"玉皇銮驾到中宫",中央绘有八卦图案,其下方书写"长宣大帝廖杨曾仙师神符",最下端绘符咒,左右两侧分别书"左辅青龙招财宝""右弼白虎进田庄"等,右下角书有日期"公元××年农历××月××日启建日旦"。符上撒满"粮米"平铺于地面,杀雄鸡将血淋于其上,粮米经鸡血凝固后黏附在布符表面,便可悬挂。昔日先生一大早便来到屋主家中制符,鸡血凝固时间较长,钱币和大米的黏着牢固;近年先生常傍晚才到,制符时间较短,便使用胶水粘黏,以保证钱、米不掉落。八卦符一般悬挂于家宅厅堂正墙左上角。

五方神符则以黑墨书写于长条红纸上,分别为"东方甲乙木德星君""南方丙丁火德星君""西方庚辛金德星君""北方壬癸水德星君""中方戊己土德星君",或"东方青帝星君""南方赤帝星君""西方白帝星君""北方黑帝星君""中方黄帝星君"等,大同小异,纸符要与布符同时淋洒鸡血。东南西北四方贴于相应方位的屋顶与墙壁交角,中方则贴于正墙中央顶端。此外还有其他神符,上书如"月德星君到此""文曲星君到此""太上老君到此""麒麟星君到此""太阳星君到此""太阴星君到此""凤凰星君到此""太白星君到此""武曲星君到此""日德星君到此"等文字。

有的人还会在正门门楣处悬挂一条绘有八卦的红布横幅,但较为少见,上书"斩邪""千年来富贵""男增百福""财丁兴旺""合家平安""女纳千祥""万年都来财""保安"等字。

镇宅符安奉完毕即可送神,念送神咒语。以地理先生所用为例:"诸位堪屿[舆]仙师,今日恭恭师到,远远师来,保佑弟子×××,扶持弟子出煞呼龙,现下行香谢礼,有事通神,无事不请,今拟×年×月×日×姓弟子,虔备银钱奉上,杨曾廖仙师会上,诸位圣神仙师,个个随身领取,银钱微小,火化成多,诸神有份,诸圣无亏,谨当奉送诸位仙师圣神,在天归天,在地归地,在山归山,在水归水,主持杨曾廖仙师镇管,××一百二十四位吉神请到,来则降临,吉则留恩,善保云经,伏惟珍重。"念毕,化纸酬神。

出煞后杨公符木可继续安奉在客厅正墙左下角,房子扩建修缮时不必择日,每月初一、十五日,以及年节,屋主皆应烧香祭拜。据说杨公神位亦可保佑家宅平安,但多数村民会请地理先生"送杨公"。出煞完毕时,在杨公符木前以三牲酒礼供奉,焚香祭拜,诵念口诀:"奉送天公归天,地神归地,有宫归宫,有庙归庙,来时喜欢,回时欢喜,奉送神浆(此时倒掉杯中的酒,取香,将供品移开),奉送神纸(将金银大宝卷成一卷,点燃),奉送各位仙师回归本位(用左手抓住符木的红头,将其从神坛上拔出,视线避开符木)。"将符木倒头竖立,杨公便不再管事,有的道士会杀雄鸡淋血于符木上,为其避光。符木或放于旧宅或转让给别人,使用时再请地理先生开光即可;或择吉日前往长流河,在河边陈列供品,烧香祭拜,将符木随流水送走。为感念杨公恩情,符木通常不会烧毁,但有一位报道人坚称,"送杨公"时符木与香烛纸一并焚化。

九洲村民对出煞仪式津津乐道,将其视为家宅空间营造最为重要的环节。不少建屋仪式随着时代变迁简化甚至消失,唯有出煞基本保留全部流程,甚至创造出许多新花样。

9.入屋

入屋是九洲人由旧生活场所转向新生活空间的宣告仪式,通常在出煞仪式后的夜间进行,并邀请众亲友共襄盛举,通宵达旦娱乐庆祝。

九洲村有"接风水"之说。在入屋仪式前准备具有象征意义的各式道具,均以红纸缠绕。接风水时先于房屋正厅门外设一红纸覆盖的供桌,其上置一盆糖粿,上插枝叶繁茂的茶树枝及杉树枝,枝上缠绕金色丝线,串联悬挂 19 个红包和若干金色装饰物,俗称"金钱树"或"发财树"。糖粿一般由新屋女主人的娘家致赠,杉枝与茶枝在九洲象征多子多孙。九洲人崇尚数字"九",认为其谐音可带来"长长久久"的繁荣,红包与金色饰物代表"金银财宝",寄托了屋主发财长久的美好愿望。"发财树"之后设一香炉、一对红烛,陈列三杯米酒。供桌左右地面各放一个装满清水的红色水桶,桶沿搭松木、杉枝和茶树枝,被称为"风水桶"。九洲同胞兄弟大多毗邻建房,坐向一致,同属一个山头,一条龙脉,风水相连,因此其中一家"接风水"时,其余各家皆须摆出同样的道具一起承接。"接风水"须持续三日,若当年流年不利,不宜进行入屋仪式,屋可于"升迁酒"（即乔迁酒宴）当日"接风水"，以求吉祥安泰、子孙万代、财源广进。

图 7-3　接风水

　　入屋仪式前亲友先在新宅内等候，一届吉时屋主一家离开旧宅，每人手中各持一物，长幼相随，列队而行，往新屋进发。屋主或其父手持一铺有红纸的方形托盘，其上陈列带须生葱、连根大蒜、韭菜各一捆，分别象征聪（葱）明、精打细算（蒜）和长长久久（韭），以及稻谷种子、黄豆种子、红包（昔日包有金、银、铜、铁、锡各样金属片或银圆，现在多用硬币或纸币代替）和通书；屋主或其长子挑两袋稻谷，象征五谷丰登；女主人挑猪食桶（内放一瓢）和鸡笼（内装母鸡与小鸡各一只），象征六畜兴旺；家中幼童各携算盘或书本，寄托长辈对其能算会读之期待。出门前先捣毁旧宅灶口，并请灶君一同迁居；家中若有猫狗畜生，须一并迁出，离开旧宅时燃放鞭炮。

　　屋主一家在指定吉时进入新屋，打开房门，点亮灯烛，燃放礼炮，欢庆乔迁。若新屋建于旧宅基址，则须请众人先离开家宅，关灯熄火。屋主一家从侧门出屋，象征性地绕行一周后再从正门进入。进门后屋主持大香，家人各持小香，先向外敬拜天地，再向内敬拜祖先。如今升梁仪式简化,前述的"呼龙"撒粮米仪式也多在入屋仪式中合并进行。为聚集人气,亲友在新居中彻夜嬉闹,昔日富裕人家还请戏班演出木偶戏,直至天亮,九洲人称之为"安龙"或"养龙",即安抚养护龙脉之意。

入屋仪式后的白天,屋主在家中办"升迁酒",即设宴款待亲友,庆祝乔迁新居。宾客向屋主道喜并赠送红包,金额依关系亲疏而定。外家客人到达时须鸣炮致意,昔日外家以糖粿和两麻袋稻谷相赠,现在则改以现金红包代替。旧俗屋主的母舅或妻舅要赠送寓意吉祥的画匾,若母舅与妻舅同时赠送画匾,而正厅的空间只能悬挂一幅,则会引起婆媳间的争执。为避免伤和气,屋主的父亲会提前向屋主的母舅致歉,请对方礼让改送他物。新屋落成后屋主之妻即升格为女主人,其娘家客人约定俗成为最尊贵的上宾,其婆婆娘家的客人次之,但是屋主母亲是长辈,仍须提前向其亲友解释才合乎礼数,以免宾客在就座时因座次产生不悦。外家多在午餐赴宴,宴饮结束后,其赠礼的一半要作为还礼带回,即糖粿切下一半,稻谷任择一袋携返归家;若外家致赠红包,屋主则应另回赠半数金额红包。

二、家庭祭祀

经过仔细地时空选择,家宅在吉利的时间、地点营造妥善,其间透过仪式的操作,保证其风水灵力能够发挥。入住新家后还要供奉祭祀神明、祖先以及可能作祟的鬼邪,因此九洲人在家宅内进行一系列祭祀活动。

(一)神明

家宅供奉神明旨在纳福辟邪,为家庭成员提供保护屏障。为回报神明的保佑,须按时向神明祭拜。九洲人家中供奉的神明主要为天公与灶君公公,也有家户安奉太岁、土地公、观音菩萨、杨公先生、财神爷等神明。

九洲村民祭拜天公祈求风调雨顺、家宅平安。天公并无神偶或牌位等实体以资象征,却是地位崇高的神明。有的家户在围墙或房宅二楼设天公炉,有的则连香炉也不见,在围墙的缝隙中插香。尽管没有神像且香位简陋,但村民实际的祭拜与祷告却不见半点轻慢。祭拜时背对厅堂,面向房外,朝天作揖礼拜,再将香插于天公炉内。

灶君公公不论有无神像牌位皆被供奉于厨房灶台之上,位置一般在灶膛进出口上方的台面,台面砌一石阶,阶上陈列供品。传统上在该处墙壁贴灶君公公像或书有"司命灶君"的红纸,腊月二十四日送诸神上天庭时撕去旧的灶君神位,将其与金银大宝、杉树枝一起焚化,大年三十上午贴灶君神位,正月初四日恭迎诸神返凡间时迎请灶君。现在有的家户在装修时将灶君神像瓷砖嵌入相应位置,过年时将其擦拭一新即可,免去年年重设灶君神位的麻烦。

图 7-4　灶君公公神位

农历每月初一及十五日是家户例行祭拜天公与灶君的日子,乃九洲家庭主妇家务的一部分,男子除非特殊情况或重大祭仪并不参与。祭祀当日的清晨,各家的主妇在早饭前焚香拜天公、祭灶君,若家中还供养着其他神明则随后依次"顺便"祭拜。每月例行的"拜天公"与"祭灶君"无需供品，主妇祭拜时口中祷念护佑家人安康、发财等吉利祷词。

在家宅内安奉其他神明大多是消灾避祸的手段，用于镇宅保家、庇佑家人平安康泰。传闻有一村人先后因疾病和意外住院，伤身破财、祸不单行，在他人建议以及与家人商议后，于春节后购置观音菩萨与财神爷神像各一尊，并择吉日请村内神职人员在家中诵经一日并为神像开光。自迎入神像之日起，每日清晨均于观音神像前上香献茶，每月初一、十五日于财神爷前上香。供奉观音者日常吃素或每月逢三、九日以及观音生日时吃斋。

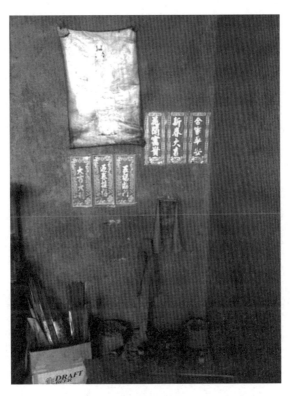

图 7-5　观音菩萨、杨公先生、太岁神位

九洲人笃信本命年之说，认为"犯太岁"易招致厄运、诸事不顺，因此本命年时在家中奉祀值年太岁，可达到禳灾避厄的效果。凡家人遇本命年，要提前购买或从宫庙中请来红色太岁符纸，不论家中几位成员

岁逢本命年,只请一张符纸即可护佑周全,参照通书所载的吉日吉时,将太岁符纸贴于客厅正墙左侧下方,其前设一小四方祭坛,上置香炉,每月初一、十五日及逢年过节,焚香礼拜。本命年年终时将太岁符纸连同一张草纸一并焚化,以期消灾免祸,解除本命年厄运。

(二)祖先

家宅内的祭祖活动在今日九洲已相当简化,多见于"大年大节"①拜天公之后,以及添丁、嫁娶、筑屋、丧葬仪式之中。昔日传统建筑的正厅后侧立有画屏,屏前置一长条形香案以供奉祖先牌位。这些家宅构件如今虽然已十分少见,九洲人仍以正厅中央的墙壁象征祖先的栖息之所,进行祭拜。

现在的九洲人认为"阴阳不可同居",故在闽南地区常见的正厅供奉祖先牌位或遗像的现象在这里并不常见,已故亲人的遗像平时或面向墙壁悬挂,或被小心地收藏起来,仅在过年过节祭拜时取出,暂时奉于厅中以便接受子孙祭拜,节庆过后遗像立即复归原位。

(三)鬼邪

九洲人认为有些阴灵因无人祭祀在阴间得不到供养,便作祟捣乱,引起人的死亡、疾病、意外以及生活其他方面的失意;白虎、天狗、五鬼等凶神则是在特定年份时,祟害特定生肖,使其罹病遭灾。故九洲人常将发生在身边的不幸与灾厄归结为鬼邪的作祟,必须奉献食物、财帛以免除其骚扰。尽管鬼和邪有时须做区分,但九洲人对撞鬼与撞邪具体表征的描述并无差异,因此二者常被混为一谈。

九洲人认定某些特定的地点较易遭到祟害,如村内的三岔路口是他们送鬼邪的地点,因此也是鬼邪集聚之所。村内孩童在这些地方玩耍后,若莫名惊惧哭泣,即认为为邪秽所侵;另后山有一处洞穴存放若干无名尸骨瓦瓮,很多人认为阴森可怖,少敢经过,即便是壮汉亦愿绕远路趋避,以免受惊生病。东头河岸榕树下有一面清代码头碑记,不少

---

① 大年大节,九洲人对春节、端午、中元、中秋、重阳五个节日的统称,下节详述。

村民将其误以为是一个去世孩童的墓碑，并告诫子女不能坐在"墓碑"上，以免被"墓碑"主人报复，导致肚痛、生病等。还有一些家庭新筑家宅打地基时挖到无名尸骨，必须将其迁往别处，若其不愿离开原地而闹事，将导致家宅不宁，应小心谨慎地化解。鬼邪通常附于人体作祟，故在家庭祭祀中，将鬼邪谨小慎微地"请送"出门便成为整个仪式的焦点，其时间多在一年中的清明前后。

　　送鬼仪式在九洲被称作"请神鬼"。村人咸信在白天无法将邪灵送走，一般在夜间子时之前进行。受到小鬼侵扰者的家人多求助于神媒或道士，按照他们的指点，携带供品前往三岔路口，在具体时间、面向特定方位请送。供品通常为三牲、米酒、香、烛、银纸、冥币，有时也要一些特殊物件，如镜子。"请神鬼"无须神媒亲自出马，普通家人即可执行。不过出门"请神鬼"须偷偷进行，选择"鸡不鸣、狗不吠"的时辰，往返路上皆不可遇行人、车辆，甚至生物，否则请送失败。由于意在将其恭敬地送出门，对其使用的米酒不可为阴阳参半的打邪酒，而必须是纯酒。请送的态度亦要毕恭毕敬，呈上供品、焚香化纸，诚惶诚恐说道："去找

图 7-6　路口"送神鬼"遗存

有钱人吧,不要来找我。现在给你好吃好喝和金银钱财,你拿了就走吧。"或说:"吃喝完你就去找别人吧,找有钱的人吧,我养不起你啦。"等等。说完后留下供品以及正在焚烧的纸钱,立即起身悄悄溜回家中,不可鸣炮惊动正在专心享用的鬼邪,以免它又跟随返家,继续作祟家人。

也有家户聘请神媒或道士在家中帮病人驱鬼,此时便不再以温和的方式请送,而是手执法器厉声呵斥,将小鬼驱赶出家门,并打碎供品碗碟酒杯,化纸后放炮。其使用的酒水乃掺水打邪酒,表示不欢迎。打邪酒一般为五碗,置于门口角落,每做完一段法事后便将一碗酒送出门口泼掉,道士能够根据酒的表征判断驱邪之效果。报道人称,有时活人的魂魄会在此仪式中逃出体外,贪吃者若喝了打邪酒,其主体便不久于人世,因此道士也会大声呵斥生者魂魄远离打邪酒。

与鬼邪不同,凶神的冲撞发生在特定年岁,与个人的行为体质并无干系。相对应年龄者应按照通书指定的不同方式化解。以 2015 年乙未羊年为例,当年通书中《十二太岁宫星》篇述:"五鬼,官符,三台。5、17、29、41、53、65、77 岁。五鬼占宫防之灾忧,人己无故生烦,此年中以制五鬼运财逢吉,无改平地起风波,此年生男儿大吉,添丁发财。"又:"白虎,天杀,地杀。9、21、33、45、57、69、81 岁。白虎入宫为害,恐伤人口,血光病难,外伤,孝服及其他不测凶事,女人有喜即吉,无喜则忧,此年中夜间宜制化白虎凶星吉利。"再:"天狗,八座,吊客。11、23、35、47、59、71、83 岁。天狗星入度,忌看食日月,免逢凶灾,生不测祸根,此年中夜间,宜改化吉,无改凶多吉少,须事不意,多烦劳心,病痛之忧。"

意思是 2015 年当年年龄为 5、17、29、41、53、65、77 岁的人犯五鬼,应作降制之法,九洲人通常在傍晚天色暗沉后前往三岔路口请送。五鬼共有五位,因此供品须一式五份:三牲各五碗、酒五杯、蜡烛五根、香五支、草纸五张;另请地理先生绘五鬼形象于草纸上或以纸扎五个人形,与草纸一同焚烧。送五鬼与送鬼不同,送五鬼乃为提前预防其作祟于人,避免灾祸降临,而送鬼则是病厄发生后的补救,甚至是治疗措施。而当年 9、21、33、45、57、69、81 岁的人命犯白虎,须扎制一个白虎纸偶或在草纸上画一白虎及一头替人敬献予白虎的猪,在日落后前往路口

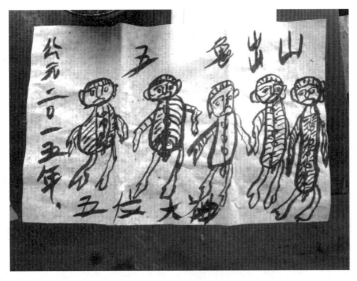

图 7-7 "五鬼"符图

"送白虎上山"，纸偶或纸像与草纸等物一并焚化。当年 11、23、35、47、59、71、83 岁的人犯天狗，化解方式较为简单，即当年不观测日食与月食即可。

图 7-8 "白虎"符图

三、岁时祭仪

岁时祭仪和中国传统农业社会密切相关,展现出农事工作的时间观念与文化,九洲人也在节庆中祭拜祖先神明,祈求家人的平安康泰。九洲的年节主要有被称为"大年大节"的五个节日。大年即春节,大节分别指端午、中元、中秋、重阳这四个节日,其中端午和重阳又称为头节和尾节,较其他节日更为隆重。除了节日外,还有若干在九洲亦受到相当重视的节气,虽已简化但仍保留部分祭仪旧俗。

(一)春节

春节是一年中最隆重的节庆,庆祝活动从小年腊月二十五"入年界"后,持续至正月十五日元宵节。昔日入年界后即在庭院中设供,每日祭拜天公,在早餐与晚餐前放炮,直至正月初五日,共祭拜十日。九洲尚有一些人家至今仍在践行,但也有家户简化为仅正月初一至初五日祭拜五日;另有不少家户仅在几个重要日子如腊月二十五、二十九、除夕、正月初一、初五、十五日,设供祭拜天公。入年界后村民纷纷开始着手置办年货(如制作糖粿、糖枣、油炸糕、腊肉等),并将糖枣、油炸糕等食品装在碗中陈列于供桌、天公炉旁以及灶神、太岁等神明前。

小年之后过年之前,一般在腊月二十八、二十九日,出嫁女子须携三斤猪肉回娘家"送年"。因此九洲人生女儿常戏称"过年有肉吃",也有人以鸡肉或红包代替猪肉"送年"。出嫁女子还未生育时给娘家爷爷奶奶送年,生育之后则给自己的父母送年。若女子尚未出嫁但已与男子订婚,则准女婿应在过年前以猪肉和红包"送年"。自小认了义母为干亲以求平安的孩童,不论男女均要在年前给义母"送年"。

除夕日即"过年",九洲人依次前往村庙、公王或伯公祠、树母、祠堂祭拜,返家后在家中祭拜,也要前往墓地祭拜近祖,对象为三代以内的祖先,有兄弟几人者不必全部前往,可每年轮替,若当天恰有降雨不便出行,亦可省略,在家面向厅堂主墙祭拜即可。祭拜过后在禽畜栏棚、水缸等家用物品上贴红纸以求吉利。过年时村人早早回到家中,洗净

图 7-9　过年拜"树母"

图 7-10　过年拜伯公

身体和衣服，换上干净的新衣，拜过天公后阖家团圆享用晚餐。

　　年夜饭是春节中最丰盛的一餐。以笔者田野调查期间借住的农家为例，年夜饭不仅有猪脚、鸡肉、鸭肉、鱼肉、鱼汤、花蛤、青菜等，还有以鸡鸭油汤炖制的补药，当然也少不了自家酿制的优质米酒。村人年夜饭皆在家中与家人共享,不会邀请外人来家中吃饭。吃年夜饭时全家人饮酒谈天作乐,餐后已经挣钱的子女致赠父母压岁钱。比邻而居或住在一起的亲近长辈会在过年夜间给还未挣钱的晚辈压岁钱。酒足饭饱后由餐桌转移至茶几饮茶,观看春节联欢晚会,亲朋好友也会串门喝茶打牌。

　　除夕至大年初一夜间子时过后的吉时,各家行"开门"仪式,俗谚云:"年初一,早开门,放礼炮,点喜灯,祖公堂前贺新年。"开门仪式通常由家主执行,打开家中所有照明,将供桌上的三牲酒礼换为素果茶礼,焚香祭拜后,将屋门和院门大大敞开,放鞭炮与礼炮烟火。"开门"之后院大门和房屋大门保持敞开直至第二日夜间,客厅及厨房彻夜灯火通明,九洲人称之为"火光照岁"。

图 7-11　正月初一日"开门"仪式

　　正月初一日同样要前往村庙祠堂祭拜,也在家中祭拜天公,其供品无需鸡、肉、米酒,仅供上水果、茶点与清茶即可。初一早餐九洲人与神明同样食素斋,主妇用心准备几样富有寓意的菜肴,如吃葱象征聪明、吃芹菜则象征勤快。吃过早餐后年轻人带着孩子前往村内房亲家中拜年。主妇留在家中接待客人,等待亲戚来家吃茶拜年。通常亲缘关系在两代以内的堂兄弟姐妹相约一起去房亲家拜年,按照距离远近逐一拜访,进门后大声恭贺"新年好",主人笑脸相迎连忙招呼,也以"新年好"回应,请众人坐下,稍坐闲话家常,主人给每个前来拜年的儿童一个内装 10 元钱的红包。闲叙之后客人起身说"再行一下",主人并不多做挽留,起身恭送道别。尽管各家停留不久,但有的房支根深叶茂也须耗一个上午才能完成拜年礼。临近中午时,被拜访之家皆客气地询问:"食昼?"即询问客人是否留下吃午饭,客人一般婉拒离开,拜年结束后回到自己家中享用午餐。下午村人聚众打牌或进城玩乐打发闲暇。

正月初二日"回娘家"探亲,一家中若有婆媳二人,"回娘家"须协调时间,鉴于婆婆较媳妇为尊,一般婆婆在初二回娘家,媳妇则相应顺延至初三。若家中仍有老人,老人的女儿也要在初二当日"回娘家",如此家中主妇便不得抽身,须留在家中待客,只能委托其夫、子或媳前往娘家拜访长辈。回娘家的女儿赠送给父母每人一个红包(通常是 100 元),以及一根煮熟的鸡腿,给其他长辈则送礼包(一般为糖果、瓜子等物),如今简化为 50 元红包。

正月初五日"出年界"后,初六家内供桌即可撤,村民可下地干活或外出打工,市场店铺开张。初六、初九有不少村民前往邻村古石岩妈祖庙祈福求签。正月十五日元宵节祭拜天公、祖公,家中添丁者还须前往祠堂点灯。家人团圆聚餐过后,大年正式结束。

(二)四大节

九洲四大节分别指端午节、中元节、中秋节与重阳节。因分别对应农历五月、七月、八月、九月,又被九洲人称为"五月节""七月节""八月节""九月节"。一年中这四个节日不仅要祭拜神明与祖先,家人亦借机团聚共享美食。

五月初五日是端午节,气温日高,五毒尽出。九洲许多人家在大门悬挂由艾草、桃枝、石菖蒲、葛藤四物组成的草束,可以驱邪避毒,祛病防疫。此日若有出远门者须尽早回家。九洲人在七月十四日过中元节,昔日在中元节要将祖先遗像取出,置于厅堂接受家人的祭拜,近年七月节渐与其他节日无异,成为家人团聚宴饮的日子。八月十五中秋节,家人夜间相聚,一起饮酒赏月,分食华饼,即月饼,多为五仁馅料。

九月初九日重阳节是一年的最后一个大节日。九洲流行"霜降叠重阳，十家烧火九家亡"民谚，即若九月重阳与霜降节气重叠，则当天不可在家中灶内烧柴生烟，应于前一日备好干粮食用。

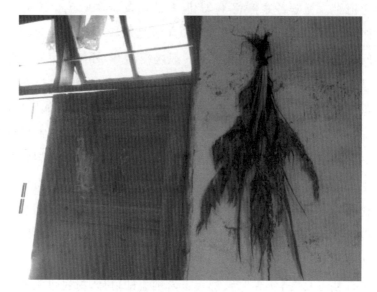

图 7-12　端午节草束

四大节的祭仪差异极小，一同简述。节前须将家中尿桶、垃圾等秽物清理干净，保证家内洁净。节日当天晚饭前，在家中天井（没有天井的新式建筑则在房门口）设供桌。家庭主妇携供品前往村庙祭拜后，返家将供品陈列于供桌上，桌上摆香炉，主妇点燃红烛一对置于香炉两侧，尔后持大香一支背对供桌面向屋外作揖拜天公，再转身面向厅堂祭拜祖先，将大香插于香炉后再点燃数支小香，分别在太岁、灶君神位前祭拜。完成后放鞭炮和礼炮，供桌留至夜间晚餐结束后才撤去。

（三）节气

九洲人的时间观念与循序渐进的节气密不可分。二十四节气既反映季节变化，又用于指导农事，影响农人的生活作息。昔日立春、春分、清明、立夏等节气时亦有庆祝，如今除了春分、清明尚有祭祖的习俗，其他节气的祭仪多已简化。

立春又被称为"交春"或"过春"，为二十四节气之首。九洲人认为立春是一年实际的开端。在此日之前要将家宅内外彻底清扫,全面清洗家具、餐具等物,洗晒被褥,工作量之大须花费数日完成。全村也要在立春日之前完成上一年还福醮仪。当日祭拜天公、灶君,贴春联及窗花,燃放爆竹,交春之时刻应回到家中度过。

图 7-13 "交春接福"春联

立夏日标志着夏季到来,也是九洲重要的节气。立夏之后气温逐渐升高,禾苗疯长,病虫害亦增多,此日在村庙中举办醮仪,请求"五谷仙师"保护禾苗平安生长并获得大丰收。过去该日宴请亲友吃饭,家家户户制作面条或麦籼,即麦面煎饼卷上馅料加工成的春卷食用。

四、家宅厌胜物

九洲人认为家宅经过小心营造、安奉神明并经常礼拜奉献,祈求保佑后,基本处于较为安全的状态。但仍有某些超自然力打破平衡,破坏家宅的防御体系,进而危害家庭成员。为了化解危机,家宅主人通常选择在房宅内外安置厌胜物,加固家宅的超自然防御力,求得内部平安。九洲村较常见的厌胜物是八卦镜、符咒、石狮等。

八卦镜又被九洲人称为"照妖镜",其四周刻十二生肖形象,背面为八卦图案,亦有因陋就简以平常的红色塑料圆镜代替的;九洲村民在每年年尾取下旧的镜子,从道士处购置新的八卦镜,在还福醮仪之时到村庙中请道士为镜开光。道士先问得家宅主人生辰八字,将草纸卷细点燃,口中念咒,持点燃的草纸于镜的正反面画符,完毕后丢弃草纸,将八卦镜在香炉上转数圈;其后取净炉中的檀香,舀取少量香灰撒在镜面上,又以手蘸取米酒弹在镜面上,随后复以手指蘸酒和着香灰于镜面上书"米"字形图案,将八卦镜镜面向内置于神像脚下,午后方可取回家中。待次日正午之前将其悬挂于家宅门楣中央,镜面向外,与房屋朝向一致。九洲人咸信该镜可照出邪祟,反射不吉之物。

图 7-14　八卦镜

悬挂粘贴符箓也是九洲村较普遍的一种驱邪镇煞形式。除了新屋入宅时须制作悬挂的镇宅出煞符,另有数种常见符咒,如门符、车符以及孩童身上的平安符。镇宅符除前文所叙悬挂于正厅墙壁左侧的八卦布符,亦有另一种悬挂于房屋门口的红布,红布上有的绘八卦图案和符文,此种布符主要意在驱邪。例如村内一户人家装修新居时,一位工者不慎从楼顶坠下身亡,为避免死者阴魂滋事,扰乱家中安宁,便请道士做仪式驱邪,并悬挂八卦红布。有一些人家仅悬挂上面没有任何图案的红布,此乃俗称的"上红",祈求否极泰来,一般出现在丧事刚结束的家户门前,象征凶事已过去,未来生活将红火顺发。

图 7-15　门符　　　　　　　　图 7-16　车符

　　门符乃各村祈福醮仪时从道士处购得,为红色长条形纸符,道士一般在祈福仪式之前按村内需求数量印出。门符按照道士测算的吉日吉时粘贴于房屋大门外侧,每年更换。车符顾名思义是粘贴或系挂于车上的符咒。新车须择吉时开回家中,鸣放鞭炮并请道士于三岔路口进行车辆的出煞仪式,完毕后在车的后视镜上系挂红色布符,或于车身粘贴纸符,以保证车主出行平安。每年祈福之时亦要更换车符,可在道士或庙公处购买,择吉时除旧换新,旧车符以火焚化。

　　新生孩童容易受到邪祟侵扰,有的村民在祈福时求得四方形平安布符,将其对折缝制为三角形布兜,内填大米与茶叶,别于孩童大臂袖上,亦有请得八卦银牌,以红丝线挂于颈上的,以此保护孩童健康成长。

图 7-17　孩童平安符

此外九洲人认为狮头可镇宅除煞，因此家屋建在路口、面向山头的房宅，其屋顶往往会安置一个石狮，守护家宅免受煞气冲撞侵扰。在护院墙上安放泰山石敢当者称院门正面朝向大路，道路往来行人太多，易染邪秽，安置石敢当是为了抵挡邪煞。

第八章
九洲人的婚姻

在九洲人的传统观念中,婚姻是每个人都应经历的人生阶段,结婚不仅是个人的终身大事,也事关家庭乃至整个家族的传续绵延。男子"成家立业"要通过缔结婚姻完成,缔结婚姻的仪式"婚礼"标志着一个人迈向成年,因此与婚礼相关的风俗仪礼备受重视。本章介绍九洲嫁娶婚礼仪程,简述九洲特殊婚姻形式的特点,探讨传统与现代婚俗的变迁。

一、嫁娶婚礼

九洲人依旧制讲究男婚女嫁,"嫁娶婚"是其婚姻主要形式。合婚二姓男女要经历一整套烦琐礼仪,方可"合法"地组建家庭共同生活。传统上要遵循纳采、问名、纳吉、纳征、请期、亲迎等"六礼",六礼具备,婚姻关系始告成立(陈鹏,1990:200)。纳采即男方家长请媒人前往女子家中说亲;问名即男家问得女子生辰八字,并以之与准新郎的八字占卜凶吉,故俗称"合八字";纳吉即男家合测二人八字,得到吉兆后向女家报喜,象征婚约确定,即是"订婚",九洲人称为"压落";纳征即男家向女方送聘礼;请期即男家测算各项仪程吉日后,征询女方意见;亲迎即新郎亲自前往女家迎娶新娘,尔后拜堂成亲,为婚礼仪式中最为重要的环节。"六礼"虽为九洲婚姻嫁娶的蓝本,却随时代变迁不断简化。如今自由恋爱的男女青年更省去传统的繁文缛节,直接步入实质性的日常婚姻生活,婚礼成为一项过场仪式。以下依据时间先后之序,略述九洲人的婚姻仪礼。

(一)说媒与合八字

传统社会婚姻大事大多悉听"父母之命,媒妁之言",男女青年情投意合自主成婚者少见。媒人在男女两家巧言撮合,是姻亲结成的关键角色。昔日的媒人多为村内能言善道者,不限男女,但年长女性更热衷此事，因此媒人也多另称为"媒婆"，相对的男性媒人则被称作"媒公"。村人礼待媒人，因其工作贯穿婚礼仪程，除了婚前说合协调，婚礼中还由媒人负责挑子孙桶。以前联姻成功之家的谢媒礼是赠送一套大面襟衫、一斤猪肉及两桶喜饼，今日渐已简化为致赠红包。一对新人婚后生子举办满月酒时，亦要特别邀请媒人参加。

昔日男家看中哪家闺女便会请媒人前去攀亲。九洲忌讳夜间出生的肖虎女子，俗言"白虎于日落后下山"，认为属虎又在此时出生的女子命格对夫家不利，因此女子家人多会为其更改生辰，以免影响出嫁的机会。此外传统上还讲究男女的婚龄差距，认为相差三岁与六岁不佳，有"六岁大冲，三岁小冲"之说；虽然民间俗语有"女大三，抱金砖"之说，在九洲变成"女大三，老太婆"；若男子大女子三岁，又言"男大三，小孩子"，认为女子太小不懂事，难以操持繁重的家务。从中可看出九洲人择偶曾经偏好年龄相仿的对象。此外妇女对未来儿媳的身材美丑很有主见，认为"角度大"者"身材好"，更会生育，能生儿子，"角度小"的女孩子"不好看"，所谓"角度"即胸部与臀部的弧度，"角度大"即身材丰满，与现今年轻人崇尚的骨感审美观念颇有出入。

女方家长若接受男家的求亲，便应媒人所求将女子八字开具庚帖交付，俗称"打婚纸"。《上杭县志》载："邑俗两姓结婚，媒妁向女家以白纸开具女生年月日时送往男家，谓之打婚纸。女家不合意，则不出婚纸。"（丘复，1938：564）媒人将女子生辰八字交予男家"合八字"，男家要请有名望的地理先生或算命先生测算二人的八字是否相合；因为"嫁出去的女儿，泼出去的水"，女子出嫁后与娘家运道再无瓜葛，完全属于男方家族，因此合八字由男家父母请人推算，对象以男方为主，只算女子对夫家是否有利。若算得八字相合，则安排进一步相亲，若不合便再无下文。

如今媒人已非专职，多为亲朋好友介绍，故多称为"介绍人"，也能起到媒人撮合协调的作用，还不似过去无良的专职媒婆巧舌如簧，两头蒙骗。青年男女也多自由恋爱，不再受父母、亲友介绍人的牵制，亦不囿于八字是否匹配。合八字变成婚前象征性的仪式，先生给出的测算结果也多为相合吉配。

（二）相亲与察家

昔日男女婚配讲究门当户对，订婚前阶段男女双方都想方设法了解对方及其家庭情况。除老一辈童养媳、等郎妹等特别的婚姻形式，村民可以追忆的男女青年初见场景主要为相亲。一般由媒人带男子父母或当事人前去女家相亲，其形式多为暗相，即女家父母安排女儿端点心上厅堂，并给男方家人斟茶，使男女青年会面，留下对彼此的初步印象。女子多较为害羞，斟茶时始终低头，加之煤油灯光昏暗，许多男子无法看清其容貌。现在还流传许多相亲的故事，据说有精明胆大者告辞后借口落下衣衫折返女家，若适逢女子在厅内与家人商讨相亲印象，一时不及回避，男子就有机会看清其容貌；有的男子比女子更加害羞，又身处女家被女方亲友围观，十分紧张以至于将衣角揉破；女子亦会暗中观察男子，曾有一男子雨天相亲出门错穿了母亲的雨靴，女子斟茶时瞥见小伙脚上的女靴，几乎忍俊不禁。有时媒婆会在当中行骗，找来帅哥代替丑男相亲，俗称"牵婿"，待女方婚后发现被骗，无奈生米已成熟饭。现在的相亲则与过去大相径庭，两家由介绍人张罗会面，男女青年大大方方地交谈相处。然而待嫁的女子不可随便被"看"，男方当依俗给女子一个红包（今多为 500 元）作为见面礼。相亲结束后若女子有意进一步发展，则留下见面礼；若无意须在三日内委托中间人退还红包，表示拒绝之意。

相亲时男方可以前往女家了解情况，而待字闺中的女子却不能轻易前往男家。但仅凭媒婆的一面之词难令女家父母安心，因此为了更准确了解男子及其家境，女方长辈如女子之母或姑姨妯娌等女性亲属便私下前往男家探家风，观察男方家宅的位置、环境、外观等，俗称"察家"或"看房子"。据称早先的"察家"不可事先告知男家，仅在男家附近悄悄查看，后来渐渐变得光明正大，男家还要设宴款待女方来宾，并赠予礼品。精明的女方家人在男方家中通过观察其厨房整洁与否，桌面是否洁净，甚至捞米使用的竹笊篱的缝隙是否被清洗干净等细节来判断女主人，即未来的亲家母是否勤快能干，并据此推断该男子在家中是否受到良好教养。

（三）订婚与上门

男女青年相见倾心且两家人对彼此满意后，便请媒人从中协调议定婚事。商议的内容包括男方付予女家的聘金,若女方提出的金额远超男方家庭的承受范围,商讨及讨价还价过程可能变得漫长。经过中间人一番此来彼往的周旋,两家人就婚事聘金初步达成一致后,便举行"订婚"仪式,缔结婚约,确定联姻。

九洲村将订婚称作"压落",即尘埃落定之意。昔日该村订婚分先后两次完成,先者为小,后者为大,区别在于邀请亲属范围的大小。小压落以商定聘金和写婚书为主要工作,仅须小范围宴请女方至亲如父母、叔伯等;大压落乃是正式下聘纳征,宴请女方家族亲属。改革开放后至 20 世纪 90 年代中期,订婚时仍分两次进行,其后五六年此风俗渐渐式微,至 21 世纪便已删繁就简,合二为一。据说昔日在订婚之前男家还要拜访女家三次,赠送见面礼①,其后亦逐渐化繁为简,由三简为二,再删二成一,最后将其与订婚合并举行。

九洲的订婚仪式往往花费巨资操办,曾有村民感慨订婚较结婚更耗钱财。猪肉与鸡都是九洲人心中具有分量的重要礼品,昔日所宰杀的猪都是自家豢养的土猪,近年养猪人家减少,然而订婚送猪肉的习俗基本未变。男家在订婚当日先向神明与祖先上香祷告,祈求新人的婚姻美满,再并择 9 人(如准新郎、其父母、亲叔婶、媒人等)携带上百斤(一般以九作为尾数,如 199、299、399 斤等)猪肉前往女家,将肉切条分块,按照亲疏远近分赠女家叔伯房亲,此外还赠女方近亲各家 1 只阉鸡,远亲则各家 1 只小母鸡。如今为了省事,猪肉与鸡肉常以红包代替,分予各家的猪肉对应尾数为 9 的红包,根据两家此前商量的金额随时代变迁从 19 元至 199 元不等;一只阉鸡为一个 200 元红包,一只小母鸡对应 100 元红包。除此之外,男家还应携带烟、酒、水果等礼物,以

---

① 以下抄录某报道人提供的礼单,以资参考。订婚前见面礼及大小压落礼单内容分别为:1.见面礼,红包 1399 元(新郎给 999 元,其父给 200 元,其母给 200 元);礼物(花生、糖果、烟)折现 600 元;2.小压落,菜金 1999 元,糖果和烟折现 400 元,满堂红礼炮 100 元 8 个、200 元 4 个、690 元 3 个;3.订婚,鞭炮、烟(3 条)、粉丝(10 斤)合计 700 元,新郎付红包 22000 元,乳金 2999 元,订婚宴菜金 7000 元,喜饼 2500 元,阉鸡 23 只(每只 100 元)、小母鸡 22 只(每只 50 元)。此外还须付送年礼:粉丝 10 包 75 元,红包50 元 4 个、30 元 3 个、390 元 3 个。

及喜饼(用于分送昭告全族喜事将近)。女方收下男家赠礼后,必须将部分猪肉与活鸡回赠,俗称"压篮子",以免盛装礼物的篮子空空如也地携返男家。压篮子里还有 9 盒喜饼,由男家带回分发亲房,若亲族众多喜饼数量不足时,男方须足数补购并发送。男家父母第一次见到准儿媳要赠其一个大红包,其数字依男方家庭情况而定,但尾数必须是 9;早年红包数额大多为 199 元,近年逐渐增多,1999 元似乎是大多人作为见面礼赠予准儿媳的红包金额。订婚所赠的见面礼,若男家悔婚,则全部财礼付诸流水;若女家反悔,则要退还所受的礼物和钱财。

"小压落"最重要的目标是商定聘礼,写下婚书,俗称"写定字",九洲在 21 世纪前尚有"写定字"的习俗。两家家长一般在午饭后围坐桌边,商讨聘金相关事宜,媒人在其中周旋调和,经过讨价还价之后,最后达成一致。通常在此之前,媒人已在两家间互通消息,因此能围桌而坐即说明两家人对聘礼项目数额已初步达成共识。狭义的聘礼主要指聘金,又被生动地称为"奶钱"或"乳金",意指男家感谢女家父母对未来媳妇的养育之恩。昔日"奶钱"以猪肉、鱼肉等实物为主,斤数以 9 为结尾,例如民国时期的一张婚书上所写猪肉 319 斤,鱼肉 19 斤等;20 世纪 80 年代的聘金为 2799 元和 159 斤猪肉、鱼肉,近年上述肉类礼物全

图 8-1　民国时期的婚书

部折算现金替代。广义的聘礼还包括四件套金首饰、家具、电器、衣服、红伞等婚礼必备之物,以及女家宴请宾客的菜金、人情红包等在婚礼前后开销的所有花费。四件套金首饰包括金项链、金戒指、金手链和金耳环;家具、电器不同年代所需不同,20世纪80年代流行自行车、手表、缝纫机等物件,现在则时兴摩托车、小汽车、洗衣机等。衣服在过去多为女子挑选上等布料定制裁剪新衣,除了婚礼所需的红色衣衫鞋袜,还包括春夏秋冬四季的日常服装。据称昔日订婚酒所用如猪肉、鱼肉、鸡、鸭、蔬菜、大米、粉干、黄豆等食材,以及锅碗瓢盆、柴火、油盐酱醋茶等物,皆由男方送至女家,仅猪肉一项便多达600余斤,对男方而言无疑是个劳师动众的苦力活。如今村中酒宴大多由"移动酒家"承包,男方只要根据女方酒宴花销具呈"菜金"红包一封即可。

如上所述,九洲人嫁女几乎不承担任何开销,所有巨额的花费都由男家负责,有的人家娶媳妇要耗费十余万元。不少女方父母认为聘金太低会被旁人嘲讽女儿"廉价",因此摆出较高姿态,普通农家可谓倾其所有为子娶媳。昔日以银圆计算聘金时,有位报道人祖母的聘金高达五十块大洋①,当时十个大洋合为一筒,五十个共计五筒,因此老人家也赢得"五筒嫂"的称号。聘礼具体细节商定后正式书写"定字",须邀请地理先生或德高望重会写字的长辈代笔,其内容不仅要开列聘礼的项目数量,还要写明支付时间,甚至交付方式。男方必须在大婚送日子之前付清所有的聘礼,若男方悔婚不照婚书付聘,则不能追讨之前已付的聘金彩礼。

定字写好后便择吉日举办订婚酒宴。订婚宴上准新郎要为女方叔伯斟酒并敬酒,女方叔伯分别回赠他一个以9为尾数的红包作为见面礼,内置金额依据亲疏远近,从19元到199元不等。订婚结束后准女婿收到丈母娘送他的"小新碗"②,有鸡腿、鸡蛋以及两块佳猪肉③;另一说法称碗内盛两个红蛋、一只鸡腿、少许红糖,在酒宴上请准新郎食用,

---

① 银圆俗称"大洋""洋钱""花边钱",为民国时期主要流通币。
② 报道人称发音可能已产生流变,询问数人皆不能言明其义,也有人认为可称为小婿饭、小新饭、小食碗或选婿饭。
③ 佳猪肉,即上好猪肉,多为肥瘦相间之五花肉。

没吃完则要在离开时带走。酒宴结束时，女家将喜饼分发给前来赴宴的亲朋好友带返家中。

订婚后已经结亲的两亲家要时常往来走动。昔日准新娘及其家人应前往男家做客，由男方设宴款待，俗称"上门"。上门仅女子及其父母叔伯，人数合计须为单数，以入席一到两桌为宜，不必携带礼物，通常在上午到达男家。也有村民回忆过去上门时女方所有亲戚都会拜访男家，男家待客则极尽铺张。准儿媳第一次上门便可算作主人，未来的公婆会热情招待她的亲人，男家的叔伯亲戚亦被邀至家中相认。午饭前男家在厅堂设案备三牲酒礼祭拜天地与祖先，也与女家家长一同焚香祝告喜事。20 世纪 90 年代前，上门须完成"穿新衣"的重要仪式；准新娘站立在厅堂，由未来婆婆或婶婶和好命人①为她穿上新衣②戴上首饰，穿戴时口念押韵成段的吉利话，穿衣礼毕，鸣炮祝贺，非常隆重。准新娘在双方亲人见证下穿上未来夫家的新衣，象征女方名义上已成为男家之人。男方叔伯各赠予准新娘红包一个以表祝贺。女家离开时携"等路"而归，准新娘同样收到"小新碗"。

过去订婚后至正式结婚间隔数年，男女双方之间定期来往，互赠礼物，在"大年大节"时男家须向女家赠送礼物。送年的礼物须较其他节日隆重，送至女家后还要分送给女家叔伯房亲，除了猪肉还要送给每家一份橘饼，并赠送准新娘新衣新鞋。其他节日仅赠送新衣。中秋节为女家回礼的节日，礼品通常为一只会下蛋的母鸭，以及一大一小两个月饼，大月饼约重 20 斤，小的约 6 斤，象征月亮和星星。男家留下大月饼，将小月饼请女家带回。若订婚与结婚间隔较短，没有逢上"大年大节"，男家也须视情况补赠礼物，女家则不用补送中秋节月饼。昔日订婚后女子应按夫婿房族近亲人数纳底做鞋，做好后装入嫁妆红箱中，起嫁日一起送往男家分赠。

---

① 好命人指德行良好、丈夫健在、儿女双全的中年女性。

② 此件新衣通常是订婚后由男方带女方去挑选中意的布料，再请裁缝上门为其量身定做。

（四）送日子与下请帖

送日子即男家择妥婚礼吉日佳期，书于红纸上送往女家，即六礼中之"请期"。村民认为结婚日期关乎婚姻是否美满以及家道运势，必须给予高度重视。男方长辈出面将一对新人的生辰八字送交地理先生，先生查阅通书并结合新人生辰各项因素，算好婚礼日期以及其前各项仪式的时间，写在红纸上交给男家。男家请书生①誊抄日子帖，写成九折的喜帖。等帖上注明"喜报佳期"的日子一到，男家父母或叔伯即陪同准新郎前往女家，将日子帖递呈未来岳父岳母，请其过目并征询意见。尽管女子出嫁的日期时辰更多关系到夫家的运势，九洲村民同样相信新娘从娘家大门"出门"的时间关系到娘家的家族兴衰。因此女家长辈收到日子帖后，另找一位地理先生察看时辰是否于自家有利，以防男家选择的时辰对女家不利。

图 8-2 日子帖

若尚有未付清的聘礼，男家须在送日子时一并清偿，通常聘金的尾款须在送日子当日以红纸包裹交付女家。若家庭经济困难一时无法给付，只得与女家沟通拖延几日，甚至要立下字据，书明最终交付完毕的日期。送日子时男家要另行携带一只称为"讨喜鸡"的阉鸡，女家将此鸡煮好端给准新郎吃，图个好兆头。据村民回忆，过去送日子时男家还必须带两个"花边"（即银圆）作为礼物。

择好的日子若女家无意见，便列出一个参加喜宴的客单，包括客人

---

① 书生是指乡间专门为人誊写喜帖、请帖、契约等文书的人，擅长毛笔书法。

的名字和具体称谓,交给男家,由男家负责书写请帖,以通知亲友参加喜宴。婚宴请帖非常讲究,对应不同称谓的宾客有不同的格式,一般请通达古礼者或擅长毛笔字的老先生书写。请帖按对象分为女家亲戚、男家亲戚,女家亲戚的请帖相较之下更加复杂,须以最谦逊、最尊敬的口吻称呼对方,并由女婿跪拜呈上。男家写好请帖须先送至女家校对,若出现差错,请帖便被全数退回,并不告知其出错之处,须由男家全部重写后再交给女家。有的女家摆出高姿态而刻意为难,请帖被反复退回修改。请帖最终确认无误后,由女家带着准女婿去各家送帖,尤其是女方叔伯家,准新郎必须亲自登门送帖邀请。

请帖依其正式与否分为全帖与单帖,前者为正式请帖,除写出婚宴时间地点的红纸外,另加上一个红色封套。内装的红纸为长方形,折成五格,中间三格等距,两侧略窄;中央一格上贴细长红色纸条,有的长度超出原纸宽度近一倍。纸条上工整书写:

谨择九月初三日为小儿完娶　巳刻治茗　恭候
台光
贲临幸甚

谨涓吉日为（称谓　新郎名）迎令（称谓）于归　巳刻淡茗　恭候
台驾
贲临幸甚

图 8-3　婚宴请帖内容(一)

送予女眷的请帖上写：

谨择九月初三日为小儿完娶　巳刻治茗　恭候

莲舆

妆临幸甚

谨涓吉日为（称谓　新郎名）迎令（称谓）于归　巳刻淡茗　恭候

莲舆

妆临幸甚

图 8-4　婚宴请帖内容（二）

长条红纸中央二字对男性长辈用"台驾""驾光"等，对平辈和晚辈用"文驾""文几"等；对女性长辈用"莲舆""慈舆"等，对平辈和晚辈用"莲步""玉步"等。

请帖正文清楚写明宴客主人是何人及宴席的日期。一般来说，男主人邀请男宾，女主人则邀请女宾。称谓是请帖的关键，邀请客人的称谓十分复杂，男女有别，长幼不同，亲疏迥异，依送帖、接帖者关系辈分细心分辨书写，保证前后相配一致。如"祖"字、"公"字当配"孙"字，"伯"字、"叔"字、"姑"字、"姨"字当配"侄"字，"岳"字当配"婿"字，"舅"字当配"甥"字，"伯、叔祖"当配"侄孙"，"外祖"当配"外孙"，"外伯叔祖"当配"外侄孙"，"姑父"当配"姻侄"，"姻外祖"当配"外孙婿"，"姻祖"当配"孙婿"，"姻舅祖"当配"甥孙婿"，"姻舅父"当配"甥婿"，"舅公"当配"甥孙"，"姨丈"当配"姨侄"，"姨丈公"当配"姨侄孙"，其余类推。结拜的同年以"庚"称之,在社会上结交的朋友并无亲缘关系,可以"世兄"称之。对姻族落款皆须以"姻"字起头,写与本族、母族、妻族皆可用"愚"字,妻族亦可用"姻"字。结尾处男子可写"顿首""鞠躬""脱帽"等;女子长对平晚辈为"敛衽",晚辈对长辈须写"端肃"。

红纸右侧的一格或书"正"(男性)或书"端"(女性)或书"肃"(老年女性)。写好后左右两侧向后交叠而折,右侧压于左侧之上,即无字面叠于有字面上。中央的红纸条沿底边向后折起,装进封套中。外封套较请帖略大,亦以红纸折叠粘贴而成,三边黏合,短边上端留口,正面中央亦贴一张长条红纸,较封套略长,上书接帖者称谓姓名,年长男性在称谓前冠以"大德望""大硕望""大乡望""大齿德",女性可冠"大懿德""大闺范""大慈德"等荣誉称号。

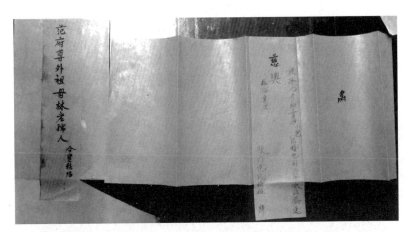

图 8-5　全帖封套(右)及请帖(左)

单帖仅有一张红纸,因其较为随意又被称为"便帖",主要用于邀请较为亲近的朋友。另有一说早先邀请女性客人可用单帖,而邀请男性则必须采用全帖以示尊重。便帖仅在中央写下邀请者称谓、姓名,右侧写何时为何人进行何事,左侧书客套语并由邀请者落款。便帖的样式不仅适用于婚礼请帖,还适用于"起互助会""安葬先父母""起谷季""起银会""迁居"等场合。

传统请帖因称谓不同格式极为烦琐,后来渐渐简化为格式单一的

图 8-6　便帖

"文明帖",多为印制好的卡片,仅须在空白处填写重要信息即可。请帖迟至 21 世纪初仍在使用,后来通信工具渐渐普及,书面请帖也渐渐变得不再重要,不少人家举办婚宴时仅通过电话通知本家亲戚和朋友,但姻家及外家亲属仍须书写正式的请帖。

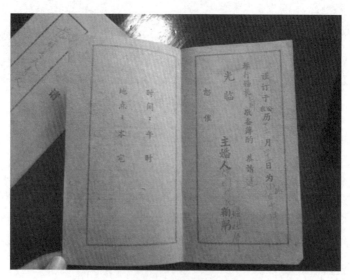

图 8-7　文明帖

除了请帖,针对女家重要客人(俗称"大客"),在婚礼前还要送三封催帖。催帖一般为单张款式,红纸上自右向左竖书:

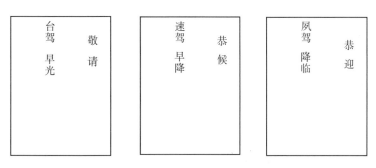

图 8-8　催贴

更讲究者可写:"某月某日为某人完婚某时敬备薄酌恭候/迎　某某人(称谓)　早光　恕催　某某鞠躬。"催帖要连送三封以示恭敬,夜间新娘出门后,由接亲者送上第一封,清晨由新女婿亲自上门送第二封,午间女家至亲行至宴席处中途(如路口处),先回予男家一帖,新郎要亲自送上第三封催帖,恭迎新娘的舅父及叔伯。

(五)裁衣、安床与婚前准备

昔日地理先生为新人合八字时,择定的各项仪节吉日中有一项是"开剪",即男家请裁缝在开剪之日前往女家,为新娘裁制婚礼当日所着礼服、贴身衣裤,以及被单、枕头等新婚所需之物;亦有一说为女子到男家请裁缝量体裁衣,而非劳动裁缝前往女家。无论是在女家还是在男家,裁衣之俗的关键在于开剪的吉日良辰,开剪前家中长辈先向祖先上香,告知今日为新人裁衣,尔后吉时一到,便剪下第一刀,代表裁衣开始。九洲不少妇女虽擅缝纫却不会裁剪,因此过去裁制新人礼服必须由专业的裁缝师傅负责,衣物裁剪缝纫好后,要送裁缝红包致谢。九洲过去的新婚礼服为红色大面襟衫,后来仪式简化,今日不少青年在裁衣吉日购买红色运动套装作为礼服。九洲红白喜事皆"穿双要逢单",新衣总件数必须为单,讲究上五下四,合计九件,若逢炎夏季节可减至五件;上衣下裤都需长款,即使是暑天亦不可穿着短袖短裤,包括袜子也要长至膝盖。内衣内裤因其为短款,婚礼中新人亦不可穿着。

除了礼服外男家还须为新娘定做数套日常服装,昔日布料曾是稀缺物资,一般人家仅能承担一两套衫裤,而富裕者则可裁制多达九套新衣。随着商品市场的发展,许多年轻人偏爱款式新潮的成衣,而不再聘请老裁缝量身裁衣,男女青年约会时直接在商场购买新衣。近年以衣衫作为礼物的习俗也渐渐消退,男家仅出资为新娘购买婚礼礼服和酒宴敬酒礼服即可。

安床与裁衣一般亦是婚前准备阶段最为重要的仪式之一。安床的时间与新床安放的位置均须由地理先生测算,并参考流年大利之向才能确定,男家须按规定时辰安置新床就位。如今不少人家已提前购得新床安放妥当,在"安床"吉时内仅请族内好命人象征性地铺放床铺被褥即可。在婚礼的前数日,新郎家会对家中做一些装饰,如粘贴双喜、布置气球彩带等,以大红色为主,增添家庭喜庆气氛。

结婚联姻不仅关乎一对新人,也关系到两个家庭,甚至两个家族,亲戚朋友皆来帮忙。收到请帖后女家亲友前往女家送布匹贺礼,俗称"添妆",即帮忙添置嫁妆。男家亲戚也要帮男家准备娶亲的事宜,新郎的母舅[①]要给外甥送尚未下蛋的小母鸡和四个由同一只鸡产下的鸡蛋,用于制作洞房鸡、洞房蛋[②]。新郎的外公外婆给外孙送小母鸡和阉鸡,过去米粮短缺,男方亲戚也赠予稻谷,以便酿酒和喜宴之用。

(六)讨亲与起嫁

迎亲前一天上午,男家亲友在一大早便开始准备送往女家之物,包括祭祀的酒肉香烛、具有象征意义的礼品、新娘上轿的装束和其他必备物品,以及现如今用途广泛的红包。诸事妥当后,新郎在男家亲友的陪同下携带祭拜的牲礼及赠送女家的礼物前往女家"讨亲"。当日中午女家举办"起嫁"酒,宴请女方亲戚。

九洲男子结婚须送新娘家一个猪头,因而有"嫁女换猪头"之说。讨亲日的清晨,新郎母亲将处理好的猪头、猪尾用食用色素染红,再取

---

① 若没有母舅,叔伯也可替代。

② 后文详述。

红纸剪出流苏,短边卷起,流苏端散开如花朵绽放,插进猪鼻孔中,左右各一。准备好后,便呈上供桌,与煮熟的猪肉以及鱿鱼干、三杯米酒一起祭天地祖先,新郎母亲点燃两支红烛固定在香炉两侧,而后焚大香分别向外、向内作揖。祭拜过后放置半晌,待其余礼品备妥后装入笭筐内。笭筐内先铺一张红纸,再将猪头、猪尾放入其中。猪头送往女家后被挑至新娘所属宗族祠堂祭祖,男家还须随送香、烛、礼炮、鞭炮、黄纸等祭祀用品。

除了象征整猪的猪头与猪尾,讨亲一行最为重要的礼物是"年娘缸"与"带路鸡"。"年娘缸"取来年新娘做娘之意,寄托婆家对新娘的期待。将红枣、花生、桂圆、莲子、白果各 9 颗,与煮熟的猪心、肝、肺用红色丝线串起,放入一个小瓦缸内,再填入两颗红蛋,倒入糯米好酒,以一片猪大板油盖住缸口,最后将猪大肠环绕缸口边缘象征封扎缸口,然而油肠腻滑,要用红线将其固定方不脱落,其上覆盖红双喜字,备好后放入铺有红纸的笭筐内。年娘缸内装红枣、花生、桂圆、莲子象征早生贵子,白果象征百年好合,红蛋一般出现在满月宴上,亦象征得子,米酒象征产后吃姜酒,封缸的大板油则指代包裹婴孩的方形背布,大肠代表

图 8-9 婚礼祭祖供桌

图 8-10 年娘缸

背带。心、肝、肺仅在新娘还有祖父母时才加入,九洲人称孙女是祖父母的小心肝,娶走孙女要用它们来孝敬老人。有村民指出,当日新娘起嫁后虽还身在娘家,但已是夫家之人,不可食用娘家谷米,可吃年娘缸中的肉蛋。另有村民称,年娘缸中的米酒要分予叔伯饮用,分享喜庆欢愉。待新娘怀孕生子后,其母亲在缸中装满米酒送回婆家祝贺。在讨亲送礼时实际除了"带路鸡"之外还有鸭一只,鸡乃是红冠大公鸡,又称"做种鸡",鸭应是一只极会下蛋的白色草鸭,共同装入一只上贴红纸的鸡笼中。女家一般会留下母鸭,并在鸡笼中放入一个红包,待新娘于归时再将鸡笼中的"带路鸡"带走。不论往返,鸡笼皆位于队伍之首,由此得名"带路鸡"。此外猪肉与鱼肉是重要的礼物,其斤两皆须以 9 作为尾数,昔日在上午较早时前往讨亲,并将肉送达女家,女家才能在做起嫁酒时使用这些食材。按旧俗猪肉、鱼肉要在女家过秤,缺斤少两当立即补足,两家常常发生口角,九洲人却认为争吵越激烈越好,因此有意为之。如今旧俗渐废,猪肉与鱼肉不必携带太多,装入一个箩筐中,意思到了即可。

　　新娘于归的礼服以及其他物品是讨亲礼品中的重点。红衫、红裙、红鞋、红色盖头、红色手帕等要清点妥善,再送往女家,迎亲前由女家亲属帮新娘穿戴整齐;另有九尺红丝线及九尺红裙带,搭配红色镜子、通书与新娘礼服置于同一篮中,新娘出嫁时须将之悬挂项上;还有印有"永结同心""百年好合""囍"等字样的贴花数张。昔日新娘要在夜间乘轿前往夫家,轿前有两盏轿灯照明,若在冬季另需一只火桶暖轿。轿灯与船灯外形一样,只不过颜色为喜事之红,旧时填烧煤油,如今内置灯泡,充电即可点亮。村人言讨亲时虽为白昼,轿灯必须点亮,携至女家左右各一供于神案上,请人点亮并保持明亮不灭,迎亲时再将其带回夫家,同样供于祖先案前,昼夜通明至婚礼结束。火桶旧日由竹丝编成小笼,内装一铜盆填放炭火。如今极少人家还有传统的火桶,有的人家以充电"暖宝宝"代替火桶,有的则省去不送。

图 8-11　新娘装、通书、镜子、子孙带、红伞

图 8-12　轿灯

　　婚礼中女家分发给帮忙者的红包亦由男家按照议定金额,预先包好一并送去。红包种类名目繁多,以职责分有:引新人礼、整容礼、梳妆礼、放炮礼(两个)、上烛礼(两个)、上神礼(两个)、开盒礼、接伞礼、接篮礼、附驾礼、司厨礼等十余种。讨亲队伍到达后,女家鸣炮相迎,并赠男家每位挑礼物者及司机各一个红包。女家亲戚赶忙接过礼担,男家亦赠其红包,称"接篮礼",有人专门接过红伞,也付"接伞礼"。男家带来的牲礼须置于供桌或带去祠堂,并点烛、焚香敬告祖先。男家也按议定之约付新娘叔伯各户红包一个,装于一个红色盒内,有人打开礼盒,男家付"开盒礼",并预付女家整容、梳妆等各项开支。除了红包,男家还依女方之需送去香烟、茶包以及喜糖花生数十斤,以便女家招待客人,以及分装结婚酒宴分发给客人的"等路"花生礼包。

　　所有礼物除本身选择红色外,其容器、包装等皆挂红以象征喜庆、吉利与红火。猪头、猪尾及鸡蛋全部染红,鸡脚以红线缠绕;鲤鱼装于红袋之内。所有盛物篮内皆垫一张大红纸再置入物品,篮筐提手亦缠绑红纸;挑荷的扁担两端皆挂贴红纸;迎亲的车辆车头贴红色喜字。

　　讨亲队伍包含新郎在内由男家 9 人组成。一般来说讨亲者多为男家亲戚,极少外人加入;且除新郎外 8 人皆是有子者,不限男女。因女家起嫁酒设在中午,讨亲队伍须早早前往,并在午前归来。出发前男家鸣炮,众人分别挑负一担礼物上路。昔日讨亲、迎亲皆靠行路,如今使用轿车代步,快捷方便。正因驱车往返便捷,不论距离远近,讨亲队伍到女家仅做短暂停留,若与女家并未事先商量好留下共进午宴,不论对方挽留与否留下吃饭均不合适。女家泡茶盛情招待,准备点心如糯米汤圆、粉干等小吃招待讨亲众人。一般认为男家对新娘越满意就应吃得越多,故女家热切期待男家人将茶点全部食光喝毕。离开时新娘家人会请讨亲者带回礼物中的"一半",如鸡笼、猪尾、猪肉、一条鱼、少许花生糖果等物。

讨亲者送去男家礼物的同时,顺便带回新娘嫁妆。昔日由娘家舅舅二人亲自押送嫁妆送往男家,男家要鸣炮相迎,并赶忙上前接下嫁妆。新娘陪嫁之物通常有红箱、生活用品、家具、家用电器等。

图 8-13　男家讨亲礼物

昔日的红箱多为木箱,箱面贴上大红喜字,箱底四角各置"压箱角"的银圆一块,此外还要根据娘家境况及其"手面"大小,存放"箱底钱",面额从几元至数百元不等,其上再铺放新娘母亲为女儿做或买的日常新衣。红箱现在多被拉杆行李箱取代,颜色已不一定是大红色,也可以是粉色等暖色系;往昔新娘母亲还会为女儿制作月经布,今日则已被购买的卫生巾取代。还有报道人介绍红箱中会放入女儿女婿衫裤一套,新鞋袜各一双,俗称"同房衫",女鞋内填塞一团红绳,再将女鞋套叠进男鞋中;另有一条男裤,新女婿三朝回门时须穿此裤。女家叔伯添妆之布料同样放在箱中送往男家,有布料才可制作新衣裳。在婚后"开箱"仪式中,男家会查看布料数量与送出的礼鸡数量是否一致。改革开放后,布料不再如往昔那般贵重稀缺,在嫁妆中渐渐变得不再必要。鞋是昔日嫁妆中必不可少的物件,村民回忆过去多打赤脚或仅穿着草鞋,布鞋是十分贵重稀有的。早年订婚之后,新娘待字闺中有时长达数年,利用这段时间新娘可为夫婿全家及其近亲叔伯每人纳制一双布鞋,新婚开箱后赠予他们。此俗后来也渐渐消失,由做鞋改为买鞋,后改为以毛巾代替布鞋分送各家。另有九尺红绳和九尺裙带,裙带红白相间,为包裹婴孩的围裙系带,因此又称为"子孙带",九洲人言"带子带孙",寓意早生贵子;以九为数则希冀夫妻二人长长久久,白头偕老。此外还有喜饼一筒、花生糖果若干,开箱后分予孩童食用。

图 8-14　新娘嫁妆

嫁妆中的生活用品大多凑双成对,如毛巾、牙刷、牙膏、漱口杯、梳子、镜子、脸盆、香皂、肥皂盒、衣架、枕头、筷子等;亦有一些物品不必成双,有针线包、暖水瓶、热水壶、酒壶、棉被、床上套件、凉席、尿桶、洗脚桶、洗澡盆、小板凳等。能取红色者直接购买红色的物品,不能者则在其外部套上红袋或贴上红纸。所有物品分装于篮筐中,体积较大者(如棉被等床上用品）则单挑或手提。要特别指出的是，尿桶又称"子孙桶"，由娘家亲人准备带叶杉木挑至男家，随后将尿桶置于卧室内，并将整根杉木放于床底，待新妇生子后方可取出。子孙桶内有红包一个，婚礼当日找一男童在桶中撒尿，红包赠予男童。洗澡盆并非新人使用，是为未来的婴儿洗澡准备的，以其与筷子之谐音合称"早（澡）生快（筷）生"。小板凳同样寓意生子，凳字音近"丁"。酒壶为女家父亲赠予女婿的礼物，昔日须请老工匠以纯锡打造，外形美观，壶身凿刻双喜，并写上女儿女婿大名及结婚时间。现在则以不锈钢酒壶代替，壶身外观简单无饰。

图 8-15　锡酒壶

除上面这些生活用品外，娘家还会陪嫁一些大件物品，这些物品大多体现不同的时代偏好。20 世纪 50 年代时村人喜欢以斗笠、蓑衣、锄头等农具陪嫁；80 年代后颇为时兴以自行车、缝纫机、电风扇等物作为嫁妆；如今嫁女儿有的会陪嫁小汽车、摩托车或电视机、洗衣机等家用电器。以上诸物皆已较旧俗有所简化，有的家户今日更简化为陪嫁一个大红包,供新人自行开支。

起嫁即新娘与娘家亲戚的告别仪式,又称"辞亲"。婚礼的前一天中午,新娘家设宴邀请房亲、外家、挚友、伴娘、媒人等参加酒宴,其全部费用包括"等路"礼包皆由男家承担。宴席上新娘的亲友长辈对她送上祝福。起嫁之后出门之前,新娘可以吃菜、吃肉,但不可以吃谷米。一说称新娘同一日内不可吃两家饭;另一说谷米象征财气,起嫁后新娘已算男家的人,食用娘家的谷米将会将娘家的财气带走到夫家,导致娘家运道衰败。

(七)于归与亲迎

新娘"进门"的时辰关系到夫妻未来是否琴瑟和谐,乃至男家的家道及财运是否昌盛,在婚礼仪式中对此一时辰择取最为谨慎。在九洲的婚礼,"进门"只限定在子、丑、寅、卯四个时辰间择取。"出门"时辰则基于"进门"时辰,并结合两家距离择算合适时辰即可。

新娘于归"出门"前,娘家众人须按礼节为其妆点打扮。请具有专门技艺的妇女为其开面后,娘家好命人为其梳妆,将闺女梳妆转变为新娘模样。好命人梳头时讲好话:"一针穿一线,从头梳到尾,一夫对一妇,白头到老啊;做了婆又做太,子孙满堂啊;先做衫,后做裤,代代富,做鞋做袜,代代发。"头发盘起后以男家送来的红绳,俗称"吉索"绑头,结扣不可打死,只能打成活结,以求好兆头。梳妆完毕,好命人接"梳妆礼"红包。

新娘若在婚礼日正逢经期被视为不祥,俗谚道"行嫁红,一生穷",择日时亦会参考新娘月经周期。新娘外套由母亲为其穿上,若请好命人为其穿衣则须酬其"穿新衣礼"。新娘父亲或好命人为她在发髻上插红花,领"簪花礼"红包。新娘戴上男家送的四件金饰,并将以红线串好的红镜、通书以及红色布袋挂于颈上。村人言五鬼无妻,常在新婚夜抢占人妇,新娘胸前挂通书可以防五鬼抢亲。新娘"出门"后将镜子镜面转向外侧,以挡煞驱邪,"进门"后则复将镜面向内或摘下镜子。红布袋则是以方形红布对角折叠后缝合一边,另一边贯穿抽绳制成的三角锥形布兜,临出门前娘家叔伯在袋内塞入红包以表心意,这个红包叫作

"压腰钱"或"做腰钱",取意"有钱腰杆直",这些钱是新娘的私房钱。出嫁时新娘头披红盖头,手持火桶①和红色手绢。

男家接亲9人前往女家,寓意去时"长长久久",归来"十全十美"。迎亲车队经过路口、桥头均须鸣炮,临近女家时更要维持炮声不断。女家听到炮声迅速紧闭大门,熄灭灯火,佯装全家睡觉未起。到达女家门口后连放礼炮,炮声越响越久越能代表男家诚意,否则女家不愿开门。接亲者还试图贿赂女家堵门人"添丁钱",若红包不够,堵门者继续刁难,口中并大喊"添丁",遇此情况男家须不断塞红包,直至女家满意才开门迎客。

进门后女家以茶点招待,片刻后新娘由母亲、婶婶或好命人从房间引至门口,自走出房间便要开始哭泣。九洲人认为新娘哭得越厉害,婚后新生活会越"发",同时也表现出新娘对父母的惜别之情和孝心。出门前新人在厅堂上香、点烛祭拜,待出门的吉时一到,女家将新娘送至门外,新娘出门后迅速关闭大门。据说有的人家关门太急切以至夹住新娘尚未完全抬离大门的鞋跟,唯恐关门太迟家中的财气会被新娘带走。新娘娘家亦派出9人相送,皆为女性亲属。新娘可以挑两头,即于归途中男女两家皆各为十人,凑成两个"十全十美"。另有娘家两个男童为新娘"压轿"。新娘出门后由两位女性长辈搀扶,另有一好命人为其撑红伞,九洲人认为新娘如同新生婴儿般脆弱,头不能见天,足不可踏地。有人称举伞人要尽量背对新娘,更不要去看她,否则将影响自身的时运。队伍行出三分之一路程时,新娘要下轿将怀中火桶内火红的炭火倒去一半,象征不将娘家的旺运全部带走,留下些财气给娘家。

若到达时间过早,新娘只得独自持伞在新郎家门外等候,而迎亲、送亲众人则鱼贯进入夫家吃茶休息。吉时一到,男家才开正门,并鸣炮欢迎新娘入门。新娘进门前要跨过一个杉木枝点燃的火堆或火盆,以示带来兴旺;并将一个画有八卦太极图案的米筛踩在脚下,头顶以红伞

---

① 昔日火桶是固定的嫁妆之一,象征香火。生子后可将其置于床底下为婴孩取暖,九洲人认为这样可以治疗黄疸,并助于预防婴孩打嗝。如今火炭炉不再实用,取其象征意义以热水袋替代。

遮蔽,慢步入门。新人在供桌前焚香祝祷,敬拜天地神明和列祖列宗,再作揖拜父母。

(八)洞房与喜宴

敬拜神明长辈后,新人在男家女眷簇拥下进入婚房,待吉时行洞房礼。首先新人须饮交杯酒,倒酒人讲好话:"夫妻酒,倒一倒,打开房门生儿子,喝了酒两个人同身同心。"新人再食"洞房鸡"[①],聚在房中的亲友送上祝福:"吃了同房蛋、同房鸡,夫妻团圆,儿女团圆,爷娘团圆,一家人团团圆圆啊。"众人散去,暂留新人在房中休息。

当天上午新人去夫家祠堂祭祖。男家分午、晚两场举办喜宴,中午一般宴请外家亲戚和本家女性亲戚,晚上则主要宴请本家男性族亲和朋友,因此晚上的客人较多,饮酒喧闹更甚于前一场,此种气氛也较适合闹洞房。午宴新娘娘家人未到,不可开宴,到达时须鸣放鞭炮、礼炮。女家的亲戚被视为大客,须坐宴席的"大边",即左侧上桌。一般新娘的父母不会参加女儿的喜宴,新娘之母舅代表坐"首席"上座,有时新娘娘家仅派一男一女前来赴宴。其余宾客按尊卑远近、长幼入席,外戚尊,本族卑。开席鸣炮,正式上菜时,每道菜须逐一端至桌上,不可几道菜同时送来;喜筵过半时奉上梅菜扣肉,并鸣炮庆贺;席终一般有甜汤,预祝新婚夫妇甜甜蜜蜜。午饭后主人家致赠每位来宾一个10元"等路"红包及一包花生喜糖。午宴后新郎要以箩筐将一桌饭菜挑送岳家,俗称为"爷娘菜",每碗菜上撒稻谷若干。新娘父母收下菜礼,洗净碗盆在其中装上适量稻谷放回压筐,再请新郎挑回。

如今村内酒宴规格约每桌1000元,皆请相熟信任的"移动酒家"包办,若自行采购食材每桌花费或可更少。午宴、晚宴依客人多寡各备办十余至二十余桌不等。酒宴请客少不了亲房兄弟妯娌的互助帮忙,帮忙者不须包红包祝贺即可分享酒宴。昔日即便是同村族亲前来赴宴所

---

① 亦称"同屋鸡"。共两碗,分别装有染红的两块猪肉、一个鸡腿、两个鸡蛋。蛋和鸡腿是由新郎的外婆(外婆过世就由舅舅替代)提供的,蛋由同一只鸡所下,两碗中的两只鸡腿分别源自小母鸡和小公鸡。

包的金额亦不多,大多办喜事的人家皆会亏本,因此并不愿全村性大范围请客。而朋友礼金相对较多,所以更乐于邀请朋友参加喜宴。如今礼金已不似往昔,有人以邀请更多客人来取得更高收益,而大多数村民为避免麻烦只愿邀请亲近的亲戚和朋友。喜宴不可露天摆桌,酒桌皆安排在厅堂室内或车库等有遮蔽之处,院落中搭棚摆设茶点和茶水,餐前饭后请客人饮茶。

午宴后男家将子孙桶置于新人床上,特别邀请一男童尿入子孙桶中,九洲人认为如此可保佑新人早生贵子。

(九)谢娘酒与三朝回门

婚礼宴请亲友后第二日中午,男家再设宴邀请新娘之母、外婆及姑姊等较亲近的女性亲属到家中做客,俗称"谢娘酒"。新娘之母携带新娘昔日在家穿着的旧衣裳和一公一母两只"做种鸡",母鸡必须是鸡娖子(即尚未下蛋的母鸡),"做种鸡"绝对不可宰食,只能留下配种、下蛋。酒宴过后,新娘之母取钥匙打开女儿陪嫁的箱子,亲家以"开箱礼"红包酬之。

新夫妇婚后第三日回娘家探望女方父母,新娘娘家须设宴招待,俗称"三朝回门"。亦有报道人称如果省略谢娘酒,则回门可提前一天。传统上由新郎的女性亲戚如兄嫂、姊妹等陪同新娘回门。新娘须着婚礼礼服①,撑红伞,新郎穿岳家赠送的裤子。回门礼较为简单,携带粉干等小吃即可。另有人主张新娘回门须带一公一母两只鸡,作为种鸡留在娘家。回门之日女儿不可在娘家留宿,午饭过后夫家女眷即催促新人返家,娘家亦放炮催促,唯恐停留时间太长对新人不吉利。昔日岳母要准备韭菜与葱等物请女儿女婿携归,葱、韭皆为丛生,有"发"之寓意,祝福新人生活兴旺,子孙繁盛。

---

① 新娘结婚头三天要穿红色裙衫,新娘回门时应与起嫁或出门时穿着同一套衣服。

二、婚姻形式

九洲村传统上盛行"男婚女嫁"的嫁娶婚，也存在若干特殊的婚姻形式，如招赘婚、等郎妹婚、童养媳婚等。这些特殊的婚姻形式不仅婚礼仪式相对简化，家庭的经济负担也相对较轻，其中有些曾一度成为九洲婚姻形式的主流。昔日九洲富家子弟也有娶小婆①的习俗，在一夫一妻制《婚姻法》实行后，多偶婚已经绝迹。

嫁娶婚即女嫁男娶的婚姻形式，婚后女子居住在夫家，成为夫家家族成员，子女随夫姓，妇女随夫有赡养公婆的义务。从上述的婚礼仪式可见男子"讨老婆"极耗财力，女家除了要求男家有良好的居所房屋外，往往还要求高额聘金，女家婚宴等一切琐细开支皆由男家承担。因此生养数子的家庭常常难以承担众子的结婚费用。过去为了解决彩礼难题，有的家庭便早做打算，行童养媳婚，即收养幼小女童抚养，待其成年后与名誉上的养兄成婚，保证儿子有可匹配之女。现在婚域扩大且男女青年自由恋爱，女方父母大多不会刻意为难，男家为了让婚礼更风光，有时亦以借款等多种方式筹集结婚资金。

九洲并不乏招赘婚的存在。婚后男子居住在女家，子嗣继承女家香火的婚姻形式即为招赘婚。九洲村人若膝下无子，常选长女为其继承宗祧，其方式为招赘一女婿进入家门。招赘婚常于婚前议定双方婚后的权利义务，并将其见诸书面，内容涉及婚后财产归属、后代继嗣，以及父母赡养等重要事项，均在婚前言明写清，避免日后口说无凭。除为亲生女招婿外，若有子婚后未及生养子女却不幸早逝，为保证香火不断，有些家庭还会为守寡的儿媳再找夫婿；此种形式常与其他情形交织，如儿媳既有嫁入者，亦有自小抱养的童养媳，再找的女婿也存在先认义子再结婚的情况。无论如何，暂将为丧偶儿媳再寻夫婿的婚姻形式视为招赘婚的一种。

---

① 即妾，九洲人将正妻称作"大婆"，妾称为"小婆"。又因先后迎娶，也称为"前婆"与"后婆"。

等郎妹与童养媳皆为自小被收养,待长大后嫁给其养父母之子。其主要区别在被抱养的时机,即前者被收养时家中并无确定能与其匹配之子,而后者是已有年龄相近之养兄弟。等郎妹顾名思义是等郎出生,若等郎妹入门后养父母很快产子,两人长成后不仅年龄相差不大,且情投意合,即可在成年后喜结连理;若二人年龄相差太大,彼此并无感情,等郎妹亦可作为养女许配他人。童养媳则为某个已经出生的男孩提前抱来抚养的媳妇,在抱养时即与所配男孩合八字,在合适年龄即可圆房,无须举办婚礼。20世纪三四十年代后童养媳婚越来越少,不少此前被抱养的童养媳也不一定与养家兄弟结合。自由婚配观念流行后,不少童养媳嫁予本族他房的男子,甚至婚配他姓男子。而抚养童养媳的妇女常无法接受其子不与选定的童养媳成婚,而另觅其他女子为偶,取代童养媳的新娘常遭婆婆冷眼相待,甚至多年不予承认。

在九洲家户统计抽样的197对已婚夫妇(为方便统计,孤寡与离异者也算作"一对")中,有187对为嫁娶婚,6对为招赘婚,4对为童养媳婚。其中离异者有4对,再婚者6对(包括一方初婚一方再婚者),丧偶者17人。在九洲村目前可以统计的结婚年代中,婚姻形式以嫁娶婚为主,占总数的94.93%;不论年代迟早,都是九洲各种婚姻形式的主流。其次为招赘婚,占3.04%;童养媳婚最少,仅占2.03%,他们大多出生在20世纪三四十年代,20世纪50年代后已很少有童养媳婚的形式。在访谈中得知,中华人民共和国成立后,很多童养媳成人后拒绝嫁给原定的夫婿而改嫁他人。

表8-1　九洲人婚姻形式统计表

出生年代	简推成婚年代	嫁娶婚/对	招赘婚/对	童养媳婚/对
1920年代	1940年代	2	0	0
1930年代	1950年代	19	0	3
1940年代	1960年代	17	2	1
1950年代	1970年代	31	2	0
1960年代	1980年代	37	0	0

续表

出生年代	简推成婚年代	嫁娶婚/对	招赘婚/对	童养媳婚/对
1970 年代	1990 年代	45	2	0
1980 年代	2000 年代	32	0	0
1990 年代	2010 年代	4	0	0

注:成婚年代以初婚年龄为 20 岁进行简单推算,具体初婚年龄的相关统计将在下文介绍。童养媳婚以其出生年代作为考量。

不同出生年份的九洲人其初婚年龄呈现上下的波动,总体来说集中在 19～27 岁,男子初婚年龄较女子大。在统计资料中,1940 年以前出生者有 12 人已忘记确切的结婚时间,1920—1929 年间出生可提供数据者仅 1 人,1930—1939 年间出生者有 14 人能说出其初婚年龄,其中包含 1 例童养媳婚。1945—1949 年间出生者中有 1 人忘记初婚年龄,唯一 1 例 18 岁以下结婚的男性行的是童养媳婚。21 岁以下的初婚年龄段女性人数远超过男性,22～24 岁结婚者男女人数大体相当,24 岁以后结婚者中男性人数压倒女性。九洲村男女初婚的平均年龄波动呈现趋近之势(图 8-16),尤其在 1950—1974 年间出生者,男女初婚平均年龄接近,相差最大者不足 2 岁。1950 年前出生者男女平均年龄相差可接近 10 岁;1974 年后男女平均初婚年龄较此前差距拉大,但

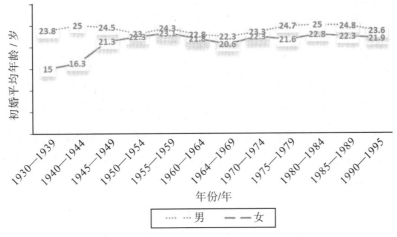

图 8-16　各出生年龄段男女初婚平均年龄波动曲线

仍保持在相差 3 岁之内。男性的初婚年龄虽略有波动但基本保持平稳,而女性初婚的年龄在 1950—1960 年间迅速升高,可能与中华人民共和国成立后的观念变化,以及新《婚姻法》的引导相关。

表 8-2　九洲村男女初婚年龄表

出生年份	18 岁以下/人		19～21 岁/人		22～24 岁/人		25～27 岁/人		28～30 岁/人		31 岁以上/人	
	男	女	男	女	男	女	男	女	男	女	男	女
1920—1929				1								
1930—1939		2	3	3	3	1	1		1			
1940—1944		1	1	1			5	1				
1945—1949	1		1	6	4	2	1	1	1		2	
1950—1954		1	1	5	5	4	1	1				1
1955—1959			2	3	9	14	4	1	1		1	1
1960—1964		1	3	5	7	4	2	2				
1965—1969		4	13	15	8	8	3		2			
1970—1974		1	8	10	14	10	4	1	2	1	1	1
1975—1979		1		9	8	7	7	2	1			
1980—1984						1	8	1	2	2		
1985—1989			2	8	3	6	6	2	2	1		
1990—1995				3	4	5	1					
1995—1999				1								
合计	1	11	34	76	73	68	43	12	11	4	5	3

婚域范围指九洲村人通婚对象的地域分布。根据家户调查 169 位已婚妇女的地区统计(表 8-3)可见,九洲村通婚地域范围较窄,主要对象集中在本村及本镇邻近村落。本村内 4 个自然村各姓相互通婚比例极大,占总数的 50.9%。其次为九洲村所属临城镇下辖的各地,如玉女、富古、水西、古石等邻近村落,占 30.7%。再向较远处扩展,上杭县内各乡镇下辖各村通婚人数占 14.8%,福建省其他县市以及外省人数

合计不足 4%。就有限的统计数据纵向来看，1975 年前出生的九洲人几乎未见超出上杭县的范围寻找婚嫁对象者。也就是说直至 20 世纪 90 年代末，九洲村的婚域才进一步向外扩展，延伸向本省内其他市县，甚至其他省市，这应与年轻人观念变化以及外出求学、就业的人口流动密切相关。然而即便如此，超出本县的婚姻所占比例仍然微不足道。在田野调查中也常听闻村内中年妇女强调不愿儿女娶嫁外地人。问其原因主要认为语言不通，日后不便交流；或风俗习惯不同，婚后生活多有不便。一些听话的子女因此与自由恋爱的外地男女朋友分手，接受回家由父母亲戚安排的相亲。

表 8-3　九洲村各出生年龄段婚嫁者地域统计表

出生年份	九洲村 /人	临城镇 /人	上杭县 /人	福建省其他市县 /人	外省 /人
1920—1929	1				
1930—1939	3	9	1		
1940—1945	2	2	1		
1945—1949	7	1	2		
1950—1954	8	2	1		
1955—1959	12	6	1		
1960—1964	8	1	1		
1965—1969	19	7			
1970—1974	10	10	4		
1975—1979	9	4	2	2	
1980—1984	2	2	4	1	2
1985—1989	5	6	4		1
1990—1994		2	4		

第九章
九洲人的生育与养育

为追求人丁兴旺，九洲人重视"传宗接代"。自新婚之始即在祈求新娘速速怀孕，一旦有孕要谨慎地安胎养胎。婴儿呱呱坠地后，产妇要坐月子，以保障母婴的健康。其后的十二朝、满月、周岁等皆有许多仪礼，以求新生命日渐茁壮成长。其间若有灾病，也有一些行之有年的因应措施。田野调查期间笔者借住的两家农户皆有孕妇，不出家门便可全程目睹九洲人的生育、养育习俗。以下将运用田野资料，从生产之前、生产之后以及确保婴儿顺利成长的若干巫术性施为等内容，简要介绍九洲孩童的生育、养育之生命过程。

一、生育

对九洲人来说，结婚似乎更期待的是新婚夫妇传宗接代的结果，因此在订婚之后即开始酝酿、召唤、期待孕育新生命，处处用心祈求新妇怀孕；一旦传出喜讯，家人即对孕妇呵护备至，须遵守大量禁忌，以免殃及腹中胎儿。孕妇的娘家人在临产前以"催生"的方式为女儿送上关怀与祝福。不论过去还是现在，全家人皆为新生命降临早早做好准备。

（一）祈子

九洲村的祈子习俗颇具巫术意味，婚前新娘婆家和娘家的赠礼以及婚礼中的一系列仪式几乎均使用巫术的相似律模仿新娘受孕生子，表现全家人对新妇生产子嗣的期盼。九洲人认为"年娘缸"象征新妇的肚子，其中的红枣、花生、桂圆和莲子寓意"早生贵子"；红蛋为满月酒宴特别的请客之礼，象征"生子"；米酒乃是产妇坐月子食用的"姜酒"的重要原料，缸中倒入米酒象征肚中食进"姜酒"；封口用的方形猪油象征包裹婴孩的抱被,而缠绕其上的大肠则指代当地妇女背孩子的背带,二者亦象征"生子"。除了年娘缸,婆家赠礼还包括一只做种大公鸡和一只很会下蛋的母鸭,以及为婴儿做围裙的裙带等诸多象征生子的物件。娘家作为回应,在嫁妆中添置"带子带孙"的围裙带以及与"丁"同音的小板凳;结婚时以一根枝繁叶茂的杉木①挑送尿桶,这根杉木要放在新人床铺下,"催促"新娘尽快怀孕,生子后方可取出;尿桶又名"子孙桶",要直接放入新人卧室中,寄寓对添丁的期待。迎亲途中新娘要由两名男童相陪,步入洞房后与新郎共食"同房鸡",以及四个由同一只母鸡生下的红蛋,好命人在旁讲子孙满堂寓意的好话。次日婚宴后请一男童立于新人床上向"子孙桶"中便尿。

　　若婚后多年仍未传出怀孕的喜讯,妇女多被家人催促携带红蛋、糖枣等物前往宫庙中祈愿求子。九洲人咸信观音菩萨送子,故常向其许愿。九洲各宫庙几乎皆供奉的吉祥哥哥也常被视为求子的对象,其神

图 9-1　吉祥哥哥

①　杉木在九洲具有子孙繁盛等丰富的寓意。

像造型与幼童相似,圆头圆脑,白面粉颊,眉心点一红点,细手细脚,双手摊开,坐于小竹椅或木椅上。村人为其穿上婴儿的服装,再罩上一件有口袋的围兜,有的还会为其戴上帽子,有的则是光头,头顶刻绘头发。祈愿者可向其祈祷作揖,口中念道:"吉祥仔,吉祥哥,别在宫头庙里坐,来我肚里坐,也有奶奶带,也有爷爷爹娘抱。"祷毕在其外罩衣的口袋内塞入一个红包即可。

九洲人传说人皆从花树而生,因此也有人求花公、花母赐子。九洲三圣宫主神右侧供花公花母神像(图9-2),花公在左,花母在右,一高一低并排端坐;花公长髯金袍,腰系玉带,左手搭于腰带上,右手放于大腿上,其后侧插白花数朵;花母左右手各抱一男婴及一女婴,二人一高一低相向而立(坐),男童女童手臂上各悬挂一个由"子孙带"①穿起的红

图9-2　花公花母

---

① 红白相间的细布带,用于制作婴儿衣物的绑带。

布兜。若妇女一直生女孩,家人便买来红色茶花前往宫庙中祈愿,将红花留下,取走白花,换回的白花挂在孕妇房间内以期诞下男婴。村人指出昔日新妇若久未怀孕或幼子夭折,须采摘白色茶花前往庙中敬拜花公、花母,向其许愿并留下茶花,换案桌上的茶花带回家中。尽管九洲村其他诸庙并无花公花母塑像,但在不少观音菩萨或吉祥哥哥案前皆可见到插着红白两色绢花的花瓶。

(二)孕妇食补与禁忌

新妇一旦有喜,保护腹中胎儿顺利产下是全家头等大事。胎儿发育与孕妇摄入的营养息息相关,亦与孕妇及其家人的行为密不可分,由此产生不少与孕产相关的注意事项和禁忌。

昔日九洲人生活维持温饱尚有所不逮,孕妇的进补根本不在考虑之列,近几十年生活水平日益提高,才对孕妇有特别的食补。食补以"凉"补为上,多捕捉或购买河鱼为孕妇炖汤,也购买将足月的"满月兔"蒸汤水给孕妇食用,偶尔也用山禽、鸡或狗肉等热性食材补胎。近年亦流行孕妇食胎盘之风,须联络熟人才能辗转购得,搭配小母鸡炖汤服食,认为对人体大补。九洲人珍视的"补药"亦可给孕妇饮服,要和配剂药师说明家中有孕妇,避免加入有损胎儿健康的药材;村人只知"补药"中不可加入桂圆,却不知其原因,只因众人皆如是言,为保周全姑且遵从。除了桂圆,亦不可食用山楂,因其通络活血之效极易导致小产。过寒之物如马蹄、梨、海鲜等物孕妇亦忌食,燥热之物如煎炸烘烤类应少食用,前者性寒易致滑胎,后者上火,食用过多将使初生婴孩体燥,影响夜间睡眠,不好带养。九洲孕妇禁食牛肉,流传孕妇食用牛肉后产下项背处生出"牛毛"的婴儿,即长出一根根短而硬的汗毛,令孩童难受啼哭,不饮奶水,须求医拔除。[①]

孕妇在饮食禁忌之外另有许多行为禁忌。例如不可进宫庙,有的报道人认为腹中胎儿比菩萨"大",菩萨见到他(她)要起身相迎揖拜,因

---

① 关于孩童身长"牛毛"的问题,有些村民认为另有其他致病原因,将在下文详述。

此产生不悦,在孩子身上打下印记,婴儿将带胎记降生;也有报道人认为孕妇若进入宫庙,产下的婴儿脚掌将如神像一般僵硬,或五趾并连不可分开,或脚趾虽可分开却蜷曲不能伸直,不论何种情况将来都不方便穿鞋;家有孕妇者若逢立春新年,不可更换旧岁对联,不可贴窗花,否则婴儿出生后额头与面颊上有红色胎记;孕妇及全家不可在孕期移动床铺、钉钉子或在家中随意打洞,否则易致使孕妇流产;孕妇不可采摘瓜果,否则果树植株将死去,另一说法是若孕妇采摘果子,翌年开始那棵树不会再结果;孕妇不宜参加丧礼、婚礼,最好全程回避,孕妇若碰上入殓,胎儿可能发生不幸;而孕妇进新房,则会"喜冲喜",对某一方或对双方均不吉利;孕妇也不能去坟地。

(三)催生

九洲妇女在女儿怀孕临产前要为其进行"催生"①,以送上顺产的祝福。为人母者可以灵活把握"催生"日期,一般选在预产期前一个月农历的逢三日,即初三、十三或二十三日,取"三"谐音"生";尽管逢三皆为吉日,九洲人仍偏好选择初三,认为其在月首,似初升骄阳生气勃勃,象征旺盛的生命力,更加吉利。

催生当日孕妇之父母携小母鸡、鸡蛋、粉干和婴儿衣衫、肚兜等物看望孕妇,所有礼品皆须上红,讲究者还会在竹篮等容器上放杉枝若干。母亲对待产之女嘘寒问暖后,也会传授生产、哺乳经验,并宽慰缓解女儿初次生产的焦虑,同时不忘叮嘱亲家母悉心护理女儿产后生活。孕妇婆家备好酒菜热情款待,午餐接近尾声时请孕妇坐在水缸上饮下羹汤(图9-3),认为如此在生产中将更为顺利。现在许多家庭没有水缸,则以功能相同即储水用的塑料大桶代替。

传统上自从订婚日起,除重大事件外女家父母不便上女婿家做客。而女儿头胎有喜后,父母通过对女儿的催生,开启两家新阶段的往来互动,待到新生儿出世,两家家长的身份各升一级,其称谓由原来的亲家转变为爷爷、奶奶、外公和外婆。从此之后两家的来往正式确立,即便

---

① 每胎皆要行催生仪式。

图 9-3　催生仪式中孕妇饮汤

双方感情并不融洽,在婚丧喜庆等正式的仪式场合,"亲家"都有重要的角色必须扮演。

(四)产前与生产

尽管今日越来越多的九洲人声称生男生女一样好,但产前孕妇的双方家人对胎儿性别都有相当的期待,内心仍然暗暗祈求新生儿是男婴。婴儿未呱呱坠地确定性别之前,邻里亲朋也喜好议论此事,有经验的妇女提出预测孕妇胎儿性别的方法:可观察孕妇腹部增大的时间,若前期长得快则生男,后期快则可能生女;也可临近生产时观察孕妇肚子形状,若偏右侧则生女,在中央则为男;亦有通过孕妇饮食偏好判断的,简言之即酸儿辣女;还有的孕妇前期较能吃,到了后期反而食欲缺乏,长辈便断定将生女孩;也有人在第一胎女孩初诞时即观察婴孩,判断下一胎的性别,认为若头胎女孩大腿处有两条褶痕,下一胎仍为女孩;若仅有一条,第二胎便会是男孩。

孕妇在产前必然要添购婴儿新衣衫,也会陆续收到亲朋好友送来的旧衣。大量新旧婴儿用品要在生产前清洗干净,因此在这一时段内家中的晾衣竿常常被还未现形的"小人"占用,形成一道独特的风景,看到哪家哪户晾晒大量婴儿的围裙罩衫,便可知道这家即将迎来一个新生儿。九洲婴儿衣物包括:绑带罩衫和开裆裤、尿布、围裙、披子、抱被。大多衣物是商品成衣,尿布使用易清洗晒干的棉纱布;只有围裙和披子仍为传统款式。围裙多由长方形碎花薄布中央缝上"子孙带"对折而成,穿戴时将子孙带绕婴儿腋下系缚,花布自然环绕包裹婴孩肚脐和下身,仿若裙子一般。披子则由较厚的方形棉布制成,在三分之一处缝上绑带,方便从婴儿腋下固定,上端的三分之一可翻起护住肩颈头部,下端三分之二包裹婴儿下半部。最外层还要以有夹层的被子包裹,护住婴儿头、手、足部。九洲妇女照看孩子时仍要劳作,因此背带也是必备之物,背带套住婴儿背部从其腋下穿过,搭过妇女肩膀于胸前交叉向后,在婴儿臀下再次交叉绕向妇女腰前固定。

图 9-4　婴儿围裙及衣物

衣服、尿布陆续晾晒完毕后,孕妇为自己准备待产包。通常是以结婚时带来的皮箱装好生产过程中及其后所需诸物,如红牛和士力架等能量补给品、孕妇专用卫生巾、通乳药品、换洗衣物、衣架等；但箱内更大空间被孩子的物品占用，包括婴儿的贴身衣物、专用湿巾、纸巾等。待产包备妥后放在房间角落，破水前往医院时提上车辆，不会因临时收拾而遗落必需品。

村中老妇人常说过去孕妇不似今日养尊处优，多数都要辛苦地挑水耘田、洗衣烧饭直至临产。曾有孕妇上午尚在田中劳作，下午便已生产完毕，继续田中未完成的工作。昔日风气不开，少有妇女会去医院生产，都在家中请有生育经验者为其接生；生产时为免污染床铺被褥，便在床边铺垫干稻草，临盆前产妇双手紧抓床沿，蹲在床边施力。九洲人将妇女生产又称作"降子"，结合蹲姿，婴儿由上而下的诞生过程采用"降"字确实恰当形象。一般村妇亦不知"剖宫产"为何物，全靠个人体力支撑，耗尽力气者往往难产而死。据言20世纪50年代后各村派一人去医院学习助产技术，回村后负责为村中妇女接生，此后便事先在床上铺好塑料布膜，要求产妇躺在床上生产。今日产妇必须前往医院待产，接受专业医疗护理人员照顾。

孕妇若不幸流产，娘家母亲要行"提满肚"，即以胡椒佐料炖一个完整猪肚送给女儿吃，刚流产的女子要坐在尿桶上将其全部吃光喝净，寓意是肚子空了，补上一个，很快便可再生。

二、养育

新生命降生后，全家在喜悦之余须对婴孩进行周全的呵护，保证其长大成人，完成传宗接代的任务。对婴儿从出生、算命、起名、契名、辟邪各个方面的俗行、禁忌以及在昭告众人的满月酒宴上的祝福，显现出九洲人特别的养育习俗。

(一)坐月子

婴儿出生第一天，家人即为产妇做煎鸡蛋配米饭食用。有的产妇据说一天吃下十余个鸡蛋仍觉得"肚饥"。给产妇吃的煎蛋与平常做法不同，必须添加多种配料：鲜姜切末在滚油中炸出香味，打鸡蛋入锅煎片刻,倒入少许米酒,添水淹没鸡蛋,再加适量的红曲粉、红糖和胡椒粉,煮开后出锅。也有人认为若鸡蛋能包住红曲,效果更好,因此红曲可在鸡蛋尚未成型时添加,在蛋液上撒上红曲粉,再用锅铲将煎蛋对折包住红曲粉。

第二日产妇可食用去头脚的小母鸡汤,同样要搭配姜、酒、红曲及胡椒等佐料。九洲人认为米酒、胡椒、红曲等物可催奶、暖身、排毒。婆婆早在孕妇临产前即购买已经由草药和米制成的红色曲米和白胡椒,在铁锅内擦拭茶油预热,分别翻炒后摊凉,再请商家研磨成细粉分别装罐,为产妇坐月子备用。

顺产一般3日后可出院。出院回家通常选择上午,进门前放鞭炮、礼炮庆贺,并通告诸神祖先。产妇和婴儿回家立即进入房间开始"坐月子",由婆婆照顾一切起居饮食生活。坐月子一般为30天,九洲人认为前12天产妇只能食用上述特别制作的煎蛋和小母鸡,此后每日食用姜酒炖阉鸡。九洲人认为阉鸡比小母鸡更补,有些婆婆在产后3~4日即为产妇炖食阉鸡滋补身体,也有报道人指出不可太早食用阉鸡,以免过分进补身体难以消受。姜酒阉鸡要配"老酒"①制作,在鸡汤中加入生姜、红曲、胡椒、红枣或黑枣等滋补品。在产妇食用鸡肉和鸡汤时,其他家庭成员只能吃"边角料",如鸡皮、鸡爪、鸡血、鸡内脏等。

九洲人一般在媳妇怀孕时就开始饲养大量阉鸡,为其"坐月子"做准备。产妇几乎每日或每两日吃下1只阉鸡,简单计算月可吃掉15~30只阉鸡。婆婆在对比中常感到委屈,称昔日吃饱饭已为难事,吃鸡蛋更是奢侈,遑论每日1只阉鸡进补。一位年长报道人回忆,她的婆婆仅在她产后以一大锅水炖了1只鸡,此后再无福滋补,而那一大锅寡淡的鸡汤还要分给同房的亲戚长辈共享。在以豆类与干菜充饥的更艰苦年代,有的产妇为将体内恶露排净,只得干吃红曲和胡椒,或以粥汤泡食,她们说没有鸡蛋和肉类的搭配,红曲和胡椒并不好吃。

---

① 村人言生酒(时间较短)较冷不适宜产妇食用,而较陈年的老酒不同,对产妇十分滋补。

"坐月子"期间,产妇还须恪守许多烦琐的饮食与行为禁忌。首先,产妇"坐月子"前期除了姜酒鸡和米饭,其他如蔬菜、水果等被认为寒凉的食物皆不可入口,蔬菜中尤其以白菜等寒性蔬菜为忌,否则会造成吸食母乳的婴儿腹泻;现在不少婆婆在 12 天之后允许媳妇开始吃蔬菜,但多选择如空心菜这类中性蔬菜;12 天之后亦可食用鱼汤、满月兔等其他肉食。九洲人强烈禁止"坐月子"期间的产妇吃橘子和花生,不遵守的产妇将承担无奶哺育婴儿之后果。其次,产妇须足不出户"防风",否则受风后易落下病根,终生受罪,因此除了婆婆和丈夫,其他人不可在"坐月子"期间进入产妇和婴儿的房间。昔日产妇还在头上围上防风布,即用手帕包裹额头,现在有许多商品如"防风贴"供其使用,贴在太阳穴两侧,似乎更方便时尚。"坐月子"期间洗澡并非禁忌,但洗澡水必须烧开后使用,产妇不可触碰生水,婴儿及产妇的换洗衣物皆由婆婆负责清洗。九洲人将婆婆照顾产妇"坐月子"称为"侍奉",包括料理产妇和婴儿的一切起居饮食。这项"侍奉"工作对许多九洲妇女来说是头等大事,通常都会提前安排好其他农务劳作的时间,以专心照料产妇及婴儿。儿媳不在九洲生活居住的婆婆,往往放下家中事务奔赴儿孙居地,任劳任怨。过去的产妇"坐月子"极少有如此待遇,九洲的中年妇女常回忆当时几乎所有劳动力都要去田中劳动积分,并没有人能够专职"侍奉"她,她自己留在家中还要负责挑水、洗衣、做饭等家务。

(二)十二朝

　　产后第十二天,九洲人称为"十二朝",产妇娘家父母首次探望产后的女儿与外孙(女)。当日一大早婆婆即忙碌地杀鸡炖肉迎接亲家的到来,还会邀请关系密切的至亲,如新生儿的姑姑、姑婆,一起参加中午的聚餐。

　　临近晌午,婴儿的外公、外婆和姨婆到达家中,提一只笼顶贴四方红纸并装有 2 只阉鸡和 1 只小母鸡的鸡笼,一篮以红色塑料袋包装的糯米粉①。亲家被迎进客厅喝茶稍坐后,新生儿外婆接过亲家母煮好

―――――――――――

　　① 满月宴上姜酒汤圆以此糯米粉制作。

的一碗姜酒鸡,进入产妇房间探望女儿。待产妇饮食完毕后,众人开始午餐,餐桌上的话题始终围绕着新生儿,讨论命名、育儿等各项经验。

餐后进行十二朝的重要仪式,为婴儿洗澡。婴儿此时仍娇弱,洗澡过程较为简单,由外婆和奶奶合力完成。其后稍停片刻,外公、外婆和姨婆起身离开,奶奶每袋装好 10 个红蛋,赠亲家和本家客人每人 1 袋。产妇站在房间门口依依不舍地目送父母离开。十二朝之后,产妇饮食的禁忌渐渐放松,可以吃一些凉性但非极寒的肉类、蔬菜,但活动范围依旧局限在房间中。

(三)做满月

婴儿足月算是过了第一个关卡,九洲人在婴儿满月之时始正式昭告亲友,并设酒宴庆贺。满月酒可提前而不宜推后,即在婴儿出生 30 日内择吉日进行。添丁之家要前往各家"请客",即报送满月酒宴日期,邀请对方参加,因姜酒为满月酒请客的特别用品,因此满月宴前的"请客"礼又被称为"报姜酒"。此时邀请的宾客可做适当筛选,认为今后孩子无须继续往来的戚友便不在邀请之列。婴儿的外公家要提早数日发出邀请,以显重视;而产妇婆婆的外家(若还有奶奶,亦须邀请奶奶的外家)稍迟几日也无妨。如婴儿的父母曾相认"同年",婴儿今后要称其为"同年爷""同年妈",因此"同年"亦在"报姜酒"亲属之列。本家可省去"报姜酒",给各家送上红蛋和红包即可。

"请客"当日,产妇的婆婆宰杀阉鸡(无须去皮及头脚),加红糖、冰糖、红曲,熬制姜酒。熬成将整只鸡与鸡汤装进一口大锅或一个大桶中。同时染好大量红蛋、包好金额不等的红包,按"请客"户数每袋分装两个红蛋和一个红包。原先并不送红包而送猪肉,后来为了方便改为现金,金额根据亲疏远近而定,由产妇探询娘家意见后和婆婆商量,例如普通亲戚每家为一个 100 元红包,产妇的爷爷与亲叔 200 元,而其父母则为一个 1000 元大红包。礼袋和姜酒各在扁担一头,扁担两端缠绕红纸,由婆婆挑至外家报送酒宴日期。昔日还要呈上请帖,今已简化。姜酒(鸡汤)和礼袋要逐家分送,亲戚则取适当的容器,如酒壶或大碗盛装姜酒。假若路程较远,"请客"要尽早出发,抵达完成任务后象征性地吃些点心即返回。

图 9-5 "报姜酒"鸡汤与礼袋

　　酒宴当日清晨,收到红蛋的本家亲戚每家至少来一位妇女帮忙。
众人简单一起吃了早饭后开始准备午宴。准备食材是一个漫长烦琐的
过程,"移动酒家"的主厨和帮厨忙得井井有条,各家的妇女打下手,一
起制作满月酒独有点心——姜酒汤圆。满月宴上不可见到牛肉,村人
称担心小孩将来会像牛一般辛苦劳碌,慎重者忌讳在此时言及"牛"字。

图 9-6 姜酒汤圆

婴儿的奶奶一早便忙于准备祭品,在家门口及祠堂(没有祠堂则前往村庙)祭祀天地祖先,三牲除了煮熟的猪肉和鸡外,还有红蛋。

临近午饭时间,客人陆续到达。外家到达时须鸣炮相迎,房亲出门与客人相见,并行"接担"仪式,即在外家将近门口时,由本家亲戚上前接过礼物,挑进院门,姻家亲属紧随其后。外家诸亲送来阉鸡3只、鸡蛋1筐及装有婴儿用品的礼篮1对。阉鸡分装于2个鸡笼内(1个内装2只,另1个装1只),鸡蛋以红袋包装,礼篮内有婴儿衣物、抱被、围裙等物件;所有礼品容器皆挂红,上端放一多杈杉枝。

外家到达后,众人就座,便可开宴。外家亲属坐上桌,本家人依次入席。满月宴的酒水与其他酒宴不同,将特别熬制的姜酒分装在酒壶中,主人要逐桌为客人添酒致谢。姜酒汤圆因具有特殊意义,众人皆会取食。产妇当日可以离开"坐月子"的房间和娘家亲友一起用餐。餐后外家离开时,产妇婆家须在礼篮内盛装猪肉、鸡蛋,并返还1只阉鸡以为回礼。

图 9-7　外家礼物

婴儿满月当日,外婆要为其洗澡。奶奶设香案供桌,摆三牲(鸡、猪肉、红蛋),以及米酒三杯,焚香祭拜。热水烧好倾入澡盆不断搅动冷却,同时准备茶油 1 小杯、红蛋 2 颗及小葱 1 把。外婆仔细清洗婴儿全身各部位,同时念出对婴儿的祝福。洗净后以茶油搽遍婴孩的面颊、项背、身体、手脚、生殖器,随后立即一层层穿好衣服,从头到脚包裹妥当后,外婆执红蛋从头开始向下滚遍全身,同时说出对婴儿的祝福,最后将葱叶先后插进婴儿两个鼻孔内,此举一定引起婴儿喷嚏不断,以此为吉祥,围观众人大笑。浴后一起吃午饭,此日之后产妇无须再遵循坐月子的禁忌。

为庆祝孩子出生,添丁的信士会在当月例拜时向村庙捐赠一只公鸡、若干红蛋(通常个数为 9、19 或 29 个不等)和糖枣,理事收下所有赠品后会返还一只鸡腿、少量红蛋和糖枣。添丁之家户也要在还福日到祠堂和墓地上香祭祖。春分扫墓时去年添丁的家户除了交份子钱,还要出一只阉鸡为供品,再交 100 元给牵头人。

(四)算命与起名

婴儿出生后,父母长辈为预知他的命运以避凶趋吉,多请算命先生或地理先生为其算命,并根据测出的"四柱八字"取名。传说昔日算命先生为男童测算后按流年写下命簿,推算其事业、婚姻、财禄、学业、健康、灾厄等运势。命簿平日以红布包裹存好,每年大年初一父母可查阅当年有无灾厄及化解之道,为孩子新一年做好防范准备。如今可见的仅有单张命纸,内容也相对简单,以红色方形纸张黑墨书写孩童生辰、八字、五行、大运、官财、劫伤、总运、星宿、关卡注意事项等内容。算命后有的孩子适宜带银,则在满月时由外婆或舅母赠送银镯佩戴;若孩子有"金锁关",不宜佩戴五金饰物,否则易生病患;亦有老人言,赠送银饰要谨慎查看命纸,而赠送金饰则对各种命运的孩子皆宜。

昔日女子并无正式名字,只有一个乳名,而男孩除了乳名还要取学名,因此算命对象也多为男孩。九洲人对孩子的乳名选择相当随意,许多人以孩子出生之年他(她)的爷爷、奶奶或曾祖的年龄命名,如某人出生时他的太太(曾祖)六十一岁,他(她)便被取名为"六一",或"六一生";有的以贱名如"狗子""麻子"等呼唤孩子,认为如此孩子将更好养育;认了树母、桥母①的孩子可能小名叫"榕妈子""榕发""桥生"等;亦有以农作物名称为小名的,如"水谷头"等。村人间相互称呼多用乳名。男孩到学龄取学名,须合八字测五行,以期未来前途顺遂,步步高升。有字辈排序的宗族,男孩起名还要考虑字辈排行。昔日女子无学名,亦无须测八字,只在婚配时与夫君合八字,补平自身所缺元素,女子婚配与其命运的流转息息相关。中华人民共和国成立后女子亦有正式名字,往往带有时代印记,如"卫红""育英";反映代际更迭,如"60后"女子多"梅""兰""竹""菊","70"后多"丽""英""莲","80后"多"慧""婷""萍","90后""00后"则多"思""馨""涵""萱"等。

(五)契名

有的孩子经过命相师的测算,与父母八字相克,要"再拜父母",方可助其平安成人。九洲人认为被这样的孩子认为干亲后,己身及子女之命运将受其影响,因此大多不愿接受被认作干亲,唯有亲生父母和干亲间关系极为亲近或交情极深者(如孩童的姑姨叔舅及其配偶),才会勉强接受。收认义子后,孩童须按新父母家的姓氏排行重新命名,新的名字当被众人呼喊,而户口本及族谱中仍用本姓本名。认干亲须致赠干爹(妈)一套衣服或一个金额足供购买新衣服的红包、十筒共一百个饼、按干爹兄弟人数送相应数量的阉鸡、一个碗和一双筷子(表示孩童从此在他家吃饭)、一支笔及一个算盘(象征孩子将来会读书识字,习于算数记账等技艺)。此外还要举办酒席宴请两家亲戚,以昭告众人周知。孩童在每年过年时给干亲"送年",干亲则在对方尚年幼时赠送衣服礼物。

由于前述凡人收契子的顾忌,大部分九洲人转而拜请神明收子女做契子并取契名,作为干亲的神明包括端坐宫庙之中受人香火的神祇,也包括具有灵性的自然物。报道人指出,邀请神祇收子女为契子时,要先辨明其属道教还是佛教,分别携酒礼或茶礼前去请示,酒礼多为猪头、鸡、米粄和米酒,若神明属佛教则须带水果、清茶等物。契名要经过仪式后方可生效,孩童的长辈在村庙中请道士或庙公请示神明后契名,

---

① 下节详述。

如三位夫人陈、林、李不同姓,请示哪位愿意收小孩为契子后,再取冠以其姓的名字;除了三位夫人,拜黄老仙师者冠以黄姓,拜妈祖者冠林姓,拜观音菩萨者则姓观。道士或庙公念《契名经》:"某某弟子来契名,恳求千佛来提名。千诸万佛同呼口,福如东海寿年长。千诸万佛同保佑,保佑弟子永安康。契名以后彭郭寿,福禄寿喜性[姓]名杨[扬]。枯木红[逢]春多生长,白头到老用双全。入学读书考弟[第]一,名冠天下状元郎。祖公祖婆爹娘拜,求拜大神得寿康。三界神佛同来保,保得生童亮康康。带得生童到东方,东方邪鬼走忕忕。带得生童到南方,南方邪鬼走别方。带得生童到西方,西方弥陀来现身。带得生童到北方,北方正[真]武大将军。带得生童到中央,中方邪鬼无处藏。只祥[吉祥]哥哥来带路,带了生童回家堂。土地公公又来保,土地婆婆带安康。带得祖公祖婆哈哈笑,带得爹娘笑连连。哈哈,全家安福得团圆,荣华富贵万万年。公喜儿喜,长命百岁!"事主向神明敬奉百元红包一个,随后写下新丁告或神前新名告,贴于宫庙侧面墙壁。九洲有许多宫庙中一整面墙壁贴满新丁告,村人言有的孩子无须契名同样也贴新丁告向菩萨报喜,请其保佑。通常新丁告和契名多以男童为主,近年亦可见新丁告

图 9-8 新丁告

上书写的是女童姓名。新丁告为红纸墨书："新丁契拜　某某神明殿前　取名　某某　请众同呼　福如东海　寿比南山。"通常一式两份,宫庙左侧墙壁张贴一份,家中厅堂内左侧(女童贴右侧)墙壁上亦贴一份。虽然有村人说新丁告贴在家里直至子女成年撕去,但村中子女年已 20岁而新丁告仍贴于家中墙上者并不少见。

图 9-9　神前新名告

神前新名告内容相对复杂,例如:"慈[兹]有福建省上杭县临城镇某某村居住沐恩信士尽智铭丁[前四字疑有误]公元某年某月某日特备斋蔬果品香茶宝烛,前来某宫某仙(神)宝座前安名投契,祈求身体健康、读书高升、贵人迎接、吉星照临、财丁二盛、福寿增延、脚踏四方、方方得到、大吉大利。契名　某某　长命富贵　安名大吉　金榜题名。"年节时长辈要带孩童祭拜神明父母,每年还福时亦要捐赠香火钱,以感谢菩萨一年来对孩子的守护。

孩童出生后请命相师测算命格中五行属性,所缺者即要设法补齐。认自然物为干亲是可行的方法之一,如缺木则认"树头",缺水则认"桥头"。树头一般为古榕树、古樟树或古松树,希望孩子像古树一样百年屹立不倒,健康长寿;认了榕树的孩子名字中也常带有榕字,如榕树、榕生等。认桥头为亲则期待孩子像石桥一样坚固、万年不朽，取名字如桥生、桥建等。拜认古树、古桥的仪式更为简单，以认树母为例，长辈带着孩童并携带猪肉、糖果、糖枣和米酒，以及红烛、香、纸、炮等供品，来到古树下，在树脚摆放供品，点燃红烛和香，老人把着孩童双手持香默念："樟树娘娘／樟树妈，我是某某（孩子的名字），我是你的孩子，你要保佑我，健康成长，读书进学。"完毕后老人将九尺红布围在树干上，同时说："保佑你的孩子红红顺顺，你当红我当雄。"即保佑孩子平安健康。回程时遇见路人要将糖果与之分享。此后年节皆要再前往烧香、敬酒。孩童长大后结婚时也要前往告知树母，并在其上系一个装有花生、硬币、红枣、糖果的红色袋子，感谢树母并寓意开花结果、早生贵子、生活甜蜜蜜。

图 9-10　拜"树母"的九洲孩童

三、辟邪及其他育儿习俗

九洲人认为婴儿体质娇弱，易被邪气侵袭，为此采取了各种各样的保护手段，以抵御邪祟侵扰。传闻有一种被称为"牛毛"的儿童皮肤疾病，即将浓茶涂抹在婴孩颈背部，可看到一根根黑色的硬毛，用手抚摸有刺扎感；婴儿若罹此疾则哭闹不止，睡觉时身体颤抖不休，要将刚毛一一刮除方能治愈。九洲人认为通常出生 50 日内的婴儿易染"牛毛"之疾，而经历过的人多不愿提起此事，认为这是运气不好的象征。村人也认为感染此病为邪秽所致，大多是被"眼睛很毒"的人看过。"眼睛很毒"的人指一辈子运气不佳，事事不能如愿之人。为了预防被"眼睛很毒"的人看了对孩子不利，孕妇尚未生育前便捉"牛草蚂"（即蚱蜢）数只，串起烤炙过后包在红纸中，挂在蚊帐上，睡在帐内的婴儿便不会生长"牛毛"。

九洲人认为周岁以前的孩童有"阴阳眼"，可以看到鬼魂。有的固然一出生就不会见鬼，但有的孩童要到七八岁之后"特异功能"才会消失。"不上运"的孩童才易于"见鬼"，因此一般清明扫墓并不会携带孩童，因为孩童会看到鬼吃祭品。为避免孩童受到惊吓，家长常为孩童准备辟邪物，每年祈福时为孩童购买绘有八卦图、书写"出入平安"的符布，并在其中加入茶叶、大米若干，再缝合成三角形布包，孩童外出时别在衣袖上。亦有家人购买八卦牌，在庙中开光后以红丝线串起挂在孩童颈部。长辈为孩童准备日常佩戴的金银首饰多先带往宫庙中，供于神明面前开光，为其赋予保佑孩童的灵力。

孩童若易生病、夜间常哭闹无法安睡、不好带养，九洲人亦有行之有年的化解之法。通常由家人带他（她）常穿的衣物或日常食品前往庙中，送红包请庙公（或道士）作法。庙公取孩童的贴身衣服，请神后念出孩童姓名，念祷祈求平安的同时取一黄纸卷，沾香油后点着，再一手拿童衣另一手将燃着的纸卷纳入口中，闭口后取出纸卷仍不灭方可继续，若纸卷熄灭要重新点燃并再度祷告。随后将纸卷扔在焚纸炉中烧掉，再于正殿地面点燃黄纸，取孩童衣服在火上环绕，同时口中念祷词。结束后以红袋将衣服装好，庙公取一碗清水以手指隔空画符在碗内，尔后手指沾水洒向衣服，再弹向地面，如此反复数次，携衣服返家为孩童穿上便可达到祛病消灾之效。若以食物代替衣物，通常多为孩童常吃的大米、饼干等，庙公提信士米或零食包装袋于香炉上方转圈，以檀香木片挑取少量香灰撒向大米，并用檀香和五雷号令在大米上方画符，随后将米袋托举至香炉上方,再以手微微扇两下取得香气,同时口念咒语,最后将米袋供于案前,归家时带回给孩童食下方能病除。

有的九洲人在算过孩子的生辰八字后,携道士售予的以干竹片削制、外裹金银纸的"宝剑"前往村庙中消灾。在村庙例行祭祀的日子,带着公鸡、三牲(猪肉、豆干、鱿鱼干)、花生、糖果、米酒、香、烛、纸钱等物到庙中,供品陈列于供桌之上,向菩萨神明虔诚祷告,随后将宝剑置于铺在地面的草纸上,杀公鸡将鸡血淋于宝剑及草纸,随后将宝剑和草纸一起在一口小锅中焚成灰烬;取一铁盘小心装入所有灰烬后,以红纸包裹,不言不语迅速带去河边,先将灰烬一把一把抖落河流之中,然后将铁盘、红纸全部弃于水中流走。报道人言,如此操作之后,不吉的邪祟将随水流飘走。回到宫庙中取花生、糖果、米酒、香、烛绕至神殿后方的榕树前祭拜榕树,完成后鸣炮。最后将供桌上的三牲和死公鸡一起提至隐蔽处丢弃。此外算命先生若卜出孩童命中犯有关煞,家人可在其关煞期前邀请戏班表演《夫人戏》,为其"过关"保平安。

图 9-11 送邪祟

若孩童受惊,有些九洲人会自行操作小法术安抚。其法为取杯子装满大米,抹平表面,再用孩童的衣服覆盖杯口,放在灶神前,烧香祷

告:"我的孩子某某,狗见狗吓,猫见猫吓,人见人吓。"然后将衣服慢慢
打开,如果是猫吓的就有个猫爪印,狗吓的就有个狗爪印,人吓的则中
间有个凹陷,再将大米煮稀饭喂给受惊的孩童食用,并给他穿上覆盖在
杯上的衣服,咸信即可消除惊吓。若有孩童夜间哭闹不止,有时认为是
被已故老人"抱过",须取松叶一枝或拿孩童衣衫点燃在孩童上方盘绕,
口中默念咒语,随后将松枝或衣衫丢弃在三岔路口,便可令孩童夜间长
眠。亦有人在村头路口电线杆上贴上红纸墨书的咒语:"天色苍苍地色
黄,我家有丁吵夜郎。往来君子读一遍,夜眠春睡到天光。"请往来行人
朗诵,以求孩童夜眠不闹。

图 9-12　儿童夜眠咒语

一般来说婴儿食用母乳至一周岁前后,母乳不足时要催奶,九洲人
通常以食物滋补产妇,如姜酒鸡汤、猪蹄汤、鲫鱼汤、酒酿糯米粄汤等。
报道人认为,婴儿六个月后可逐渐增加水果、蔬菜、米糊、肉糜等不添加
油盐的辅食;一周岁前后可择机断母乳,一般不选在天气炎热的夏季,
否则婴儿外热内燥,易引发疾病。九洲的妇女认为自然断奶对母婴皆
好,有意减少婴儿吃母乳的频次,逐渐令婴儿习惯只吃奶粉和其他辅
食,顺利者十余日即可达成。如断奶不顺,亦可在乳头涂抹苦瓜汁,使

婴儿抗拒吸食母乳以到达目的。有的婴儿断奶困难亦求助于道士,道士在饼干等食物上画符咒,喂婴儿吃下画了符咒的食物后便不愿再喝母乳。

九洲人认为婴儿吃母乳下尿快,一小时可多达三四次,影响夜间休息,年轻人偏爱为婴儿穿纸尿裤,减少起夜频次,而老人则更偏爱使用尿布,认为如此对婴儿身体更好。两代人的分歧不止于此,还常因照顾婴儿的琐事争执,如老人习于为婴儿把尿,即以双手各托婴儿的左右大腿诱导其排尿,年轻人则认为此举有碍儿童骨骼关节发育;再如一些老人不用纸巾为儿童擦拭鼻涕而是以口吸之,受到现代卫生观念教育的年轻人多嗤之以鼻。

尽管婆媳间常有分歧,但媳妇忙于工作,九洲孩童多仰赖隔代的祖母带养,即使对婆婆的养育方式有许多不满,若婆婆不助其照顾孩童亦会引起许多生活上的不便。在九洲人看来,不帮忙儿子带养孙辈亦为没有尽到该尽的义务,大多老人尽心尽责为儿子分担生活压力,村中带着孙辈在劳作、祭祀的老人仍为常见。

第十章
九洲人的丧葬

　　九州村中有人不幸过世举办的丧礼是全村性的重大事件,除了亲房兄弟要主动参与,协助丧家完成一系列仪式,其他邻里友人亦须前往吊唁,若不前往,则表示两家日后将断绝社会往来。九洲人昔日流行二次葬,逝者先在较短的时间内简单埋葬,数年后再择风水宝地捡骨吉葬。如今在农村地区推行火葬,九洲的丧葬礼俗也发生相应变化。就今日的丧葬习俗来看,依旧保留着昔日旧俗的蛛丝马迹。本章将从在九洲村参与观察到的两次丧礼、一次二次葬礼入手,结合访谈资料介绍九洲村的丧葬习俗。

一、丧礼

　　丧礼是指有关丧事的礼仪。许多九洲人今天已难讲出完整的传统丧仪,专职道士在上杭为数颇多,因此村人家中丧事大多聘请道士承包全套操作,引导从起灵到下葬的一整套丧葬仪式。

　　老人过世在九洲被称为"回寿""老了"。一般来说老人身体抱恙,自觉医治不好,便要求返家"等死",若突然神志不清药石罔效,子孙亦争取在他咽气前送返家中准备后事。

　　丧家的房亲在整个丧事活动中扮演重要角色。昔日有亲丧孝子须亲自登门向本房亲族长辈"告老",即报丧。报丧者要去除鞋袜,赤脚前往亲族家中,进门下跪后告知长辈回寿,请对方前往家中议事,如今报丧不再亲力亲为,改以电话通知。人们得知房亲回寿的讯息后,应立即前往丧家,协助操办丧礼并承担各项琐碎任务,一般来说各家均各遣男女一人前往帮忙。帮忙者中一位或多位德高望重的男士统筹指挥,其他人分别负责采购宴席所用之食物、请地理先生测算时辰、发布讣告、请鼓手乐队、布置庭院和孝堂、接收赙仪代锭等。女性亲属则大多准备亲房众人餐食,帮助主厨准备宴席酒菜。房亲中外嫁的女子或女婿亦应回村相助,同姓而不同房支的亲邻各户也要遣派一人待命。

九洲丧礼要请"八仙"出力。"八仙"为8个青壮劳力,负责向同宗、外家、同年、友人报丧,挖墓穴以及抬棺材。有一种说法称"八仙"为七男一女,扮演"八仙过海"中的8个神仙,可各显神通帮助亡者渡过途中劫难,然而实际观察所见"八仙"皆为男性,此说显然并不精确。另一说以"八仙"比拟昔日做官者的8个轿夫,亡者生前虽未坐过八抬大轿,死后当享受如此待遇,抬棺时4人扛抬出力,4人相扶助力,并随时轮换。"八仙"多为房亲自愿出力,没有酬劳。过去丧家会赠予他们每人1斤猪肉以示感谢,如今多以20元红包代替。

昔日登门报丧还要携带"报丧蛋",即两个煮熟白色鸭蛋以草纸包裹、苎麻捆扎。如今电话报丧,则在客人前来吊唁时赠予白色鸭蛋。吊客交付礼生一个"充蛋"白包,内置2元现金,事后将其汇总给电话报丧的"八仙"平分。如今一方面报丧不必登门、出丧毋用抬棺,另一方面村人忌讳承接此事,再则环保纸棺远较传统棺木为轻,"八仙"多减少为4人(或更少人)担任。

现今九洲人去世皆以纸棺运送至殡仪馆,在当日或次日即在馆中的火葬炉火化。昔日九洲与闽西其他地区同样有生者预置寿材的习俗(吴永强,2008:300),至今九洲仍有不少高寿老人保有停放在老宅之中待用的棺材;由于土葬已经明令禁止,即便多年前已制备有棺木的死者,也只能将空棺运去火葬场一并与纸棺装殓的遗体火化。

报道人指出,因昔日一般农民干活穿着的常是脏污的常服,因此死后须更换整洁衣物,以免被伯公挡路,死者更衣有的在殡仪馆为之,有的则在家中即更换妥当。若遇上年节,老人会要求子女先买好寿衣备用,以防过年期间断气,店铺关门求购不得。老人过世后躯体渐渐僵硬,更换衣服往往出现困难,据说孝子若默祷:"现在给您穿上干净衣服,好上路啊。"老人的肢体会立刻软化,有的鼻腔内流出鼻血,村人称为"亲骨血",表示死者听到了。

逝者若为女性,火化前在卧室内焚化纸扎的"魂轿"和两个抬轿的阴童,请其上轿,如此逝者便不必走路,火化后也不必特别告知去向何方;若无乘轿则在火化后告知逝者:"现在回去了,跟着我们走,莫要跟丢了。"

老人过世后就要上香,随后尸体送往火葬场火化,火化后子孙每人手持一支大香,引导骨灰盒一起返回家中。骨灰盒由红布包裹,挂在孝子颈上。沿途在路口、桥梁放炮,抛撒"引路钱"。"引路钱"由一支香从中央串过一张草纸组成,沿途抛撒,在队伍前方开道,指引逝者灵魂返家。为制造老人过世后一直在家未曾出过家门的假象,骨灰盒一般由后门或侧门入屋,若丧宅并无后门,则将骨灰盒反向端进家门。

遗体火化后丧葬仪式的主要部分才次第展开。骨灰盒进门后立即设香案供桌,骨灰盒安放于供桌后方正中央,并陈列祭品,点燃红烛。丧家孝子孝眷进入厅内跪地恸哭,两位亲族兄弟点香分予在场众人祭拜。供桌上的祭品有米酒三杯、尾羽未拔尽的雄鸡、猪肉、鱿鱼干和豆干等;供桌左下方以碗盛装煤油,放入灯芯点燃,为"垫脚灯",须保持长明,为逝者照亮前行道路。昔日棺尾尚摆设"脚尾饭",即竖插两根筷子的一碗米饭,如今丧宅中已无棺材,故未见。

丧礼的各个环节由地理先生择吉时进行。地理先生在白纸上书写治丧文,明确仪程,包括安灵、入殓及出殡的吉时,以及各仪式必须避忌之生肖和犯煞者的生辰。与丧葬仪式相关之冲煞有"的呼煞"和"压岁煞","的呼煞"极为凶险,犯此煞者入殓出殡时务必远离,而"避之吉"的生肖只要转身或闭眼不看即可。"压岁煞"全称"太岁压祭主",相应年龄的村人在下葬时要避开。丧家将治丧文贴于厅房门口,便于众人参考。

孝堂(即灵堂)设在家屋正厅内,由道士或鼓手布置,糊纸屋,悬挂白帐和挽联。纸屋价格从 100 元至 800 元不等,因事后要烧毁,村民大

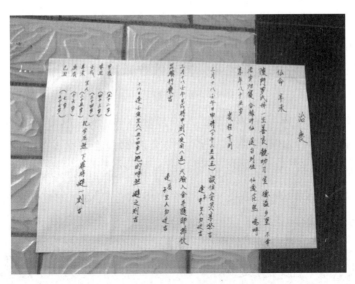

图 10-1　治丧文

多倾向购买便宜的。纸屋多为三层小洋楼，暂置于骨灰盒后方。一般灵堂用白帐布置，收费 150 元；逝者若为百岁以上人瑞，则可用红布，称为"喜丧"。白帐之后，供桌两侧分设数个草垫或由稻草填装的蛇皮袋，供孝子跪坐，供桌前另置一个稻草袋供吊者跪拜。挽联一般由道士白纸乌墨现场书写，也有提前印好的黑白对联。此外逝者遗照相框、受生担、客人赠送的花圈皆可从道士处购得；遗照相框为黑色，中央贴一

图 10-2　孝堂

朵黑花，以白纸写下"严父/慈母某某（生卒年）"夹在遗照底部。大门上须贴白纸墨书的"制严"或"制慈"，男性逝者贴"严"字于左侧门，"制"字

于右侧门,女性逝者则"慈"在右,"制"在左。有的家庭还会租用鼓手提供的充气气球放在院落门口。

布置道场时,道士在厅堂一侧另设一桌,桌后墙壁上悬挂总坛神像,桌上置三碗大米、一缸细沙。米碗自左向右依次插超度仪式中所用之"悲造光中"文疏、"解钱文牒"和师祖画像,师祖画像前放一枚方印,供一个红包。沙缸则被用作香炉。供桌前侧挂上红色桌围,桌上安放法器,制作好灵位牌和"引魂幡"。"引魂幡"象征引魂童子,将草纸剪成人形,以丝线悬于香杆之上。同时孝子将孝堂供桌上的红色蜡烛换为白烛,捉一只雄鸡备用。

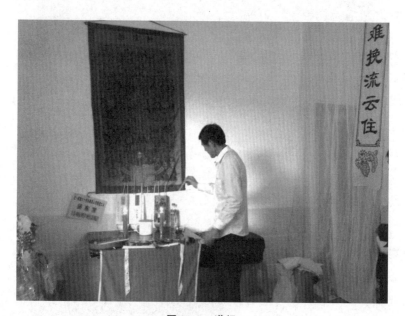

图 10-3　道场

诸事准备妥当,待时辰一到便开始安灵。丧宅门外先鸣炮,道士于侧面供桌燃红烛、焚香,穿上道袍,右手持"引魂幡",左手腕挂铜锣,左手持木槌,击锣的同时左右摆动"引魂幡",逝者之子手持一炷香,立于一旁。道士口中念逝者姓名生辰,其他人将数张草纸平铺于地面,道士将灵位牌放在草纸上,杀鸡洒鸡血。这只鸡要留下尾羽,煮熟后供在灵前。焚化沾血草纸后道士将灵位牌安放在骨灰盒前。如亡者为意外丧

图 10-4　安灵

生或在住家外面过世,还要在安灵仪式前进行"招魂",念诵《招魂经》,请亡者魂魄回到家中,确定后再安放灵位。

孝子戴孝不再像往昔穿麻衣,只要反穿衣服,腰间扎稻草绳即可;居丧的重要标志是头戴白麻,子与孙等男丁戴麻布折叠的白帽,媳与女则将白布绕头一周,女婿须披麻,帽子后披长麻布。孝子守灵按规矩不可穿鞋。义子及其妻在胳膊上扎红布,未婚或已婚无子女者也要在左臂戴红布。同姓族中兄弟亦要戴孝,其他本不可参与(如命簿上言明当年不可参加丧事)而不得不来者亦要"上红",做好防御以免邪祟伤身。孝子和众人依序上香叩拜,随后放炮,鼓手奏乐。之后孝眷男左女右分别跪候于供桌两侧,吊客祭奠时跪立躬身叩首相迎。

亡者之女须携带其生前衣靴并带香、纸若干前往水流处,换一碗阳间水,用于夜间给亡者"洗澡"。另一亲属在院中将青竹劈成宽约 2 厘米、长约 30 厘米的竹片,一端中央破开小口,夹入叠成三角形的草纸,三角形尖端向内夹入竹片,竹片另一端削尖,此物被称作"孝样棍",出殡时孝子手中须持此棍,别棺后由"八仙"带上山插于坟头。

图 10-5　制作孝样棍

　　另在孝堂门口置一条形长桌,设礼生席,两位礼数先生在此接受客人的礼金,并做记录。昔日礼生除了接待宾客,还专门撰写祭文,祭文根据吊者角色分别撰写,儿、孙、兄、侄之祭文皆不同,亦分家祭、路祭、堂祭等不同地点场合。

　　客人多在下午到达,径直进入孝堂吊唁。香案两侧有同姓兄弟帮忙燃香,两侧孝子跪叩,客人作揖,双手接香,面向死者灵位三鞠躬,拜过的香枝由递香者接过插于香炉中,吊者再跪地三叩首,而后依旧面向灵位,倒退出孝堂。退出后给礼生送上"代锭""代烛""充蛋钱""充轴钱""充花圈"等白包。充轴即充轴布,报道人回忆昔日死者的血亲和姻亲皆要致赠一块约两尺宽的白色或蓝色棉布,上书挽词,悬挂于孝堂四周,出殡时以竹竿高挂随队伍而行,而现在常以棉被代替,出殡时以竹竿串起后由两位妇女挑着,被上贴赠者名字的挽条,例如"阳愚女婿某某泣泪挽"或外家"阳愚内侄某某泣泪挽"。

　　吊客一般留下等待晚餐。路途遥远者则可先行离去,但离开前主人会剥两个鸭蛋，倒一点米酒在碗中，请要提前离开的客人吃下。九洲人称之为"财食"，"蛋"音近"定"，吃蛋以定心，以米酒敬天地，求"来福发财"，吃过之后便不受丧事影响，好运连连。昔日"财食"只有帮丧家做事者才得享用，须"当天"①将碗内的米酒三次倒在地板上，同时默念"送了某某回山，回去后一切顺利，身体健康，万事平安，大吉大利"等吉利话。

图 10-6 "财食"

逝者外家在丧礼中享有重要地位，来去皆须放炮，孝子出门跪地迎送。传说古时若夫家在生前未善待死者，外家人会故意刁难丧家，令其长跪。外家通常在傍晚到达，听到炮声孝子便从孝堂中奔出跪于地面大声恸哭迎接，搀扶外家进入孝堂。昔日还要专为外家制作肉汤、米粉、青菜肉片三样点心，今日皆免去以红包代替。

九洲治丧宴席应设于屋外露天场地。外家到达后开始晚餐，饭前须鸣炮，路远的亲友及外家先吃。除了白色鸭蛋，共十一道菜，依次是：春卷、红烧狗肉、白斩鸭、萝卜炖牛腩、姜鸡、肉圆、肚肺汤、蒸鳗鱼、鲍鱼排骨汤、芹菜木耳炒胗花、炒小白菜。亲族及同姓待上一批客人离席才上桌就餐，同时可以欣赏鼓手乐队表演。白事酒宴参加人数众多，通常为流水席，酒宴上只有米酒而无其他酒水，酒瓶以草纸封口，一场丧事活动可消耗二百余斤米酒。

道士在夜间进行超度仪式。一位道士认为超度仪式本应在火化前进行，尽管火化后再进行超度仪式"十分不合规矩"，然而设有灵牌亦可

---

① "当天"即抬头见天，走出家屋在院中即可。

勉强为之。报道人指出超度仪式根据男女不同而经文不同，男性亡者为《十二月古人》，女性则为《十月怀胎》，道士诵经与鼓手演奏穿插进行。道士身着道袍、手持铜锣唱诵经文，曲调哀婉，常令丧家子孙不断垂泪。

道士诵《太上开通五方冥路登科》经，以开"五方冥路"，按东南西北中依序进行，一一告知各方管事开启道路入口。据道士介绍，此开路仪式考验道行，曾有假道士偷学招式，却不得心法，忘记口诀，而遭丧家孝子质问："你将家父带去何处？"经人调解方才不了了之。

开路后烧纸，孝眷将银纸折成元宝存入"还寿箱"。九洲人认为人投胎前向阴府借钱负债，回去时要归还借款，称"还库银"，不同属相还库银数目不同，十二生肖中以牛最贵 28 万，鸡 4 万，而猴只要 2 万，超度时归还库银将对儿孙有益。道士称出生孩童臀部的青印即为借了库银后催打投胎的痕迹。还寿箱存好库银后，置于灵桌之下待用。

图 10-7　还寿箱与库银

超度过关前先为死者"沐浴"。灵堂中央置一椅,上安逝者灵牌,椅背挂死者外套,椅前放一水盆,盆内盛下午儿女在河边借得之水,盆内放面巾,两侧放死者鞋。道士执引魂幡诵经,同时以手指沾水弹向灵牌,"洗澡"结束后收起衣物椅盆,待出殡后于人迹罕至处一同焚化。

图 10-8 "洗澡"

道士命逝者儿女持针捅开立于纸楼房前侧的纸人耳洞,同时口中说道:"你们要听话,我的父亲/母亲要你做什么你就做什么,让洗衫就洗衫,让做饭就做饭。"纸人一男一女,男为长工,捅左耳,女为婢,捅右耳,不可双耳皆捅破,以免一耳进一耳出。

随后"献十二王",村人咸信生前行善可上天堂,作恶则入地狱,死后要过十二关,每过一关时道士问陪香人逝者是否有罪,应答无罪方可免去逝者在阴间的刑罚。道士言各关卡皆有一个"皇帝",过关时要为其烧银纸、放炮,以示贿赂,请求放行。最后一关由地藏菩萨把守,通关后烧掉文牒。最后"押受生",以竹担两头挑还寿箱置于地面,道士诵经后焚烧,至此超度仪式结束。

入殓仪式在夜间进行,昔日入殓是将死者遗体放入棺木后,遗体四周铺银纸、冥币,孝子请外家母舅前来审视,并在其监督下盖棺上钉,请母舅以榔头在棺材上象征性敲击,检查是否封妥,丧家随后再加钉加固。现今丧礼中因遗体已经先行火化,故所谓的入殓是以骨灰盒放入尸骨罐代替。

根据地理先生测算和死者回寿时日,入殓及出殡仪式须谨慎防范"三丧日"与"重丧",要将仪式提前进行以避之,或请道士化解。九洲有一说法,"三丧不出丧",意思是"三丧"不能治,只能避开;而"重丧"则可以治,请道士化解后可出丧。九洲的地理先生介绍"三丧日"有相应口诀:"春龙滚滚,夏羊哀,秋犬冬牛是三丧。"即正月、二月、三月的辰日,四、五、六月的未日,七、八、九月的戌日,以及十、十一、十二月的丑日皆为"三丧日",此日不可以入殓出殡,一放炮便天地神鬼皆知,对丧家极凶,会连续出现三次丧事。因此凡遇"三丧",便要提前一日或推后一日入殓出殡。"重丧"或"复丧"日为从正月到十二月各月依次的庚、辛、巳、壬、癸、戊、甲、乙、巳、丙、丁、戊日,各月逢相应之日便是"重丧"日。治"重丧"的方法为"红纸朱书",即在红纸上以朱砂写四字,将红纸贴于骨灰盒上,再放入瓮中,如此便可以化解。一、三、六、九、十二月写"六庚天刑",其他月份二月书"六辛天庭",四月"六壬天牢",五月"六癸天狱",七月"六甲天福",八月"六乙天德",十月"六丙天威",十一月"六丁太阴"。九洲人对此俗颇为重视,流传着未化解妥善引起另一起丧事的应验故事:一位老人过世百日时其子出事丧生,丧家认为是"重丧"未处理妥当,因此对主事的道士十分不满。所以道士遇到"三丧"与"重丧"时皆相当谨慎,有些道术不精的法师则不敢承接此类仪式。

入殓时辰将近,孝子及众族亲按照亲疏辈分依序走入孝堂,向逝者灵牌上香、跪拜、叩首。此时乐队紧锣密鼓伴奏,众人不苟言笑气氛肃穆紧张,每人清香三支、下跪三叩首。与此同时道士在一旁念道:"奉请某郡某氏某世祖考/妣某某到灵堂受清香。"道士取酒三次在酒碗中,执引魂幡比划并诵唱:"一点酒一字装,一字加直十字装;十字头上加一撇,千年万载不回乡;二点酒二字装,二字加直土字装;土字头上加一撇,壬字富贵保安康;三点酒三字装,三字加直王字装;王字头上加一点,主家留喜不留丧。"孝子下跪叩首后将碗中米酒分三次向一酒罐中倒入一点,这一过程被称作"奠酒"。奠酒为亡者在家的最后一顿酒,房内族人皆须为逝者奠酒。孝子行礼结束后退至左右哀号恸哭,远近房亲继续行礼。房亲行礼后,孝子奔出孝堂跪于外家膝下,请其入孝堂行礼。待众人奠酒完毕后孝子应倒退出孝堂,再转身背对孝堂、面向院落大门跪地不起号啕大哭,村人称之为"跪天地"。除相关人员,其他众人亦全部退出孝堂背对而立,有的甚至走出院落大门等候。

图 10-9　奠酒

众人皆离开后进行入殓仪式。尸骨罐从灵堂外抬入,置于地面中央,底部铺入捣碎的竹炭,其上铺白布一块,再垫草纸若干,随后便可将骨灰盒放入中央,四周空隙以竹炭填入,再以草纸充塞缝隙,最上方平铺银纸、冥币将罐全部填满。孝子跪地奔向母舅座前请其再次入堂验视,之后堂内人在地面铺草纸若干,请母舅杀鸡淋血于其上。验视过后封罐,先放入一片书有死者身份信息的陶盖,门外专人点燃鞭炮,同时盖上罐盖。丧家须赠母舅验棺红包,金额至少69元,杀鸡亦有红包,9元或19元。道士焚化洒有鸡血的草纸,数人将尸骨罐抬至灵桌一侧,男左女右。入殓仪式至此结束,在外面跪着的孝子方可起身入屋。

图 10-10 入殓

　　未行火葬的昔日将遗体置入棺材入殓的仪式较繁复冗长,加上孝眷下跪时膝下不可以物垫护,常跪到腰酸背痛才可起身;若逢阴雨天气则更加辛苦。入殓应在择定的时刻前完成,否则对丧家子孙将有不利,因而大多动作迅速,快手完成。现在亦有人不用尸骨罐,只将骨灰盒外包裹的红布摘除,以此象征行入殓之仪。

　　入殓后众人放松,欣赏乐队歌舞表演。房亲众人多陪孝家一夜,近子夜时村人称"又过了半天",丧家须热饭菜上桌请众人吃点心。次日逢"重丧""三丧"者往往入殓结束后随即行出殡仪式,尸骨罐务必于子时前送出大门,由两人扛抬的尸骨罐在队伍前先行,众人随其后,送葬队伍出门后立即关闭孝堂大门和院落大门。尸骨罐先暂存于门外一侧(男左女右),其旁放长明灯一盏代替"垫脚灯",随后鸣炮,众人从侧门重返家中,待天亮下葬。

　　出殡前孝子房亲要再在孝堂内与逝者告别,上香三叩首,孝子持孝样棍跪求外家进孝堂焚香,结束后列队出殡。其中先行者负责携带内装草纸与香之篮,沿路抛撒"引路钱"开道,其后紧随一人燃放鞭炮,行经的路口、桥头皆抛"引路钱"并燃放鞭炮。两人以竹竿挑尸骨罐跟在前列,后随道士、女婿、提奠酒者、提祭品者、举幡者、挑被子者、抬花圈者、鼓手乐队、孝子、族亲。死者若为女性,其夫若年岁较她小,亦烧香叩首,随出殡队伍出门送半程。若死者为男性,其未亡人则不必行此礼。道士手执引魂幡,一女婿抱持逝者灵牌,另一女婿或孙女婿捧逝者遗照,孝子披麻戴孝并手持孝样棍(昔日不可穿鞋),随行族亲皆头戴白布,鼓手乐队身着白衣。迎面而来的路人避退道路两侧,待队伍全部通过后方才继续前行。众人自孝堂出行后,有人协助迅速撤掉孝堂布置、撕去挽联,关闭屋门和院大门,象征死者魂魄一去即不复返。

图 10-11　出殡

出殡队伍前行到人迹罕至处暂停,以行"别棺"之仪。尽管今日已无棺椁只有尸骨罐,但仍循旧俗称为"别棺"。别棺一般选择三岔路口、田间地头且附近不见人居的开阔空旷之处,否则将引起邻近人家不满。队伍停下后先安放尸骨罐,供上三牲、倒满三杯米酒,就地取一抔泥土,众孝子烧香后插香于土上。其余随行者在远处驻足观望,陆续摘下所戴白布丢弃。孝子上香完毕后,手持孝样棍,由道士指引绕逝者尸骨罐、祭品、奠酒等数圈,起先众人同向而行,后内圈与外圈相向而行。孝子哀泣与亡者就此告别,结束后放炮,孝子慌忙丢掉头上白纱,迅速掉头离去,快速行走的同时将反穿的衣服脱下穿正。返回家中所走之路不可与来时同道。

图 10-12　别棺

"八仙"的任务之一就是众人离开后留下处理善后,收集散落地上的白纱与草绳焚化;若亡者家族拥有祖祠,则须另遣一些人携灵牌、祭品等物前往祠堂,若无祖祠,灵牌便一同烧去。"八仙"将孝样棍集中装于箩筐中,和尸骨罐、奠酒、花圈等一并送上山。

前往祠堂的队伍在别棺后携逝者灵牌、祭品离开。灵牌安放在供桌上,米酒、三牲摆好,昔日"脚尾饭"亦带至祠堂供祭,点燃蜡烛,一一上香,放炮。寿堂中的纸屋早已由他人搬至此处,逝者之女将冥币纸钱放入纸屋的空隙后在祠堂天井中点燃,并各执一根细竹条在四周不断敲击地面,俗称"压喜"。纸屋乃是逝者阴间之住屋,众孝女以竹竿敲击地面,意在告诫小鬼不得靠近骚扰。焚化纸屋时道士诵经,鼓手奏乐,道士诵经完毕执点燃的清香在灵牌上书空画符,最后灵牌与引魂幡一起掷入火中，念经鞠躬后立刻离开，鼓手留下两人到祖宗牌位前奏乐吟唱一番后也离开。孝子将燃着之物细心翻挑，保证充分燃尽方才归去。若无祠堂，可于家门外焚烧上述诸物，倒入米酒助燃。

图 10-13　烧纸屋

　　结束后众人共进早餐，之后请母舅"上红"，先后在房屋大门和院落大门上挂起红布，每挂一条便鸣炮一次，各得红包 99 元或 199 元。外家离开时请其带回棉被，并赠香、烛、纸、炮带回娘家祠堂敬拜奉告。外家、远亲离开后，房亲兄弟留下收拾，结算给帮忙报丧者红包各 5 元、10元不等。丧家必须挽留所有帮忙丧仪者吃午餐甚至晚餐，消耗掉白事酒宴剩余的大部分食物，仍有剩余便分予各人带回。报道人称办丧事一般为女婿出钱，而收得的礼钱归于孝子。礼金由礼生编号记在账本之上，丧礼支出如道士与乐队的工资、酒宴菜金等林林总总花费数万元，一般人家丧事的收支大体持平。

　　孝子在别棺返程中须折取杉木树枝插于门前，寓意赠子赠孙。次日用杉枝与桃叶煎水洗澡，也可理发，此举连同外家"上红"一并称为"脱孝"，期待从此远离坏事，迎来好运。报道人言 20 世纪 90 年代前，

图 10-14　上红

多在三年守孝期满后才上红,近年则改为丧礼结束后立即"上红";他们认为此俗系由邻近乡镇传来,尽管丧家不便自行"上红",外家为其"上红"却是不可阻止的,因此由外家帮其挂红,祝愿否极泰来。

自老人过世之日起计算七期。"头七"孝子齐聚,以三牲、米酒、香烛在老人坟前和祠堂中祭拜,并焚化纸钱。在九洲,女儿除二七和尾七外不必参加。"二七"在九洲又被称为"女七",由死者之女携祭品上坟祭拜,并购买纸碗筷、纸手表、纸衣服等烧送逝者;"女七"时女儿亦须备办酒菜慰劳诸兄弟,兄弟则回赠"乌油钵"①为礼,即一个黑色的陶钵,内置油一桶,谷种、豆种若干,香葱及韭菜数棵,并送上祝福。此后各"七"有子孙前往祭拜即可,其中"五七"最为隆重,要为死者烧送衣物及其他纸糊的象征生活娱乐所需之物。

---

① 乌油钵,指一种颜色暗黑、油油亮亮的陶盆。这种陶盆又称钵头子,似碗,敞口,平底,有大有小,常被用来盛装谷、米、粉、油等食品,旧时酿酒亦是先在较大的钵中发酵出酒娘后再装入瓮中添水出酒。有一说法认为钵头子被称"乌油"是因为使用年久而又黑又旧,也有人认为是这种钵自身的质地即为粗糙的黑釉,因而得名。不论如何,乌油钵是昔日家家户户必不可少的生活用品之一。九洲人还流传着乌油钵内容物取之不尽用之不竭的传说故事。其内容物有前文描述的"红娘过缸"米酒,还有稻谷、米粉、猪油、钱币等。

九洲村人笃信七期之内逝者之灵尚在路途中而未抵达目的地,故要定期送盘缠保证他(她)不会忍冻挨饿,并助其贿赂买通小鬼,免遭纠缠为难,每次祭拜皆要为死者焚化冥币、银纸。此外九洲人忌讳头七、尾七与农历每月的初七、十七、二十七日相重,俗信以"七撞七"为不祥。并且认为"男怕头,女怕尾",即男性死者叠头七,女性叠尾七,则留给子孙福气较少;若是不巧相重,大多将其避开,提前一日祭拜,并于重七当日封起灶口,不生烟火,闭门锁户,夜间家中不可住人,并在门口放杉木枝。村人言曾有某丧家人忘记当日不可生火做饭,炊煮之人感到身体不适,头昏脑涨。然而并非七期内所有的重七全然不佳,除了头七、尾七外,其余各七若逢重七,则显示死者寿命该终,受阎王爷召唤"该走了"。若七个七期完全未见重七,则说明阳寿未尽未到,村人认为如此也非好事,定要"抓一个七来撞",即挑选某个离初七、十七或二十七日较近的"七"改期做"七",七期结束后还须寻人"问仙",确定逝者已上西天。

七期内的孝子行为有许多禁忌,例如不可去探亲访友,不可进宫庙,不可理发①。此外居丧期子女不可婚嫁,但有提前婚期用喜冲丧的零星情况;孙辈不受禁忌所困,可以在七期内结婚。七期结束后行"出宿",即可解除出行的禁忌。昔日"出宿"须以扁担挑酒菜前往外家②,今日以红包代替酒菜,由外家备办饭菜并回礼,外家还须赠众孝子每人一双袜子及一个乌油钵,期待能为其带来好运,生活兴旺发达。

意外丧生和因病过世的非正常死亡者丧礼从简。只有亲戚前去吊唁,而村内邻里乡亲不必前往。前往吊唁时,为防御邪秽侵袭,有人在身上暗携红布或红纸一张,离开丧家在返家途中将其丢弃,以免将坏运气带返家中。

二、二次葬

九洲传统上盛行"二次葬",即初次下葬不营墓窖,棺木掩埋后不立

---

① 称"养孝头",亦有人言头七内可理发,此后42天不可。

② 若不想与外家继续往来,则不必行出宿。

碑,数年后再将尸骨取出,洗净烤干后装入瓦瓮内重新安葬。二次安葬须选址、做墓、树碑,九洲人称"做风水"。尽管今日不再对遗体土葬后捡骨再葬,九洲人仍在遗体火化后对尸骨罐进行两次土葬,或可称为新式"二次葬"。

出殡别棺后孝子众人纷纷离去,留下"八仙"送尸骨罐上山埋葬。九洲人以"去看山"指代老人过世入葬,有的老人在去看山前已找到心仪之处,第一次下葬时就要另择一处,如此才能在其生前中意之处"做风水"。亦有人指出现在不少人为避免麻烦,在第一次下葬时即葬于选好的风水宝地,第二次直接在原址做墓,不再转移,如此便不须将尸骨罐掘起,在其周围筑坟即可。"八仙"于出殡前一日在葬地挖好土坑,在内焚烧草纸,次日尸骨罐抬至墓坑后便可直接下葬,上压一张洒有鸡血的草纸,"八仙"将奠酒放于尸骨罐前侧一并掩埋。掩土埋好后以砖头竖起代表墓碑,将孝样棍插在坟头,众多花圈铺放在坟上。

图 10-15 新坟头

二次葬"做风水"事关子孙运势,不若首次葬简单随意,自始至终谨慎庄重。昔日要待三年戴孝结束后"做风水",且大多数人要相隔十年左右才进行二次葬礼。有的亡者后代仓促迁往他处,未将祖先尸骨一并移走,日久年淹不知情者动土建屋若掘出尸骨,须为之简单行葬仪,树"古老大人"无名碑。也有不少未名尸骨存放在山间石洞，有的石洞内多年后排列许多陶罐，村人言即便是壮汉夜间路过都会毛骨悚然。

如今九洲人大多在亡者过世百日后请先生堪舆选墓址，再于吉日建墓窖、出破军、下葬、开碑，完成"做风水"整个仪式。地理先生选好墓址、择定时日，修建墓窖由泥匠师傅完成，建成后地理先生或道士行出破军、下葬、开碑仪式后，泥匠封住墓门，各步骤完成后收到红包，各得事主赠予的两颗染红的"财食蛋"①。

坟墓选址同样讲究"来龙去脉"，环山面水、明堂开阔、阳气充足之地乃为佳选。山主人丁，水主财运，阴狭之地不利后世发展。祖坟修建后，影响后代子孙的人丁财运，九洲人不得不谨慎选择。选定位置、朝向②后，地理先生以罗盘定下基准，牵好经纬线，将工程吉时书于红纸之上。有人认为农历八月初一日逢阴煞，是建造坟墓的吉日。

阴宅动工称"破土"，与建造阳宅"动土"实同而名异。破土时在坟墓正后方树杨公符木，请神后每日上香。泥水师傅依次建好墓穴、基冢、墓庭，以及碑下座石和两侧摆角，整个坟墓由一阴一阳、一凸一凹两个半圆组成。

坟墓完成后树碑，地理先生当端正经纬定向，如同阳宅安户碇，事关子孙家业，须严谨订正。墓碑大小视地势、地形以及墓主经济条件而定。碑文主体竖刻，纵向合计十一字，横向排列算作一字。夫妻合葬之冢墓碑上并列刻二人姓名，逝者名染青色，未亡人姓名则用红色。树碑后以红纸覆盖碑文，在开碑仪式中才取下红纸。阴宅放水仪式相对简单，在树碑时一并进行，出水路径稍微弯曲即可，出水口多在墓庭右侧。

坟墓做成后在吉日二次葬。阴宅"出破军"与阳宅"出煞"同义，时间多在下午，过程与出煞基本相同。地理先生以雄鸡请神后，自墓碑起铺叠草纸十二张③穿过墓庭直到墓外，每张草纸上放点燃的香一支，草

---

① 财食蛋只在这一种情境下染红。

② 建造墓穴要参照当年通书大利之向，如南北大利则须将坟墓建成南北向。

③ 尽管前文所述阳宅出煞时铺地草纸不限于12张，但阴宅出破军严格以12为数，过与不及皆不可。

纸尽头陈列阴阳酒七碗。也有地理先生将十二只酒碗依次压于十二张草纸上。仪式开始前,地理先生首先于地面画"长生符",以保护自身不被邪气侵扰。出破军时,左手举托雄鸡、右手高举宝剑,高声呼道:"吉时良,天地开,紫薇鸾驾,我在中央,右手宝剑,左手拿金鸡,此刀非凡刀,九天玄女传下斩妖刀,此鸡非凡鸡,王母娘娘传下凡间报晓鸡,杨公弟子今日拿来除破军,天煞打从天上过,地煞打从地中藏,年煞归年位,月煞归月方,日煞归日位,时煞归时位,一百二十四位凶神恶煞,雄鸡来抵挡。"话音未落前,即以宝剑割破鸡喉,鸡血沿草纸从头至尾洒向阴阳酒碗中,并迅速以宝剑向外掀翻酒碗,碗口倒扣。随后于墓边化纸与冥币,并鸣放鞭炮。地理先生指出有时坟墓出破军前要先化阴契,须在墓庭外摆放三牲、米酒,墓冢上压三张阴契,书明墓主姓名、坟墓边界、位于某座山头的某一地点。地理先生持罗盘确定阴契摆放的位置,跪于地面朗诵阴契内容,按其上地价化纸。村人言此举为收买原先占据此地的小鬼,亦可不做。道士则认为此举有损阴德,如同强占他人土地,尽量不做为妙。

图 10-16 做风水

坟墓出破军后下葬。先于墓穴中焚烧杉木枝,鸣礼炮,九洲人称之

"暖金"。尸骨罐早已安放在新坟墓的左侧,罐应以伞遮护。子孙依亲疏远近依次烧香叩拜,随后自尸骨罐至墓门依序站立。地理先生高呼"请某姓某世祖某某入龙位",长子抱起尸骨罐递给次子,次子递予三子,子再传孙,一一接力传送,俗称"传代",寓意子孙代代相传。同时燃放鞭炮,最后传至泥匠师傅手中,放入墓穴。放入后地理先生还要以罗盘定位,摆正尸骨罐,并请死者子孙查看。随后泥匠填入泥土,将没过尸骨罐近一半处时,在场子孙家人将以红纸缠绕的茶树枝和杉木枝放于墓碑两侧,随后每人象征性地向墓中撒入三捧土①。此时土已掩埋将近罐口,尚留顶盖外露,在其前侧放入小罐奠酒,泥匠杀雄鸡一只淋血于罐盖上,称"治金"或"祭金",完成后放炮。另一说法称"治金"之鸡血除尸骨罐还要淋洒在坟墓四周,"治金"时众人背过脸不看过程。完成后泥匠师傅将土填满,封住墓穴。

开碑仪式在下葬之后进行。地理先生将墓碑上红纸撕下,一面高声诵唱,一面杀雄鸡淋血于碑前三张草纸之上,并将带血公鸡在碑面上蹭出血迹。之后以毛笔依次点红色颜料于两侧镇墓神兽之额头、双眼、双耳、鼻头、嘴巴、肚子、前后腿,并念诵咒语为其开光。

子孙和到场亲友依序在墓碑前烧香,之后将三张草纸分别压放在墓冢、墓头和墓庭中,呈一条直线排列在坟墓中轴线上。子孙在墓庭中一字排开,先生"呼龙"发粮米,子孙以衣襟接粮米,叩谢祖公。最后恭送杨公,先生念送神经后诵祷:"一愿孝家财丁并两盛,二愿孝家血财家兴旺,三愿孝家满门多富贵,四愿孝家子孙满堂,五愿孝家买卖多顺利,六愿孝家积五谷万石粮,七愿孝家永远无灾厄,八愿孝家福禄寿年长,九愿孝家常吉庆,十愿发富发贵多吉昌。"鸣炮结束。

"做风水"共用雄鸡四只,其中"治金"鸡归泥匠师傅,请神、出破军、开碑三只归地理先生。昔日事主在事后将鸡煮熟送至泥匠和地理先生家中,或用红包替代,但近年这些鸡多被丢弃。

当日坟主子孙已在家中摆设供桌香案,放米酒三杯,一盆糖粿、茶

---

① 亦有人言直系子孙不可奠土,否则将被祖公责怪不孝。

树、杉枝组成的"金钱树",香案两侧设"风水桶",与阳宅落成入屋后"接风水"仪式一般。而此时谓之"等风水",孝子在山上"做风水"结束后在墓碑前点燃一支大香立即赶回家中,祭拜后插于案上香炉,摆放三日。"做风水"三日后,子孙邀请死者已嫁女到坟前祭拜,称"做三朝",并在此日为死者焚烧纸扎的家具、家用电器等。

"做风水"在九洲一般不声张,而是悄悄进行。常有亲戚听到山上的炮声才得知某家今日"做风水",匆忙携香烛纸炮前去祭拜。有俗语说"打鼓卖田,偷葬地"即指此风俗,报道人解释昔日亲戚前来祭拜只携带香烛祭品,结束后主家还要请客,难以负担开销,故偷偷摸摸进行,而今香烛等物皆以红包代替,主家也会邀请亲友参加二次葬,并在结束后宴请他们。

若死者的配偶早逝并已做好风水,则不必再行出破军仪式,直接打开墓穴将尸骨罐葬入,再将墓碑上红字改为墨色或青色即可。有人在配偶去世"做风水"后常感身体不适,往往会遣子女前去咨询地理先生,先生常会以上了年纪易于疾病缠身答复。但如心中仍有所忌,据说将红纸贴在墓碑上的红色名字上即可化解。

在九洲的墓地中,常见碑文公妣相同的两座坟墓。报道人解释可能因各种原因避免扰动先故者之坟墓,因此另做一个,新墓仍用原本要合葬墓的相同碑文。然而所谓的"各种原因"总是讳莫如深,说不清楚。

村人有时也为远祖迁坟,修缮营造更好的风水;或因认为此前风水偏祖族中一脉,其他支系提议重选一处后裔能同沾风水之利的地点。为远祖"做风水"过程及仪式与前述无异,只不过将"金钱树""风水桶"等诸物设于祠堂内"等风水",后裔上香敬告先祖新坟所在。

近年来,九洲兴起建造"骨灰堂"之风。正当壮年的村人为己和后代子孙择选福地,建起一间存放骨灰罐的小屋。存放骨灰罐的房间位于地下,类似墓窖,南北向与东西向各有一面分成许多格位、可以存放骨灰罐的大理石墙壁。依死者下葬之流年选择将其骨灰置于当年大利之向的墙上格位,放入后再以刻有世代姓名的石板封住。除了村人对时代变化中土地严管的担忧早做防备之外,将骨灰集中一堂之内,后世子孙可省去分开做风水、下葬、祭祀之麻烦。

　　非正常死亡者,如车祸、溺水等,依九洲葬俗"不改起身",即死者不可迁地,不可起身,只能在亡故地点摆放石头一块,亦不可立碑。后人来此纪念,祭品与墓地无异。

结　语

　　农业既是乡村最为核心、基础的产业,也是农人的生活方式,塑造其文化与制度。九洲是一个传统农业聚落,其经济生计方式、社会关系制度以及文化精神内涵皆根植于其农业乡土之中。九洲的水土养育了九洲人,他们亲近自然、重视土地、依赖土地,对有限的土地进行精耕细作,用辛勤的劳作为自己提供生活所需,并发展出维系生计的技术、制度、观念与伦理。九洲人重视家族延续,建立宗祠、修订族谱,以公共产业支持公共开支,强调耕读传家、敦伦尽分与繁衍昌盛;讲究家庭和睦、依赖亲属,同时亦强调彼此的责任与义务;他们热情好客、乐于亲善互助。黄倬三仙师、吉祥哥哥、古树、古桥等聚落崇拜展现出九洲人重农务本,对人丁绵延、家畜兴旺、合境平安等朴素生活愿景的追求。他们重视家宅环境的营建以及对有害超自然力的抵御,定期敬神祭祖;敬畏自然,讲究四时有序,重视生命过程,将对生活的美好愿望融入人生仪礼的实践之中。这些构成了九洲人的生活形态,塑造了九洲人丰富的社会文化,也将是九洲未来发展的重要文化遗产和文化资源。

　　近代以来,农业、农村和农民为中国现代化发展做出巨大贡献,亦承担巨大代价。在中国城市现代化进程中,乡村发展出现困境,形成城乡发展失衡局面。2002年党的十六大提出"城乡统筹发展"理念;2007年党的十七大提出"城乡经济社会一体化"的新发展方向,建设社会主义新农村;2012年党的十八大提出"美丽乡村建设",强调乡村生态文明建设与精神文明建设;2017年党的十九大报告提出实施"乡村振兴战略",坚持"农业农村优先发展"总方针,重塑城乡关系,促进城乡融合发展,提振乡村文化传承;2022年党的二十大报告指出"全面建设社会主义现代化国家,最艰巨最繁重的任务仍然在农村",深入传统村落,发掘乡村价值,全面扎实开展乡村文化的调查研究,是我们传承好、发展好中华优秀传统文化的基础性工作,是我们坚持守正创新,扎实推进中华民族现代文明建设,为中国式现代化提供强大精神力量的必由之路。

乡村振兴要产业兴、生态兴。九洲村近年以来围绕着"汀州旧府、四季花乡、蜜雪果园、秀美九洲"的总体目标,依托生态优势,发展以蜜雪梨产业为主的特色农业。2017年,九洲被农业部评为全国"一村一品"示范村。根据上杭县人民政府官方网站政务公开信息与新闻报道,2022年,九洲蜜雪梨种植面积达4300余亩,年产值达4900万元。打造"九翠洲"蜜雪梨品牌,同时进一步拓展蜜雪梨产销渠道,由单一鲜果销售,新增网络短视频直播带货、助农电商平台合作等推广形式。此外,九洲村还于2019年列入福建省乡村振兴试点村,对接国家林草局设计院园林一所规划实施乡村环境改造,让九洲生态环境更加优美宜居。改造不仅包括生物防火林带、果园景观道路与观景台以及夜景优化等,还涉及民居的屋顶立面、村内干道、植被绿化等村容美化。

乡村振兴更要文化兴。在文化方面,上杭县政府于2017年实施重大民生工程上杭汀江绿道建设,旨在结合汀江河岸地形建设以民众休闲健身、观光旅游为主要功能的"亲水近耕"景观带,项目全长约60公里。其中九洲段是汀江绿道的起点,总长约6公里,于2019年建成。九洲村"两委"重视农业与旅游的融合,积极推动农村休闲观光旅游,将"农、文、旅融合"视为努力的目标。上杭汀江绿道(九洲段)建成后,九洲蜜雪梨基地、蔬菜种植基地人气攀升,近年还举办了"蜜雪梨旅游采摘节"、赏花节、户外露营打卡等诸多活动。然而就目前九洲已开展的探索来看,在"文"上所作的文章仍有欠缺,对九洲村文化资源的梳理仍有不足。乡村文化的振兴,需要我们重新审视乡村作为一种生活形态的价值,抓住乡村的根与魂,才能讲好乡村的故事。希望本书对九洲生活图景细节的描述,能在精神上勾起九洲人文化回归的认同,将传统文化具体地传承下去;通过这些调查研究和记录,为认识九洲人的社会与文化价值提供相对全面、系统的视野,从而促进九洲文化资源的转化与创新,助力九洲乡村文化振兴。

鉴于笔者学术修养、田野调查能力和时间的限制,本书也存在局限

结语

与不足。由于对九洲人与自身、人与人、人与自然的关系以及文化整体的复杂性把握得不够深入全面，本书仅能基于田野调查期间所收集的资料完成尽可能完整却平铺直叙的描述。田野调查中为我提供资料的报道人群体实际上也存在片面性，在田野中有些村民对我十分热情，乐于为我提供资料和想法，带我参与到各类活动中，而有一些群体则对我这个陌生人保持警惕，因此在实操层面，书中记录的资料很难全面覆盖到九洲村的每个成员，这显然是一个不可避免的遗憾。另外，由于我与汪琪对毕业论文主题的优先关注，本书中有关米酒、信仰和仪式的章节内容相对充实完整，而另一些必要的内容如建筑、交通、衣饰等则存在资料欠缺的硬伤，致使相关章节结构显得失衡，这是在成书过程中难以平衡与解决的困境。

本书在成书过程中遭遇了漫长的拖延，书中的人口数据与宗族系谱由于未能及时完成书稿修订而变为陈旧资料，而重新回到田野补充如此大量数据亦不现实，只得请读者海涵，权将这些数据作为当时相关情况的记录，也希望九洲的有心人以本书为蓝本持续补录新的资料。严格来说，本书中所有采用地方语言的词汇和句子皆应进行注音，该项工作受制于作者语言能力亦一直未能完成，因此书中所涉客家方言均未做符合学术规范的注音。此外，针对疏漏与矛盾的资料，除了查阅历史文献和其他闽西地区著作、论文等资料进行补充、查证、甄别外，本书仅以诸说并存的方式予以呈现，将我们参与观察到的细节和现象记录保留下来，将不足与缺陷展示出来，以期继续与九洲人和读者保持开放对话。

参考文献

上杭县地方志编纂委员会

    1993　《上杭县志》，福州：福建人民出版社。

《上杭县颍川郡陈氏族谱》修编委员会

    1997　《上杭县颍川郡陈氏族谱》（未公开出版）。

不著撰人

    1999　《陈氏族谱》（未公开出版）。

中央档案馆、福建省档案馆

    1985　《福建革命历史文件汇集（各县委文件 1928—1931）》（未公
        开出版）。

中共上杭县委办公室

    2012　《村情调查报告汇编》（内部资料）。

中共上杭县委组织部、中共上杭县党史工作委员会、上杭县档案馆

    1989　《中国共产党福建省上杭县组织史资料》，厦门：厦门大学出
        版社。

中共龙岩地委党史资料征集领导小组、龙岩地区行政公署文物管理委员会

    1982　《闽西革命史文献资料·第二辑》（未公开出版）。

邓光瀛

    1879　《长汀县志》，清光绪五年刊本。

丘复

    1938[2004]　《上杭县志》，唐鉴荣点校，上杭县地方志编纂委员会
        重印（未公开出版）。

朱肱

    1107[2016]　《北山酒经》，任仁仁整理点校，上海：上海书店出版社。

华钦进

1998　《连城县下堡六神社游神农》，载杨彦杰编：《汀州府的宗族庙会与经济》，香港：国际客家学会、海外华人研究社、法国远东学院。

庄景辉

2014　《九洲村社会历史文化调研报告》(未公开出版)。

苏俊才

2019　《革命与改良：以闽西土地问题为中心的考察》，《龙岩学院学报》(6)：53-59。

杨洁琼

2015　《地方、身体与饮食——以闽西上杭九洲客家山地村落为例》，《百色学院学报》(5)：87-95。

2017a　《传说、农民和道德——以闽西九洲村"红娘过缸""乌油钵"故事为例》，《西北民族大学学报(哲学社会科学版)》(1)：159-165。

2017b　《米酒在九洲村社会文化中的意义》，厦门大学博士学位论文。

吴中孚

1822　《商贾便览》，清道光二年三益堂刻本。

吴永强

2008　《庵坝的丧葬仪式调查》，余光弘、蒋俊、赵红梅合编：《闽西庵坝人的社会与文化》，厦门：厦门大学出版社。

邱建钧

2010　《九洲蜜雪梨及其速生丰产栽培技术》，《科学种养》(4)：18。

余光弘

1992　《田野工作中的系谱速成法》，《台湾史田野研究通讯》(24)：130-136。

1996　《参与观察与参加观察：以兰屿经验为例略论参与观察的阶段与深度》，《台湾大学考古人类学集刊》(51)：59-72。

汪琪

2016 《闽西东头村民间信仰研究》,厦门大学硕士学位论文。

汪毅夫

2006 《客家民间信仰》,台北:水牛图书出版社。

沈成国

1760 《(乾隆)上杭县志》卷十一《风土志》,清乾隆二十五年刻本。

张雪英、苏俊才、王瑞

2016 《闽西是中国土地革命的重要发源地》,《苏区研究》(6):70-78。

陈支平

2011 《近五百年来福建的家族社会与文化》,北京:中国人民大学
出版社。

陈鹏

1990 《中国婚姻史稿》,北京:中华书局。

林国平

2003 《闽台民间信仰源流》,福州:福建人民出版社。

罗冬霞

2022 《我国农村土地政策沿革:历史脉络、理论逻辑与价值旨
归》,《农村经济》(5):40-49。

罗勇、张自永

2013 《黎士弘〈闽酒曲〉与闽西客家酒俗》,《农业考古》(3):198-
203。

周大鸣

2003 《当代华南的宗族与社会》,哈尔滨:黑龙江人民出版社。

郑方坤

1754 《全闽诗话》,清乾隆饶梦燕诗话刊刻本。

赵宁静

1753 《上杭县志》,据乾隆十八年刻本影印。

胡太初

1259[1990] 《临汀志》,福州:福建人民出版社。

胡穗

    2004 《中国共产党农村土地政策的演进——从农村土地所有权和经营权角度进行考察》,湖南师范大学博士学位论文。

俞正燮

    1985 《癸巳存稿》,北京:中华书局。

洪光住

    2001 《中国酿酒科技发展史》,北京:中国轻工业出版社。

费孝通

    1947[2015] 《乡土中国》,北京:人民出版社。

贾思勰

    1890 《齐民要术》,清光绪十六至二十四年桐庐袁氏刻渐西村舍丛刻本。

顾人骥

    1864 《(乾隆)上杭县志》,清同治三年增刻版。

凌纯声

    1958 《太平洋区嚼酒文化的比较研究》,《"中央研究院"民族学研究所集刊》(5):45-86。

黄仲昭

    1490[1990] 《八闽通志》,福州:福建人民出版社。

福建省上杭县地名办公室

    1980 《上杭县地名录》(未公开出版)。

Chang, K. C. (ed.)

    1977 *Food in Chinese Culture*, New Haven: Yale University Press.

Collmann, Jeff

    1979 Social Order and the Exchange of Liquor: A Theory of Drinking among Australian Aborigines, *Journal of Anthropological Research*, 35:208-224.

Colson, Elizabeth and Scudder, Thayer

    1988   *For Prayer and Profit: The Ritual, Economic, and Social Importance of Beer in Gwembe District Zambia*, 1950-1982, California, Stanford: Stanford University Press.

Goody, Jack

    1982   *Cooking, Cuisine and Class: A Study in Comparative Sociology*, Cambridge: Cambridge University Press.

Hagaman, Barbara L.

    1980   Food for Thought: Beer in a Social and Ritual Context in a West African Society, *Journal of Drug Issues*, 10: 203-214.

Huang, H. T.

    2000   *Science and Civilisation in China, Vol. 6: Biology and Biological Technology, Part V: Fermentations and Food Science*, Cambridge: Cambridge University Press.

Messer, Ellen

    1984   Anthropological Perspectives on Diet, *Annual Review of Anthropology*, 13:205-249.

Ortner, Sherry

    1970   *Food for Thought: A Key Symbol in Sherpa Culture*, PhD Dissertation, The University of Chicago, Chicago.

    1973   On Key Symbol, *American Anthropologist*, 5: 1338-1346.

Robbins, Michael C.

    1977   Problem-Drinking and the Integration of Alcohol in Rural Buganda, *Medical Anthropology*, 3:1-24.

Roy, J. K

    1978   Alcohol Beverages in Tribal India and Their Nutritional Role, *Man in India*, 58: 298-326.

参考文献

Wolf, Arthur P.

1974　Gods, Ghosts, and Ancestors, in Wolf, Arthur P.(ed.), *Religion and Ritual in Chinese Society*, Stanford: Stanford University Press.

附　录

一、九洲村家户调查表

编号：

家户调查表

填表日期：　　　地点：　　村　　组　　号　　报道人：　　记录人：

称谓	姓名	性别	出生年月	教育程度	职业	常住地及户口所在地	婚姻状况及类型	初婚年龄	嫁娶地	分家时间	父母赡养方式	始种梨时间及梨树数量	是否自酿米酒	每日米酒次饮用量
户主														

二、九洲村家庭类型与结构统计表

序号	家户编号	户主性别	家庭关系	人数	家庭类型	备注	合计户数/人数	户百分比
1	003	男	户主＋妻＋女	3	核心家庭			
2	011	男	户主＋妻＋子	3	核心家庭			
3	013	男	户主＋妻＋子	3	核心家庭			
4	017	男	户主＋妻＋子＋女	4	核心家庭			
5	019	男	户主＋妻＋子	3	核心家庭			
6	032	男	户主＋妻＋子	3	核心家庭			
7	035	男	户主＋妻＋2子	4	核心家庭			
8	036	男	户主＋妻＋子＋女	4	核心家庭			
9	039	男	户主＋妻＋子	3	核心家庭			
10	041	男	户主＋妻＋子	3	核心家庭			
11	045	男	户主＋妻＋女＋子	4	核心家庭			
12	047	男	户主＋妻＋女＋子	4	核心家庭			
13	048	男	户主＋妻＋女＋子	4	核心家庭		32户 112人	26.89％
14	049	男	户主＋妻＋2子	4	核心家庭			
15	050	男	户主＋妻＋2女	4	核心家庭			
16	052	男	户主＋妻＋女	3	核心家庭			
17	056	男	户主＋妻＋子	3	核心家庭			
18	059	男	户主＋妻＋女＋子	4	核心家庭			
19	060	男	户主＋妻＋2女	4	核心家庭			
20	071	男	户主＋妻＋女＋子	4	核心家庭			
21	076	男	户主＋妻＋子	3	核心家庭			
22	083	男	户主＋妻＋女＋子	4	核心家庭			
23	085	男	户主＋妻＋子	3	核心家庭			
24	087	男	户主＋妻＋子	3	核心家庭			
25	094	男	户主＋妻＋女	3	核心家庭			
26	096	男	户主＋妻＋女＋子	4	核心家庭			

续表

序号	家户编号	户主性别	家庭关系	人数	家庭类型	备注	合计户数/人数	户百分比
27	103	男	户主＋妻＋子	3	核心家庭			
28	112	男	户主＋妻＋女＋子	4	核心家庭			
29	113	男	户主＋妻＋子	3	核心家庭			
30	114	男	户主＋妻＋2女	4	核心家庭			
31	119	男	户主＋妻＋2女	4	核心家庭			
32	120	男	户主＋妻＋子	3	核心家庭			
33	005	男	户主＋妻	2	不完整核心家庭	分家		
34	007	男	户主＋妻	2	不完整核心家庭	分家		
35	025	男	户主＋妻	2	不完整核心家庭	分家		
36	034	男	户主＋妻	2	不完整核心家庭	分家		
37	044	女	户主＋夫	2	不完整核心家庭	分家		
38	046	男	户主＋妻	2	不完整核心家庭	分家	12户	10.08%
39	051	男	户主＋妻	2	不完整核心家庭	分家	24人	
40	053	女	户主＋夫	2	不完整核心家庭	分家		
41	057	男	户主＋妻	2	不完整核心家庭	分家		
42	062	男	户主＋妻	2	不完整核心家庭	分家		
43	064	男	户主＋妻	2	不完整核心家庭	分家		
44	080	男	户主＋妻	2	不完整核心家庭	儿女外出		

续表

序号	家户编号	户主性别	家庭关系	人数	家庭类型	备注	合计户数/人数	户百分比
45	004	男	户主＋妻＋女＋子＋父＋母	6	主干家庭			
46	015	男	户主＋妻＋子＋父＋母	5	主干家庭			
47	016	男	户主＋妻＋子＋媳＋孙	5	主干家庭			
48	020	男	户主＋妻＋子＋媳	4	主干家庭			
49	022	男	户主＋妻＋次子＋次媳＋2孙女	6	主干家庭			
50	024	男	户主＋妻＋子＋媳＋孙	5	主干家庭			
51	027	男	户主＋妻＋子＋媳＋孙	5	主干家庭			
52	037	男	户主＋妻＋子＋媳＋孙女	5	主干家庭			
53	042	男	户主＋妻＋子＋媳＋孙	5	主干家庭		28 户 147 人	23.53％
54	043	男	户主＋妻＋子＋媳＋孙	5	主干家庭			
55	054	男	户主＋妻＋子＋媳＋孙女	5	主干家庭			
56	065	男	户主＋妻＋子＋媳＋孙＋孙女	6	主干家庭			
57	066	男	户主＋妻＋子＋媳＋孙＋孙女	6	主干家庭			
58	069	男	户主＋妻＋子＋媳＋孙＋孙女	6	主干家庭			
59	070	男	户主＋妻＋子＋媳＋孙女	5	主干家庭			
60	073	男	户主＋妻＋子＋媳＋孙女	5	主干家庭			
61	078	男	户主＋妻＋子＋媳＋孙	5	主干家庭			

序号	家户编号	户主性别	家庭关系	人数	家庭类型	备注	合计户数/人数	户百分比
62	079	男	户主＋妻＋子＋媳	4	主干家庭			
63	082	男	户主＋妻＋子＋媳＋孙	5	主干家庭			
64	084	男	户主＋妻＋子＋媳＋孙女	5	主干家庭			
65	086	男	户主＋妻＋子＋媳＋孙＋孙女	6	主干家庭			
66	088	男	户主＋妻＋子＋媳＋孙女	5	主干家庭			
67	095	男	户主＋妻＋长子＋长媳＋孙女＋次子	6	主干家庭			
68	101	男	户主＋妻＋子＋媳＋孙女＋孙	6	主干家庭			
69	102	男	户主＋妻＋女＋父＋母	5	主干家庭			
70	109	男	户主＋妻＋子＋媳＋2孙女	6	主干家庭			
71	110	男	户主＋妻＋子＋媳＋孙	5	主干家庭			
72	111	男	户主＋妻＋子＋父＋母	5	主干家庭			
73	001	男	户主＋妻＋2女＋父	5	不完整主干家庭	分家		
74	002	男	户主＋妻＋母	3	不完整主干家庭	丧偶		
75	006	男	户主＋妻＋子＋女＋母	5	不完整主干家庭	丧偶	38 户	31.93％
76	008	男	户主＋妻＋子＋父	4	不完整主干家庭	丧偶	165 人	
77	012	男	户主＋妻＋子＋父	4	不完整主干家庭	丧偶		
78	014	男	户主＋妻＋女＋子＋父	5	不完整主干家庭	丧偶		

续表

序号	家户编号	户主性别	家庭关系	人数	家庭类型	备注	合计户数/人数	户百分比
79	021	男	户主＋妻＋养女（＋赘婿）	3	不完整主干家庭	离异		
80	026	男	户主＋妻＋母	3	不完整主干家庭	丧偶		
81	031	男	户主＋妻＋子＋母	4	不完整主干家庭	丧偶		
82	033	女	户主＋长子＋长媳＋孙	4	不完整主干家庭	丧偶		
83	038	男	户主＋妻＋子＋孙女	4	不完整主干家庭	离异		
84	040	男	户主＋妻＋子＋母	4	不完整主干家庭	丧偶		
85	055	女	户主＋子＋媳＋孙女＋婆婆	5	不完整主干家庭	丧偶		
86	058	男	户主＋妻＋子＋母	4	不完整主干家庭	丧偶		
87	061	男	户主＋妻＋子＋媳＋孙女＋父	6	不完整主干家庭	丧偶		
88	067	男	户主＋妻＋子＋母	4	不完整主干家庭	分家		
89	068	女	户主＋子＋孙女	3	不完整主干家庭	丧偶离异		
90	072	男	户主＋妻＋子＋母	4	不完整主干家庭	丧偶		
91	074	男	户主＋女＋赘婿＋孙	4	不完整主干家庭	丧偶		
92	075	男	户主＋妻＋子＋媳＋母	5	不完整主干家庭	丧偶		
93	077	女	户主＋子＋媳＋孙	4	不完整主干家庭	分家		
94	081	男	户主＋妻＋子＋媳＋母	5	不完整主干家庭	分家		
95	089	男	户主＋妻＋子＋母	4	不完整主干家庭	分家		

序号	家户编号	户主性别	家庭关系	人数	家庭类型	备注	合计户数/人数	户百分比
96	090	男	户主＋妻＋子＋女＋母	5	不完整主干家庭	分家		
97	091	男	户主＋妻＋女＋子＋母	5	不完整主干家庭	丧偶		
98	092	男	户主＋妻＋女＋子＋母	5	不完整主干家庭	丧偶		
99	093	男	户主＋妻＋子＋女＋母	5	不完整主干家庭	丧偶		
100	097	男	户主＋妻＋2女＋母	5	不完整主干家庭	丧偶		
101	098	男	户主＋妻＋女＋母	4	不完整主干家庭	丧偶		
102	099	男	户主＋妻＋子＋媳＋孙＋母	6	不完整主干家庭	丧偶		
103	104	男	户主＋女＋赘婿＋孙	4	不完整主干家庭	丧偶		
104	105	男	户主＋妻＋女＋赘婿＋孙女＋父	6	不完整主干家庭	丧偶		
105	106	女	户主＋子＋媳＋孙	4	不完整主干家庭	丧偶		
106	107	男	户主＋妻＋子＋孙	4	不完整主干家庭	离异		
107	108	男	户主＋妻＋子＋母	4	不完整主干家庭	丧偶		
108	115	男	户主＋妻＋子＋母	4	不完整主干家庭	丧偶		
109	116	女	户主＋子＋媳＋孙	4	不完整主干家庭	丧偶		
110	118	男	户主＋妻＋子＋父	4	不完整主干家庭	丧偶		

续表

序号	家户编号	户主性别	家庭关系	人数	家庭类型	备注	合计户数/人数	户百分比
111	009	男	户主＋妻＋长子＋长媳＋孙女＋次子＋次媳＋孙＋母	9	扩展家庭		5户40人	4.20%
112	010	男	户主＋妻＋子＋母＋弟＋弟媳＋侄女	7	扩展家庭			
113	018	男	户主＋妻＋子＋媳＋孙＋女＋外孙女＋外孙	8	扩展家庭			
114	028	男	户主＋妻＋长子＋长媳＋孙女＋长孙＋次子＋次媳＋次孙	9	扩展家庭			
115	063	男	户主＋妻＋长子＋长媳＋孙＋次子＋次媳	7	扩展家庭			
116	029	女	户主	1	单身家庭		2户2人	1.68%
117	030	男	户主	1	单身家庭			
118	023	男	户主＋妻＋母＋外孙女	4	隔代家庭		1户4人	0.84%
119	117	男	户主＋妻＋子＋妻前夫子	4	其他		1户4人	0.84%

三、九洲人的系谱

符号说明：

"△"表示男，"○"表示女。

"="表示嫁娶婚，"↑"与"↓"表示入赘婚，"≠""↗""↙"表示离婚。

"——"表示世系关系，"……"表示过继关系，"____"表示收养关系。

（一）陈氏系谱

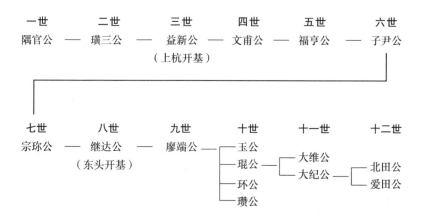

一世	二世	三世	四世	五世	六世
隅官公 —	璜三公 —	益新公 —（上杭开基）	文甫公 —	福亨公 —	子尹公

七世	八世	九世	十世	十一世	十二世
宗琢公 —	继达公 —（东头开基）	廖端公 —	玉公／琨公／环公／瓒公	大维公／大纪公	北田公／爱田公

北田公房

十二世　　十三世　　十四世　　十五世　　十六世　　十七世　　十八世　　十九世

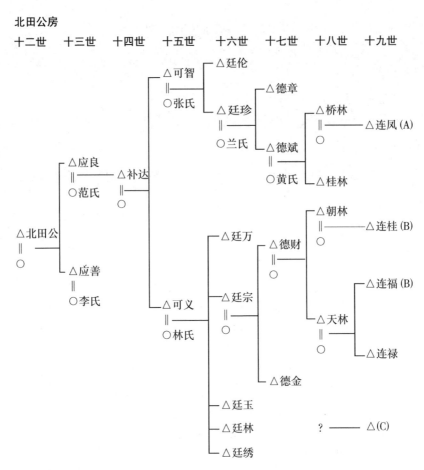

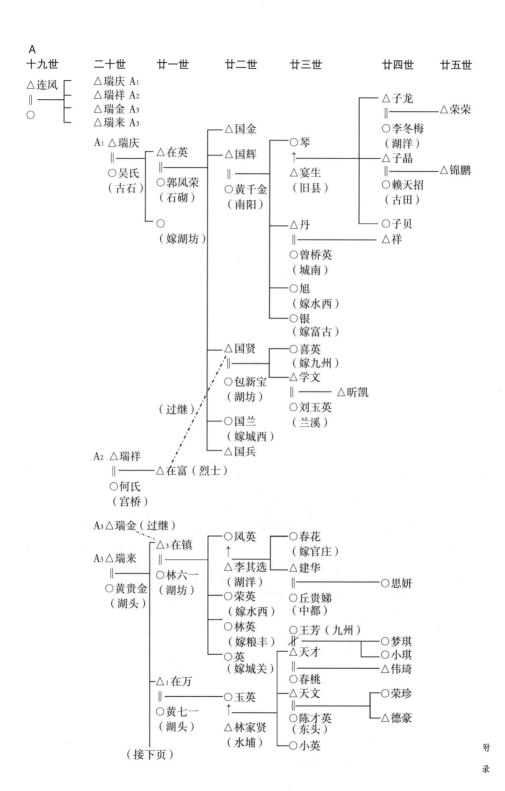

A

十九世　二十世　廿一世　廿二世　廿三世　廿四世　廿五世

△连凤
‖
○

△瑞庆 A₁
△瑞祥 A₂
△瑞金 A₃
△瑞来 A₃

A₁ △瑞庆
‖
○吴氏
（古石）

△在英
‖
○郭凤荣
（石砌）

○
（嫁湖坊）

△国金

△国辉
‖
○黄千金
（南阳）

○琴
↑
△宴生
（旧县）

△丹
‖
○曾桥英
（城南）

○旭
（嫁水西）

○银
（嫁富古）

△子龙
‖
○李冬梅
（湖洋）

△子晶
‖
○赖天招
（古田）

○子贝

△荣荣

△锦鹏

△祥

△国贤
‖
○包新宝
（湖坊）

（过继）

○国兰
（嫁城西）

△国兵

○喜英
（嫁九州）

△学文
‖
○刘玉英
（兰溪）

△昕凯

A₂ △瑞祥
‖
○何氏
（宫桥）

△在富（烈士）

A₃△瑞金（过继）

A₃ △瑞来
‖
○黄贵金
（湖头）

△₃ 在镇
‖
○林六一
（湖坊）

△₁ 在万
‖
○黄七一
（湖头）

（接下页）

○凤英
↑
△李其选
（湖洋）

○荣英
（嫁水西）

○林英
（嫁粮丰）

○英
（嫁城关）

○玉英
↑
△林家贤
（水埔）

○春花
（嫁官庄）

△建华
‖
○丘贵娣
（中都）

○王芳（九州）
‖
△天才
‖
○春桃

△天文
‖
○陈才英
（东头）

○小英

○思妍

○梦琪
○小琪
△伟琦

○荣珍
△德豪

闽西九洲人的社会与文化

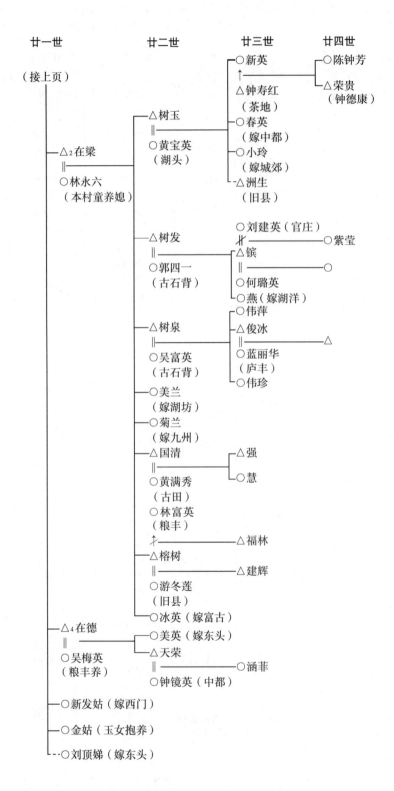

廿一世	廿二世	廿三世	廿四世

（接上页）

△₂在梁
‖
○林永六
（本村童养媳）

△树玉
‖
○黄宝英
（湖头）

○新英
↑
△钟寿红
（茶地）
○春英
（嫁中都）
○小玲
（嫁城郊）
△洲生
（旧县）

○陈钟芳
△荣贵
（钟德康）

△树发
‖
○郭四一
（古石背）

○刘建英（官庄）
△镔
‖
○何璐英
○燕（嫁湖洋）

○紫莹
○

△树泉
‖
○吴富英
（古石背）

○伟萍
△俊冰
‖
○蓝丽华
（庐丰）
○伟珍

△

○美兰
（嫁湖坊）

○菊兰
（嫁九州）

△国清
‖
○黄满秀
（古田）

△强
○慧

○林富英
（粮丰）

△榕树
‖
○游冬莲
（旧县）

△福林
△建辉

○冰英（嫁富古）

△₄在德
‖
○吴梅英
（粮丰养）

○美英（嫁东头）
△天荣
‖
○钟镜英（中都）

○涵菲

○新发姑（嫁西门）

○金姑（玉女抱养）

○刘顶娣（嫁东头）

B

十九世	二十世	廿一世	廿二世	廿三世	廿四世	廿五世

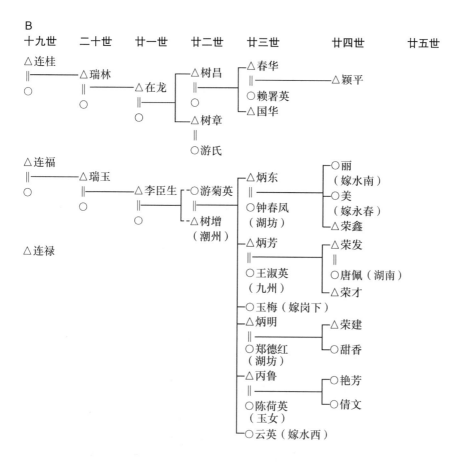

△连桂
‖
○

△瑞林
‖
○

△在龙
‖
○

△树昌
‖
○

△春华
○赖署英
△国华

△颖平

△树章
‖
○游氏

△连福
‖
○

△瑞玉
‖
○

△李臣生
‖
○

○游菊英
‖
△树增
（潮州）

△炳东
‖
○钟春凤
（湖坊）

○丽
（嫁水南）
○美
（嫁永春）
△荣鑫

△炳芳
‖
○王淑英
（九州）

△荣发
‖
○唐佩（湖南）
△荣才

○玉梅（嫁岗下）

△炳明
‖
○郑德红
（湖坊）

△荣建
○甜香

△丙鲁
‖
○陈荷英
（玉女）

○艳芳
○倩文

○云英（嫁水西）

△连禄

C

十九世	二十世	廿一世	廿二世	廿三世	廿四世	廿五世

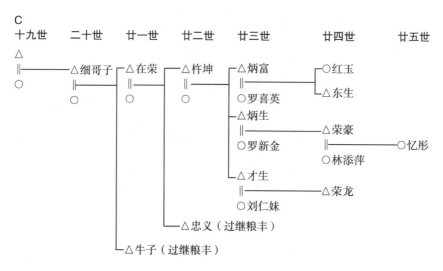

△
‖
○

△细哥子
‖
○

△在荣
‖
○

△杵坤
‖
○

△炳富
‖
○罗喜英

○红玉
△东生

△炳生
‖
○罗新金

△荣豪
‖
○林添萍

○忆彤

△才生
‖
○刘仁妹

△荣龙

△忠义（过继粮丰）

△牛子（过继粮丰）

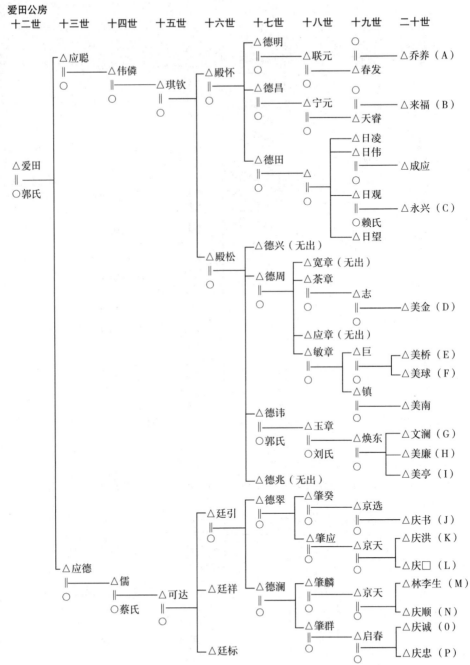

A

二十世　廿一世　廿二世　廿三世　廿四世　廿五世　廿六世

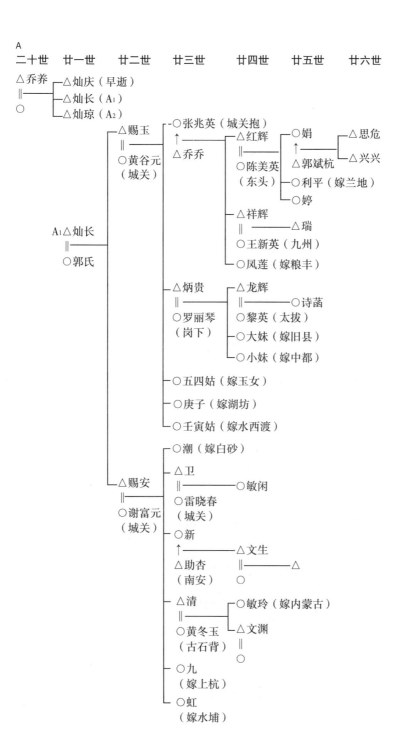

△乔养
‖
○

△灿庆（早逝）
△灿长（A₁）
△灿琼（A₂）

A₁△灿长
‖
○郭氏

△赐玉
‖
○黄谷元
（城关）

○张兆英（城关抱）
↑
△乔乔

△红辉
‖
○陈美英
（东头）

○娟
↑
△郭斌杭

△思危
△兴兴

○利平（嫁兰地）
○婷

△祥辉
‖
○王新英（九州）

△瑞

○凤莲（嫁粮丰）

△炳贵
‖
○罗丽琴
（岗下）

△龙辉
‖
○诗菡

○黎英（太拔）
○大妹（嫁旧县）
○小妹（嫁中都）

○五四姑（嫁玉女）
○庚子（嫁湖坊）
○壬寅姑（嫁水西渡）

△赐安
‖
○谢富元
（城关）

○潮（嫁白砂）

△卫
‖
○雷晓春
（城关）

○敏闲

○新
↑
△助杏
（南安）

△文生
‖
○

△

△清
‖
○黄冬玉
（古石背）

○敏玲（嫁内蒙古）
△文渊
‖
○

○九
（嫁上杭）
○虹
（嫁水埔）

附

录

327

闽西九洲人的社会与文化

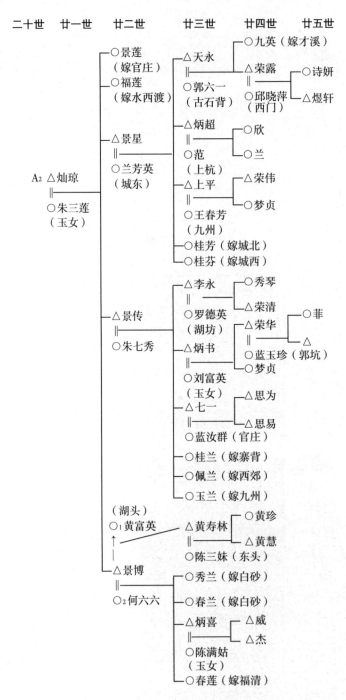

| 二十世 | 廿一世 | 廿二世 | 廿三世 | 廿四世 | 廿五世 |

B

廿十世　廿一世　廿二世　廿三世　廿四世　廿五世　廿六世　廿七世

△来福
∥
○

△福华
∥
○

△花佬
∥
○黄新年
↑（玉女）
△树才

△炳华（义）
∥
○吴新香
（古石背）

△官运
△官寿
○
△官养
∥
○李红英（白砂）
○玉永（嫁湖坊）

△
△文兴
○

○兰永（嫁粮丰）

△树富
∥
○郭桂英

△炳仁
∥
○蓝丁丁
（郭坑）

△荣生
∥　　　△文豪
○黄小梅（旧县）
△天生　○静
∥
○陈美华　△彬
（旧县）
○凤凤（嫁湖洋）
○新凤（嫁城关）
○冬凤（嫁粮丰）

△炳义
∥
○罗四姑
（粮丰）

○文英（嫁湖坊）
△文亮　○舒婷
∥
○钟桂芹　○舒苹
（湖坊）
○六英（嫁浙江金华）

△炳礼
△炳禄
∥
○钟美英
（湖坊）

○红英（嫁富古）
○梅春（嫁江西）
△文辉
∥
○刘珍梅（武平）

△良优
（义）
∥
○林六六
（水埔）

△炳光
（烈士）
△炳承（义）
∥
○罗水莲
（旧县）

△文章
∥
○林七英
（粮丰）

△荣辉
∥
○李德英
（城关）

△文胜
∥
○吴琴珍（古石背）

△天明
∥
○钟七一
（湖坊）

○梦娇
↑
△朱佳佳
（龙岩）
○玉娇

△庆
△朱梓涵

△思鹏

△龙
△凯

附
录

329

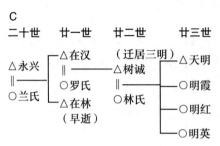

C

二十世	廿一世	廿二世	廿三世
△永兴 ‖ ○兰氏	△在汉 ‖ ○罗氏 △在林（早逝）	（迁居三明）△树诚 ‖ ○林氏	△天明 ○明霞 ○明红 ○明英

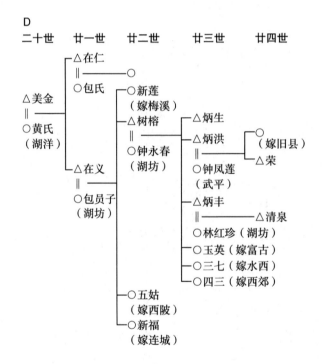

D

二十世	廿一世	廿二世	廿三世	廿四世
△美金 ‖ ○黄氏（湖洋）	△在仁 ‖ ○包氏 △在义 ‖ ○包员子（湖坊）	○ ○新莲（嫁梅溪）△树榕 ‖ ○钟永春（湖坊）○五姑（嫁西陂）○新福（嫁连城）	△炳生 △炳洪 ‖ ○钟凤莲（武平）△炳丰 ‖ ○林红珍（湖坊）○玉英（嫁富古）○三七（嫁水西）○四三（嫁西郊）	○（嫁旧县）△荣 △清泉

E

二十世　　廿一世　　廿二世　　廿三世　　廿四世　　廿五世

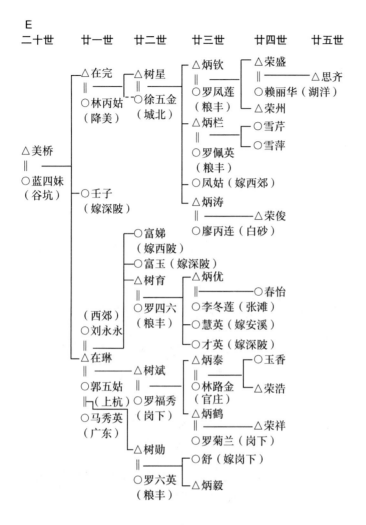

△美桥
‖
○蓝四妹
（谷坑）

△在完
‖
○林丙姑
（降美）

△树星
○徐五金
（城北）

△炳钦
‖
○罗凤莲
（粮丰）

△荣盛
‖
○赖丽华（湖洋）
△荣州

△思齐

△炳栏
‖
○罗佩英
（粮丰）

○雪芹
○雪萍

○凤姑（嫁西郊）

△炳涛
‖
○廖丙连（白砂）

△荣俊

○壬子
（嫁深陂）

○富娣
（嫁西陂）

○富玉（嫁深陂）

△树育
‖
○罗四六
（粮丰）

△炳优
‖
○李冬莲（张滩）

○春怡

○慧英（嫁安溪）

○才英（嫁深陂）

（西郊）
○刘永永
‖
△在琳
‖
○郭五姑
‖├（上杭）
○马秀英
（广东）

△树斌
‖
○罗福秀
（岗下）

△炳泰
○林路金
（官庄）

○玉香
△荣浩

△炳鹤
‖
○罗菊兰（岗下）

△荣祥

△树勋
‖
○罗六英
（粮丰）

○舒（嫁岗下）

△炳毅

F

二十世　　廿一世　　廿二世　　廿三世　　廿四世　　廿五世

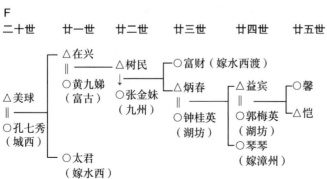

△美球
‖
○孔七秀
（城西）

△在兴
‖
○黄九娣
（富古）

△树民
↓
○张金妹
（九州）

○富财（嫁水西渡）

△炳春
○钟桂英
（湖坊）

△益宾
‖
○郭梅英
（湖坊）
○琴琴
（嫁漳州）

○馨
△恺

○太君
（嫁水西）

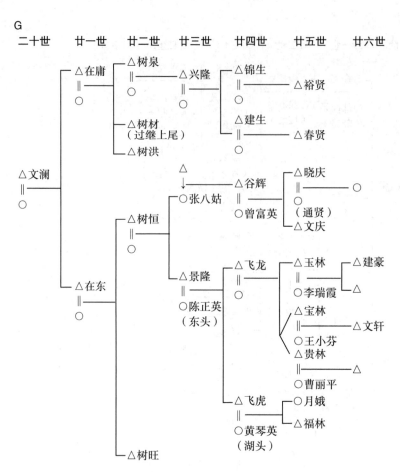

H
二十世　廿一世　廿二世　廿三世　廿四世　廿五世

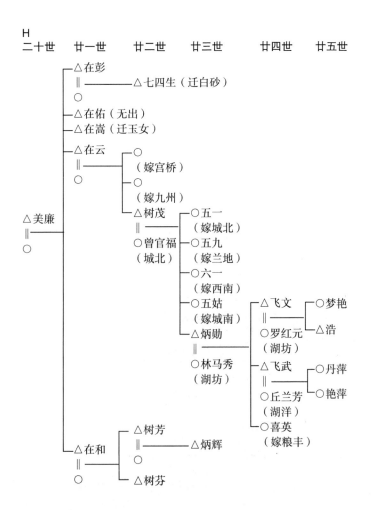

闽西九洲人的社会与文化

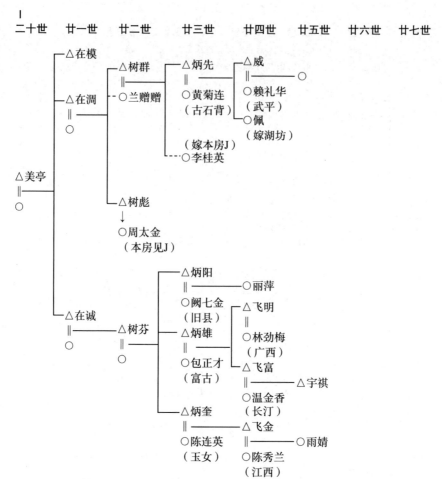

J

二十世　　　廿一世　　　廿二世　　　廿三世　　　廿四世　　　廿五世　　　廿六世　　　廿七世

△庆书　　　　　　　　　　　　　　　（东头）
‖　─────△在堂　──△（夭折）　○李桂英　──△飞燕　　──△锐
○　　　　　　　　‖　　　　　‖　　　　　　　‖　　　　　　　‖───┤
　　　　　　　　　○　　　　　‐‐○周太金　　　△炳福　　　　○杨英　　　○仲
　　　　　　　　　　　　　　　　　↑　　　　　　　　　　　（上杭）
　　　　　　　　　　　　　　　‐‐△树彪　　　　　　　　　　○小燕
　　　　　　　　　　　　　　　　（过继）　　　　　　　　　（嫁上杭）
　　　　　　　　　　　　　　　　　　　　　　　　　　　　　○春燕
　　　　　　　　　　　　　　　　　　　　　　　　　　　　　（嫁粮丰）
　　　　　　　　　　　　　　　　　　　　　　　　　　　　　△飞剑
　　　　　　　　　　　　　　　　　　　　　　　　　　　　　‖　────△卉琼
　　　　　　　　　　　　　　　　　　　　　　　　　　　　　○林路英
　　　　　　　　　　　　　　　　　　　　　　　　　　　　　（粮丰）

　　　　　　　　　　　　　　　　　　　　　△炳琴　　　　　△小平
　　　　　　　　　　　　　　　　　　　　　‖　　　　　　　‖　────○丹琳
　　　　　　　　　　　　　　　　　　　　　○黄梅英　　　　○林玉香
　　　　　　　　　　　　　　　　　　　　　（湖头）　　　　（三明）
　　　　　　　　　　　　　　　　　　　　　　　　　　　　　○晓慧

K

二十世　廿一世　廿二世　廿三世　廿四世　廿五世　廿六世

△在松
‖
○孔钦娣
（张滩）

△张俊佳（贾化子）
‖——————————（迁水西渡）
○郭佩美（李狗子）

△庆洪
‖
○

△树金
‖
○钟顺喜
（旧县）

△炳贤
‖
○何六六
（旧县）

○王银连（太拔）
‖
△荣光

△富林

△建航（榕树生）
○梁华玲
（湖洋）

△在桃
‖
○蓝玉玉
（旧县）

△炳达
‖
○蓝才姑
（旧县）

△荣贵
‖
○翁茶连
（旧县）

△荣金
‖
○赖玉梅

△宝权
‖
△

△炳炎
‖
○吴桂芳
（古石）

△武
‖
○
△宁

△

△树培
‖
○蓝永永
（旧县）

△炳林
‖
○王美英
（九州）

△强

△祥
‖
○林芳芳
（江西）

△姚安

△思安

△晓阳
‖
○张燕（北京）

△源

△树如
‖
○郭秀英
（广东）

△林
‖
○罗四妈
（岗下）

△民
‖
○贺辉
（湖南）

○煊萍

△博辰

△小霞
‖
○陈燕芳
（东头）

△志轩

△富洪
‖
○罗凤英
（粮丰）

△永隆

△晓龙

△祁生
‖
○丘丽珍
（中都）

△陈丘双庆

336

L

二十世	廿一世	廿二世	廿三世	廿四世	廿五世	廿六世

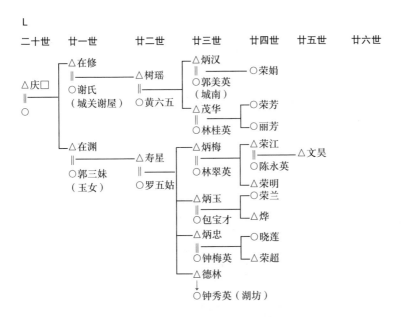

M

二十世	廿一世	廿二世	廿三世	廿四世	廿五世	廿六世

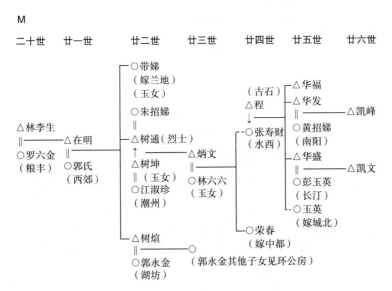

闽西九洲人的社会与文化

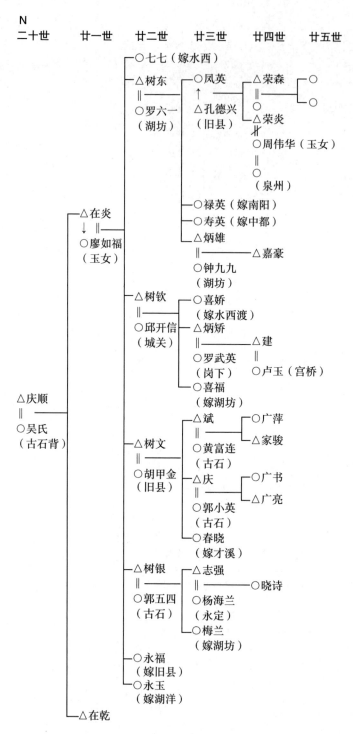

338

○

二十世	廿一世	廿二世	廿三世	廿四世	廿五世

○水英（嫁水西）

△荣华 ‖ ○罗新英（粮丰）

△才源

△五生 ‖ ○王木英（九州）

△荣富 ‖ ○黄丽雯（湖头）

△俊源

- - ○三妹（嫁古石）

△树和 ‖ ○张福福（富古）

○银英（幼抱粮丰）

○冬莲（嫁湖头）

○五莲（嫁南安）

△荣升 ‖ ○林茜（城关）

△六生 ‖ ○巫四英（西南）

△荣远 ‖ ○林（上杭）

△庆诚 ‖ ○朱氏（玉女）

（城关）
○₁丘氏 ‖（无出）
△在浪 ‖
○₂林氏 ‖（湖坊）
○范氏（广东大埔）

○德寿（嫁张滩）

△炳金 ‖ ○曾小红（宫桥）

△荣祥 ‖ ○兰香（武平）

△树辉 ‖ ○郑育才（城关）

△桂明 ‖ ○罗美华（岗下）

△洪彪

○萍萍

△永明 ‖ ○朱淑清（玉女）

△任峰

○永莲（嫁兰溪）

○永才（嫁三坑）

○满姑（嫁城关）

闽西九洲人的社会与文化

P

| 二十世 | 廿一世 | 廿二世 | 廿三世 |

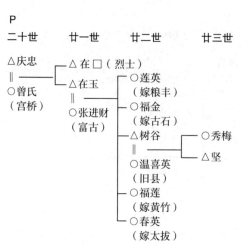

环公房

| 十世 | 十一世 | 十二世 | 十三世 | 十四世 | 十五世 | 十六世 | 十七世 | 十八世 | 十九世 |

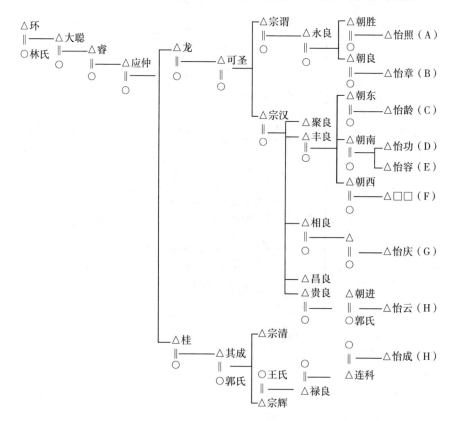

A

十九世　　二十世　　廿一世　　　　廿二世　　廿三世

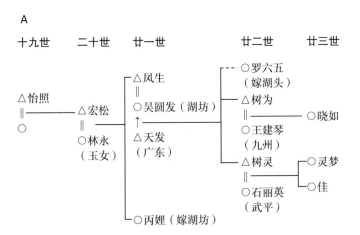

B

十九世　　二十世　　廿一世　　　　廿二世　　廿三世

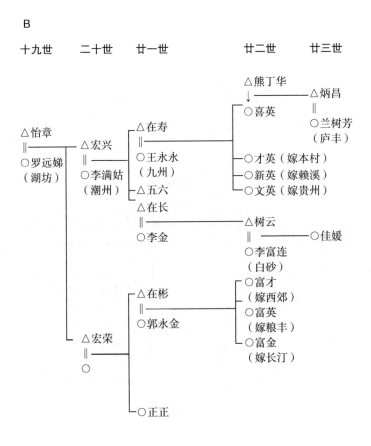

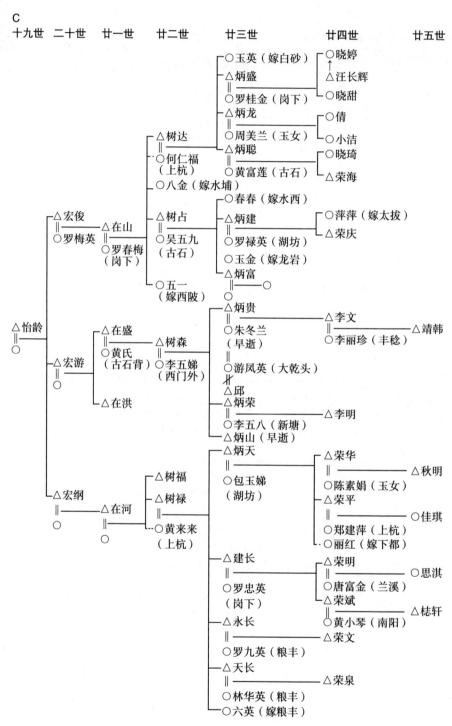

C

十九世　二十世　廿一世　廿二世　廿三世　廿四世　廿五世

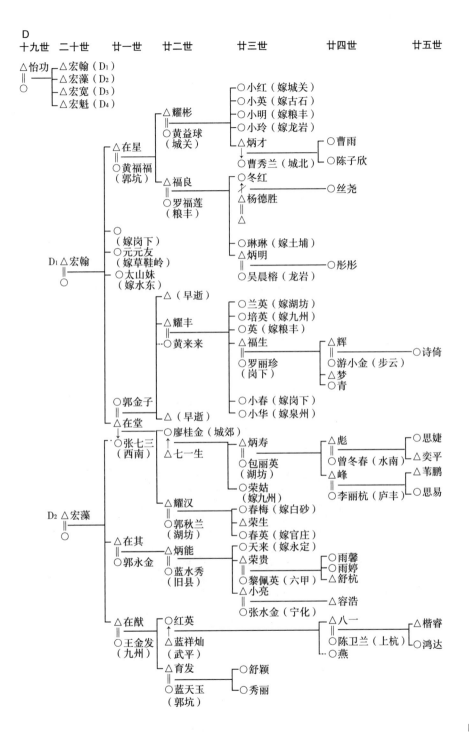

D

十九世　二十世　廿一世　廿二世　廿三世　廿四世　廿五世

△怡功 —△宏翰（D₁）
‖　　├△宏藻（D₂）
○　　├△宏宽（D₃）
　　　└△宏魁（D₄）

D₁△宏翰
‖
○

△在星
‖
○黄福福
（郭坑）

△耀彬
‖
○黄益球
（城关）

○小红（嫁城关）
○小英（嫁古石）
○小明（嫁粮丰）
○小玲（嫁龙岩）
△炳才
↓
○曹秀兰（城北）

└○曹雨
└○陈子欣

△福良
‖
○罗福莲
（粮丰）

○冬红
△杨德胜
△
△

○丝尧

○
（嫁岗下）
○元元友
（嫁草鞋岭）
○太山妹
（嫁水东）

○琳琳（嫁土埔）
△炳明
‖
○吴晨榕（龙岩）

○彤彤

○郭金子
△在堂
↓
○张七三
（西南）

△（早逝）

△耀丰
‖
○黄来来

○兰英（嫁湖坊）
○培英（嫁九州）
○英（嫁粮丰）
△福生
‖
○罗丽珍
（岗下）

△辉
‖
○游小金（步云）
△梦
○青

○诗倚

○小春（嫁岗下）
○小华（嫁泉州）

△（早逝）

○廖桂金（城郊）
↑
△七一生

△炳寿
‖
○包丽英
（湖坊）
○荣姑
（嫁九州）

△彪
‖
○曾冬春（水南）
△峰
‖
○李丽杭（庐丰）

○思婕
△奕平
△苇鹏
○思易

D₂△宏藻
‖
○

△在其
‖
○郭永金

△耀汉
‖
○郭秋兰
（湖坊）

○春梅（嫁白砂）
△荣生
○春英（嫁官庄）

△炳能
‖
○蓝水秀
（旧县）

○天来（嫁永定）
△荣贵
○黎佩英（六甲）
△小亮
‖
○张水金（宁化）

○雨馨
○雨婷
△舒杭

○容浩

△在猷
‖
○王金发
（九州）

○红英
△蓝祥灿
（武平）
△育发
○蓝天玉
（郭坑）

○舒颖
○秀丽

△八一
‖
○陈卫兰（上杭）
△燕

△楷睿
○鸿达

闽西九洲人的社会与文化

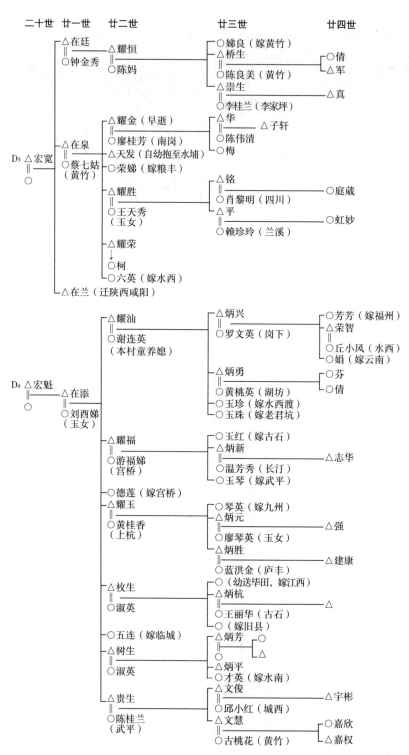

E

十九世　二十世　　　廿一世　　廿二世　　　廿三世　　　　廿四世

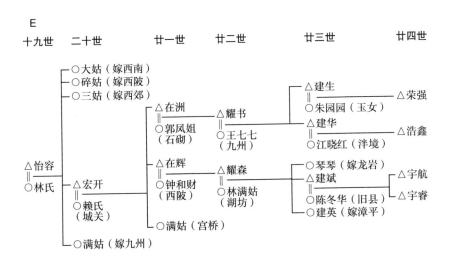

F

十九世　二十世　廿一世　廿二世　　廿三世　　　廿四世

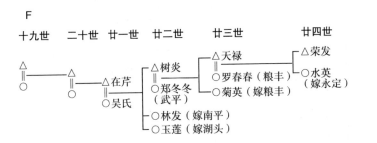

G

十九世　二十世　　　廿一世　　廿二世

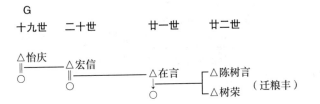

闽西九洲人的社会与文化

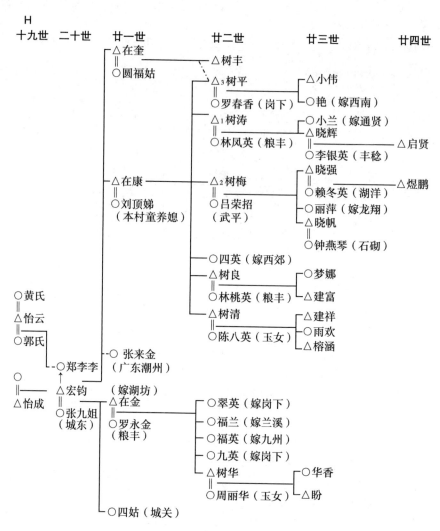

| 十九世 | 二十世 | 廿一世 | 廿二世 | 廿三世 | 廿四世 |

△在奎 ═ ○圆福姑
△树丰
△₃树平 ═ ○罗春香（岗下）
△小伟
○艳（嫁西南）
△₁树涛 ═ ○林凤英（粮丰）
○小兰（嫁通贤）
△晓辉 ═ ○李银英（丰稔）
△启贤
△在康 ═ ○刘顶娣（本村童养媳）
△₂树梅 ═ ○吕荣招（武平）
△晓强
○赖冬英（湖洋）
△煜鹏
○丽萍（嫁龙翔）
△晓帆 ═ ○钟燕琴（石砌）
○四英（嫁西郊）
△树良 ═ ○林桃英（粮丰）
○梦娜
△建富
△树清 ═ ○陈八英（玉女）
△建祥
○雨欢
△榕涵
○黄氏 ═ △怡云 ═ ○郭氏
○ ═ △怡成
○张来金（广东潮州）
—○郑李李 △宏钧 ═ ○张九姐（城东）
（嫁湖坊）
△在金 ═ ○罗永金（粮丰）
○翠英（嫁岗下）
○福兰（嫁兰溪）
○福英（嫁九州）
○九英（嫁岗下）
△树华 ═ ○周丽华（玉女）
○华香
△盼
○四姑（城关）

(二)王氏系谱

一世	二世	三世	四世	五世	六世	七世
千一郎	念八郎	万三郎	大十一郎	百六郎	千四郎	崇福
△	△	△	△	△	△	△
葬丰稔石牌	葬永定谷溪	葬太拔大地	葬太拔大地	葬太拔大地	葬太拔长坪头	葬太拔上村

八世	九世	十世	十一世	十二世	十三世	十四世
宗海公	深公	贵公	柏公	双魁公	未详	盛吾
△	△	△	△	△	△	
葬太拔吴坑			葬旧县	葬旧县邱孺人		廷碧
						狗满 △
						得良 △

葬旧县
李孺人、钟孺人

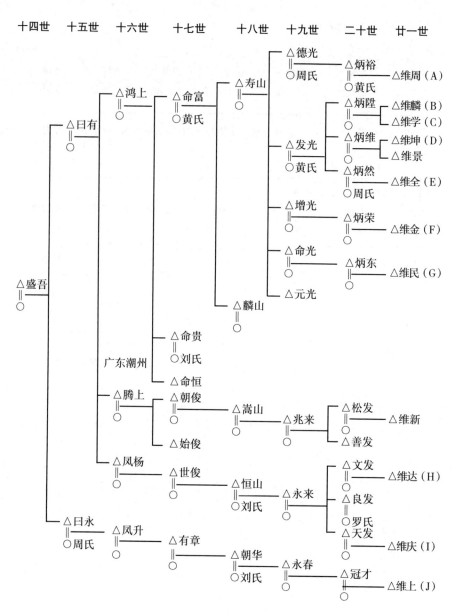

A

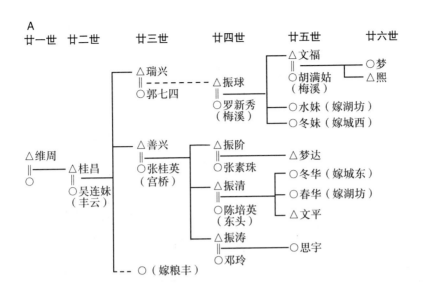

廿一世	廿二世	廿三世	廿四世	廿五世	廿六世

△维周
‖
○

△桂昌
‖
○吴连妹
（丰云）

△瑞兴
‖
○郭七四

△振球
‖
○罗新秀
（梅溪）

△文福
‖
○胡满姑
（梅溪）

○水妹（嫁湖坊）

○冬妹（嫁城西）

○梦

△熙

△善兴
‖
○张桂英
（宫桥）

△振阶
‖
○张素珠

△梦达

△振清
‖
○陈培英
（东头）

○冬华（嫁城东）

○春华（嫁湖坊）

△文平

△振涛
‖
○邓玲

○思宇

○（嫁粮丰）

闽西九洲人的社会与文化

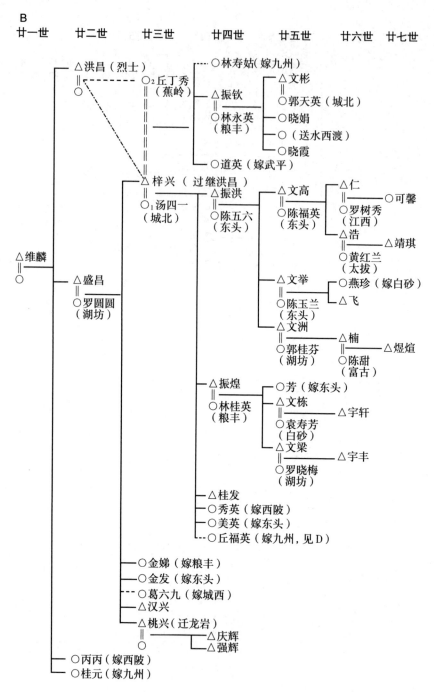

B

廿一世　廿二世　廿三世　廿四世　廿五世　廿六世　廿七世

350

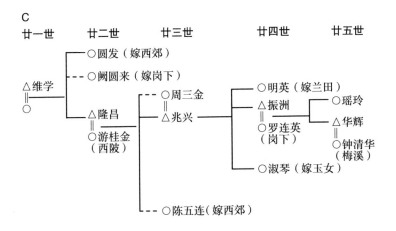

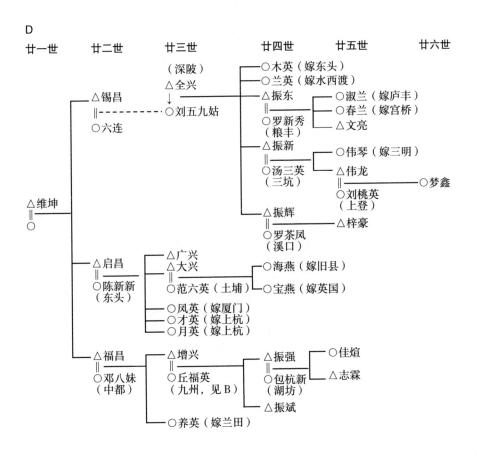

闽西九洲人的社会与文化

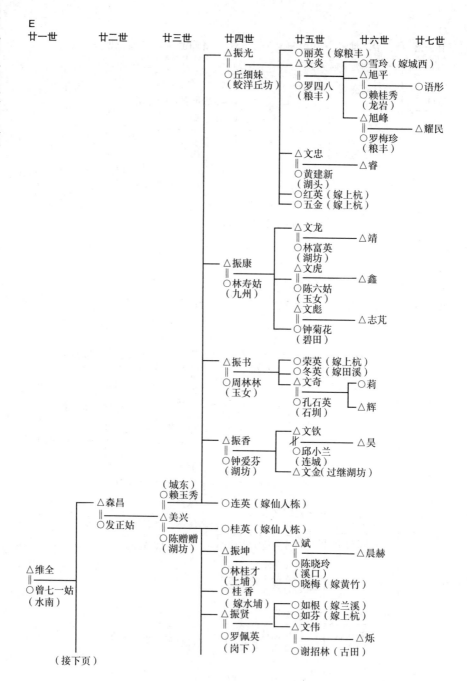

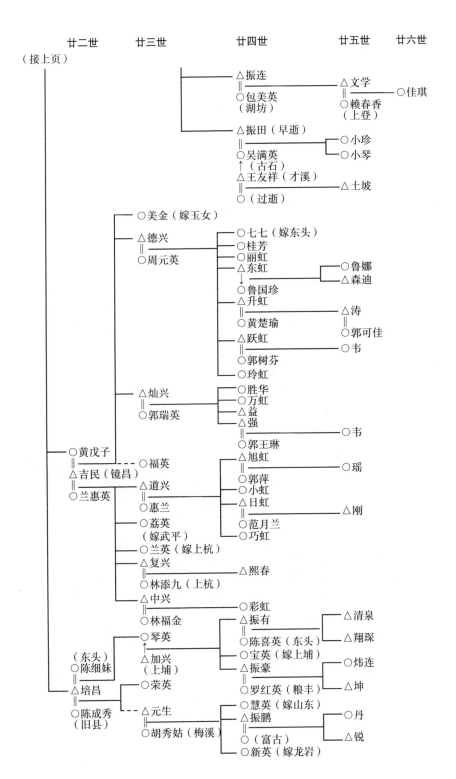

F

廿一世	廿二世	廿三世	廿四世	廿五世

△维金
○

△
‖ ——○张妹子
○

△

△德昌 —— △丽兴
‖ —— △淦兴 （迁龙岩）
○

△恒昌 ——○来金 ——○元英（嫁龙岩）
○陈招招 ↑ —— ○才英（嫁丰云）
（潮州） △王优兴 —— △振发
（深陂） ‖ —————————— △彬
○

G

廿一世	廿二世	廿三世	廿四世	廿五世	廿六世

△维民
‖
○

△荣昌
‖
○黄丙姑
（湖头）

△华兴
○陈桃花
（东头）

○张妹（嫁西郊）

△振和
‖ —— ○小莹（嫁县城）
○钟七英 △文坚
（玉女） ‖ —————— △致远
○陈女妻（城东）
△文明
‖ —————— ○涵葳
○方丹（城西）

△振奎
‖ △文斌 —————— △浩苏
○陈新荣 ○罗岚
（东头） （粮丰）
○燕平（嫁岗下）
○燕芳（嫁东头）

△振炎
‖ △文旺
○吴菊菊 ‖ —————— △旭涛
（古石） ○王文莉（永定）
○晓芳（嫁宫桥）

○五金（嫁古石）
○六金（嫁水西渡）

△永兴
○林金金
（西郊）

△振优
‖ —— ○艳
○康有连（南阳） —— △勇

△振星
‖ —— ○丽（嫁莆田）
○林玉英（粮丰） —— ○芬（嫁东头）
○七金（嫁城西） —— △文龙

○金寿姑（嫁玉女）

△陈陈
‖ - - - - - ○曾细妹
○黄永娣 ↑
（湖头） △玉兴
（上埔）

○永来（嫁玉女）

△振高
‖ —— ○晓华（嫁平和）
○林福英 —— ○晓芹
（粮丰） —— △文圣

H

廿一世　　廿二世　　廿三世　　廿四世　　廿五世　　廿六世　　廿七世

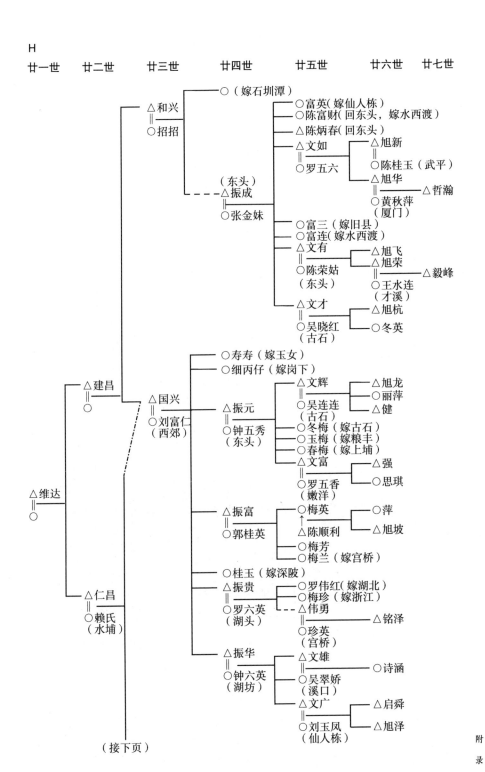

△维达
＝
○

　　△建昌
　　＝
　　○

　　　　△和兴
　　　　＝
　　　　○招招

　　　　　　○（嫁石圳潭）

　　　　　　　　○富英（嫁仙人栋）
　　　　　　　　○陈富财（回东头，嫁水西渡）
　　　　　　　　△陈炳春（回东头）
　　　　　　　　△文如
　　　　　　　　＝
　　　　　　　　○罗五六
　　　　　　　　　　△旭新
　　　　　　　　　　○陈桂玉（武平）
　　　　　　　　　　△旭华
　　　　　　　　　　＝
　　　　　　　　　　○黄秋萍（厦门）
　　　　　　　　　　　　△哲瀚

　　　　（东头）
　　　　△振成
　　　　＝
　　　　○张金妹

　　　　　　○富三（嫁旧县）
　　　　　　○富连（嫁水西渡）
　　　　　　△文有
　　　　　　＝
　　　　　　○陈荣姑（东头）
　　　　　　　　△旭飞
　　　　　　　　△旭荣
　　　　　　　　＝
　　　　　　　　○王水连（才溪）
　　　　　　　　　　△毅峰
　　　　　　△文才
　　　　　　＝
　　　　　　○吴晓红（古石）
　　　　　　　　△旭杭
　　　　　　　　○冬英

△国兴
＝
○刘富仁（西郊）

　　○寿寿（嫁玉女）
　　○细丙仔（嫁岗下）
　　△振元
　　＝
　　○钟五秀（东头）

　　　　△文辉
　　　　＝
　　　　○吴连连（古石）
　　　　　　△旭龙
　　　　　　○丽萍
　　　　　　△健
　　　　○冬梅（嫁古石）
　　　　○玉梅（嫁粮丰）
　　　　○春梅（嫁上埔）
　　　　△文富
　　　　＝
　　　　○罗五香（嫩洋）
　　　　　　△强
　　　　　　○思琪

　　△振富
　　＝
　　○郭桂英
　　　　○梅英
　　　　↑
　　　　△陈顺利
　　　　　　○萍
　　　　　　△旭坡
　　　　○梅芳
　　　　○梅兰（嫁宫桥）

　　○桂玉（嫁深陂）
　　△振贵
　　＝
　　○罗六英（湖头）
　　　　○罗伟红（嫁湖北）
　　　　○梅珍（嫁浙江）
　　　　△伟勇
　　　　　　△铭泽
　　　　○珍英（宫桥）

　　△振华
　　＝
　　○钟六英（湖坊）

　　　　△文雄
　　　　＝
　　　　○吴翠娇（溪口）
　　　　　　○诗涵
　　　　△文广
　　　　＝
　　　　○刘玉凤（仙人栋）
　　　　　　△启舜
　　　　　　△旭泽

　　△仁昌
　　○赖氏（水埔）

（接下页）

附

录

355

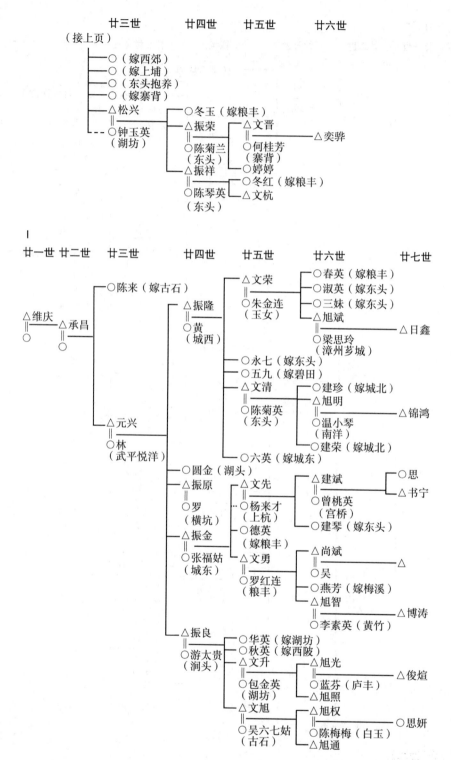

廿三世　廿四世　廿五世　廿六世

（接上页）

廿一世　廿二世　廿三世　廿四世　廿五世　廿六世　廿七世

J

廿一世	廿二世	廿三世	廿四世	廿五世

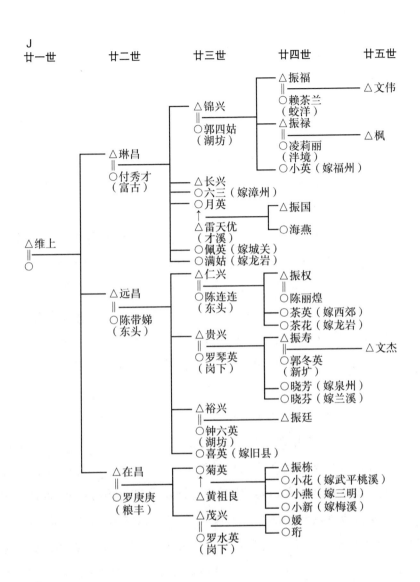

△维上
○

△琳昌
‖
○付秀才
（富古）

△锦兴
‖
○郭四姑
（湖坊）

△振福
‖
○赖茶兰
（蛟洋） ——— △文伟

△振禄
‖
○凌莉丽
（泮境） ——— △枫

○小英（嫁福州）

△长兴
○六三（嫁漳州）
○月英
↑
△雷天优
（才溪）
○佩英（嫁城关）
○满姑（嫁龙岩）

△振国
○海燕

△远昌
‖
○陈带娣
（东头）

△仁兴
‖
○陈连连
（东头）

△振权
‖
○陈丽煌
○茶英（嫁西郊）
○茶花（嫁龙岩）

△贵兴
‖
○罗琴英
（岗下）

△振寿
‖ ——— △文杰
○郭冬英
（新圹）
○晓芳（嫁泉州）
○晓芬（嫁兰溪）

△裕兴
‖
○钟六英
（湖坊）
○喜英（嫁旧县）

△振廷

△在昌
‖
○罗庚庚
（粮丰）

○菊英
↑
△黄祖良

△茂兴
‖
○罗水英
（岗下）

△振栋
○小花（嫁武平桃溪）
○小燕（嫁三明）
○小新（嫁梅溪）

○嫒
○珩

后 记

　　不知不觉，距离我最后一次回访九洲已五载有余，但与九洲人的联系却不曾停止。在九洲的生活成为我生命的一部分，九洲亦成为一个令我牵挂眷恋的故乡。

　　田野调查期间，九洲人给予了我太多关照和帮助，我对此感激不尽。首先是我的两任房东，九州的王振荣、陈菊兰伉俪以及东头村的陈耀胜、王天秀夫妇及其家人，他们为我提供遮风避雨的家，待我如至亲，帮我解决生活问题，助我解答调研难题。为了满足我的田野调查需要，陈菊兰、王天秀两位阿姨曾多次亲自为我演示酿酒过程、传统小吃制作方法，还带我一起插秧、收稻、翻田、种菜、饲养家禽。王振荣先生为了让我了解捕鱼过程，专门安排了日间（王先生通常于夜间捕鱼）的汀江游览，现场讲解演示；他还多次带我前往果园，观察梨树开花、施肥、除虫、结果的过程。王振荣与陈耀胜先生常常带我参加家族活动和宗教祭仪。两家的子女儿媳也为我提供许多帮助：王文晋先生与陈铭、陈平两位兄弟为我解答诸多困惑，例如为了让我了解划拳的规则，在与朋友饮酒时专门为我演示讲解。王家女儿王婷婷、王家儿媳何桂芳，以及肖黎明、赖珍玲两位陈家儿媳是我生活的伙伴，允许我现场观察九洲儿童的生育、养育过程，为我翻译不能理解的客家方言。我能顺利完成田野调查并完成本书的撰写，他们两家人功不可没，再多言语都不能表达出我对他们的感恩之情。

　　同样的感谢要给予我在九洲村的诸位报道人，他们是（以姓名笔画为序）：王在昌、王建琴、王振金、王振钦、王振洲、王振康、王琴英、李桂英、陈五星、陈玉梅、陈仙金、陈在德、陈兴传、陈国贤、陈树文、陈树星、陈树斌、陈贵生、陈炳文、陈炳栏、陈耀丰、陈耀书、范天来、林永六、罗远高、罗丽芳、罗春中、罗梓昌、罗福星、周美兰、胡甲金、钟宏才、钟敏才、钟春凤、郭六一、蓝天秀等诸位先生女士。他们耐心为我解答疑惑，不吝提供各种丰富资料，并且每当有仪式庆典时总是热情邀请我参加，使我能够参与观察获得一手资料。还有上杭县城的吴东发先生、张仕平先生，他们为我解答宗教仪式方面的诸多问题，慷慨向我提供其珍藏的经文、符箓等。田野调查期间所结识的每一位九洲人都对我热情、友好，给予诸多理解和帮助，但因篇幅有限，恕不能在此一一提及。

本书能够最终完成，离不开我的恩师余光弘教授，从田野调查到书稿撰写，每个阶段皆有他耐心指导。当我在田野调查中遇到困难和困惑时，他总是以自身丰富的田野经历教导我为人处世和做学问的方法，令我受益匪浅。在书稿修改时，光弘师以严谨的治学态度纠正我的误区，费时费力地为我指出细节错误，甚至连标点符号的错误都一一为我改正。他退休后本应享受轻松晚年，然而当我向他提出欲继续修改文稿时，他仍然不遗余力、不辞辛劳地为我订正内容、提供建议，为本书作序，交流沟通间让我几度仿佛回到学生时代，不禁感动感恩。光弘师的言传身教是我一生的宝贵财富，他渊博的学识、有原则的处世态度是我终身学习的榜样。

还要感谢师妹汪琪，在田野调查期间，她是我生活与调研的同伴。汪琪在为人处世许多方面都较我成熟，常常在我受到挫折时给我许多安慰鼓励；在田野调查中，她目标明确、颇具章法，所获资料总能与我的形成互补。田野调查结束后，她将自己所有的资料无私地分享与我，才能够使本书的部分章节内容更为全面地呈现，对于这些我深怀感激。

本书能够出版，也要感谢厦门大学出版社章木良编辑的帮助与辛勤付出，她为本书立项、版面设计、内容审校等做了全面细致的专业指导，对此我深表感激。同时也要感谢厦门大学出版社郑文礼先生、薛鹏志先生的鼓励，没有他们的支持，本书的出版难以实现，在此对他们致以衷心感谢。

最后要感谢我的父亲杨维周先生与母亲王玉侠女士，以及我的丈夫林友德先生。正是他们在生活和工作上的不断包容和鼓励，给予我力量，帮助我在低谷时重树信心、找回初心，厘清奋斗的方向。在本书

后记

的成书过程中,他们为我提供了大量支持与帮助。他们对我的爱如山似海,我对他们的感恩难以言表,尽在不言中。

本书的出版仅作为对九洲父老乡亲承诺的一个交代,我自知学力未逮,许多内容的疏失难以避免,期盼方家与读者提出批评、补正。

祝愿九洲和九洲人越来越好!

杨洁琼

2023 年 9 月于厦门